大学生职业发展与就业指导

李 斌 主编

科学出版社
北 京

内 容 简 介

本书共分12章，内容系统全面，针对性强，实用性突出。本书对大学生职业生涯规划、就业环境认知、就业准备、创业基本知识及职场适应力等方面进行了深入浅出的讲解与分析。从认识上，帮助学生端正学习态度，树立正确的就业观念；从知识上，帮助学生认知自我，认清就业形势，了解社会对人才的要求，更好地做到知己知彼；从能力上，帮助学生掌握就业技能，提升就业竞争力。

本书可作为高等职业院校“大学生就业指导”课程的教材，也可供从事大学生毕业指导工作的教师及社会相关人员参考使用。

图书在版编目（CIP）数据

大学生职业发展与就业指导 / 李斌主编. —北京：科学出版社，2020.9

ISBN 978-7-03-065587-5

Ⅰ. ①大…　Ⅱ. ①李…　Ⅲ. ①大学生-职业选择-高等职业教育-教材　Ⅳ. ①G647.38

中国版本图书馆 CIP 数据核字（2020）第 109388 号

责任编辑：冯　涛　徐仕达　王　琳 / 责任校对：马英菊

责任印制：吕春珉 / 封面设计：东方人华设计部

科学出版社 出版

北京东黄城根北街 16 号

邮政编码：100717

http://www.sciencep.com

天津翔远印刷有限公司印刷

科学出版社发行　各地新华书店经销

*

2020 年 9 月第 一 版　开本：787×1092　1/16

2021 年 11 月第四次印刷　印张：13 3/4

字数：326 000

定价：41.60 元

（如有印装质量问题，我社负责调换〈翔远〉）

销售部电话　010-62136230　编辑部电话　010-62135763-2041

本书编委会

主　编　李　斌

编　委　崔楠楠　毛军伟　张利民　宋　琦
　　　　邵志木　姚一轲　茹宇飞　窦莹莹

前　言

就业是民生之本、稳定之基、发展之要和安邦之策。2019 年 3 月的政府工作报告中，首次将就业优先政策置于宏观政策层面，旨在强化各方面重视就业、支持就业的导向。报告中指出，当前和今后一个时期，我国就业总量压力不减、结构性矛盾凸显，新的影响因素还在增加，必须把就业摆在更加突出的位置。为实现更高质量更充分就业，着力培养高素质劳动者和技术技能人才，国务院 2019 年 1 月印发了《国家职业教育改革实施方案》（简称“职教 20 条”）。“职教 20 条”提出：“支持技术技能人才凭技能提升待遇，鼓励企业职务职级晋升和工资分配向关键岗位、生产一线岗位和紧缺急需的高层次、高技能人才倾斜”，“积极推动职业院校毕业生在落户、就业、参加机关事业单位招聘、职称评审、职级晋升等方面与普通高校毕业生享受同等待遇。逐步提高技术技能人才特别是技术工人收入水平和地位。机关和企事业单位招用人员不得歧视职业院校毕业生”。这意味着职业教育的吸引力将逐步增强，职业院校毕业生将迎来更好的职业发展空间。

《国家中长期教育改革和发展规划纲要（2010—2020）》提出“加强就业创业教育和就业指导服务”，对做好高校毕业生就业工作进行了战略部署。教育部印发的《大学生职业发展与就业指导课程教学要求》的通知及有关文件，要求高校开设大学生职业发展与就业指导必修课，将就业创业教育纳入人才培养计划，全面提高大学生的就业能力。因此，加强职业生涯规划与就业指导课程建设，是职业院校人才培养的重要组成部分，是提升职业院校毕业生就业质量的重要途径和保障。

在日常大学生职业生涯教育与就业指导的工作实践中，学生们经常会提出诸如“我能做什么”“我适合做什么”等问题。面对就业，他们可能会苦闷与彷徨，甚至在应聘、面试时感到焦虑和恐惧。大学生如果在校期间能够客观认识自我，科学选择职业发展目标，合理进行职业定位，有计划地培养就业能力，及时了解职业发展环境，就不会出现上述问题。本书内容契合教育部相关文件要求，按照“精简概括、突出重点、贴近实际、特色鲜明”的方针，吸收了当前大学生职业教育的新观点、新理论、新方法，系统阐述了职业生涯规划、就业指导等方面的知识。为满足高校开设职业教育课程的教学实际与职业指导的针对性、实用性等要求，本书做了以下几个方面的创新。

1）内容系统化。书中充分分析高校职业发展教育的本质功能和教学实施要求，在内容编排上涵盖职业生涯规划、就业环境认知、就业准备、创业基本知识及职场适应力等内容，将单一的职业生涯规划打造成全程化的职业生涯教育指导体系。

2）形式多样化。在保证内容系统性、专业性、实用性的基础上，设置了导入活动、实践拓展等内容，兼具互动性和趣味性。

3）突出时代性。融入最新职业发展教育理念，全面提升学生实际工作的能力，重在思维启发、方法传授和能力培养。本书通过扫描二维码方式学习专家视角内容，增加了阅读的立体性，也拓展了知识获取的渠道。

本书共十二章。具体编写分工如下：第一、二章由崔楠楠负责编写；第三章由窦莹莹负责编写，第四章由毛军伟负责编写；第五、六章由张利民负责编写；第七章由宋琦负责编写；第八章由邵志木负责编写；第九章由姚一轲负责编写；第十章由茹宇飞负责编写；第十一、十二章由李斌负责编写。

在编写过程中，编者借鉴、参考了部分国内外职业发展指导方面的文献资料，以及一些专家学者的理论和观点，在此一并向相关作者表示感谢！

由于编写时间和编者水平有限，书中难免有疏漏和不足之处，真诚欢迎广大读者提出宝贵建议和意见，以便更好地修订和完善。

目　录

第一章　认识高等职业教育 ······ 1

第一节　初识高等职业教育 ······ 2

一、大学教育概述 ······ 2

二、高等职业教育与人才培养 ······ 3

三、高等职业院校毕业生就业优势分析 ······ 6

第二节　了解职业生涯规划 ······ 7

一、职业生涯规划的相关概念 ······ 7

二、职业生涯规划的内涵与类型 ······ 8

第三节　了解生涯规划理论 ······ 9

一、帕森斯的特质因素论 ······ 9

二、舒伯的职业生涯发展理论 ······ 10

第二章　学会自我探索 ······ 16

第一节　发掘职业兴趣 ······ 17

一、职业兴趣对职业生涯的影响 ······ 17

二、霍兰德的职业兴趣类型理论 ······ 18

第二节　明晰职业性格 ······ 22

一、性格与职业性格的概念 ······ 22

二、性格对职业发展的影响 ······ 22

三、MBTI 性格理论 ······ 23

第三节　澄清职业价值观 ······ 25

一、价值观与职业发展 ······ 25

二、施恩的职业锚理论 ······ 26

第四节　梳理职业技能 ······ 28

一、能力与生涯发展 ······ 28

二、能力的分类 ······ 28

第三章　客观认识职场 …… 33
第一节　了解职业世界 …… 34
一、职业与行业的分类 …… 34
二、转变中的职业世界 …… 35
第二节　掌握职业探索方法 …… 37
一、探索职业世界的方法 …… 37
二、职业探索的十大任务 …… 39
第三节　分析职业环境 …… 41
一、社会环境的宏观分析 …… 41
二、行业环境的中观分析 …… 42
三、岗位环境的微观分析 …… 43
第四章　发展决策能力 …… 49
第一节　了解生涯决策理论 …… 50
一、丁克里奇的生涯决策风格理论 …… 50
二、克朗伯兹生涯决策理论 …… 51
第二节　撰写职业生涯规划书 …… 52
一、制订职业生涯规划书的原则 …… 52
二、职业生涯规划书的基本内容 …… 53
三、撰写职业生涯规划书的技巧 …… 54
第三节　浙江省大学生职业生涯规划大赛 …… 55
一、大赛分类 …… 56
二、参赛对象 …… 56
三、对参赛作品（项目）要求 …… 56
四、大赛安排 …… 56
五、大赛评分标准 …… 57
第五章　评估修正职业规划 …… 63
第一节　制订职业目标与行动方案 …… 64
一、职业目标的制订 …… 64
二、职业目标的管理 …… 67
三、制订行动计划方案 …… 68

第二节 职业生涯评估与修正……69
一、实施反馈……69
二、规划评估……69
三、修正调整……71
四、职业生涯规划调整的方法……72

第六章 提升职业素养与能力……75

第一节 个人修养提升……76
一、积极心态……76
二、正向思维……76
三、人格养成……77
四、诚信正直……77
第二节 职业素养提升……78
一、职业沟通……78
二、团队合作……81
三、创新能力……86
第三节 求职心理准备……91
一、就业心理准备……91
二、求职心理调适的方法……92

第七章 调查目标岗位……97

第一节 目标岗位认知……98
一、岗位调查概述……98
二、岗位调查内容……98
三、岗位调查方法……99
第二节 撰写工作岗位调查报告……100
一、岗位调查报告格式……100
二、岗位调查报告写作……101

第八章 激发创业意识……105

第一节 了解创业常识……105
一、创业概述……105
二、大学生创业基本认知……107
三、创业要素与创业过程……108

第二节　创业铸就辉煌人生 …… 111
一、树立创业意识 …… 111
二、大学生应具备的创业精神 …… 112
三、大学生创业与职业发展 …… 112
第三节　创业风险与认识误区 …… 113
一、大学生创业常见风险 …… 113
二、大学生创业认识误区 …… 114
三、创业风险控制 …… 115

第九章　明晰企业创办常识 …… 118

第一节　开办新企业的法律规定与政策 …… 119
一、企业的组织形式 …… 119
二、开办新企业的法律规定 …… 121
三、创业扶持相关政策 …… 123
四、新企业的伦理、社会责任与认同问题 …… 125
第二节　成立新企业 …… 127
一、企业注册的前期准备 …… 127
二、注册流程及注意事项 …… 132
第三节　认识创业融资 …… 134
一、认识融资 …… 134
二、掘到“第一桶金” …… 136
三、财务基础 …… 137
第四节　组建创业团队 …… 139
一、创业团队概述 …… 139
二、组建创业团队的因素分析 …… 141
三、管理创业团队 …… 144
第五节　撰写创业计划书 …… 145
一、创业计划书概述 …… 145
二、创业计划书写作 …… 147

第十章　认清就业形势 …… 154

第一节　就业形势与就业观念 …… 154
一、正视当前就业形势 …… 154
二、树立正确的就业观念 …… 157

第二节 就业制度、就业政策与就业市场 …… 159
一、就业制度 …… 159
二、就业政策 …… 162
三、就业市场 …… 164
第三节 就业信息准备 …… 165
一、就业信息的内容及其分类 …… 165
二、搜集就业信息的方法和原则 …… 166
三、搜集就业信息的五大渠道 …… 167

第十一章 实施求职行动 …… 170

第一节 择业定位与出路选择 …… 171
一、择业定位的黄金法则 …… 171
二、科学就业选择 …… 172
第二节 就业程序与校园招聘 …… 173
一、大学生就业程序 …… 173
二、校园招聘 …… 175
第三节 简历与求职信 …… 176
一、简历的撰写与投递 …… 176
二、求职信的写作 …… 179
三、其他求职材料 …… 180
第四节 面试与笔试 …… 181
一、面试的类型 …… 181
二、面试的考核要素 …… 182
三、面试前的准备 …… 184
四、笔试的类型、准备及应对技巧 …… 186

第十二章 维护就业权益 …… 190

第一节 毕业生就业权益保护 …… 191
一、大学生就业权益概述 …… 191
二、维护自我就业权益 …… 194
第二节 就业协议与劳动合同 …… 199
一、就业协议书 …… 199
二、劳动合同 …… 201

第三节　就业陷阱与应对措施 …… 203
一、常见求职陷阱 …… 203
二、就业陷阱的应对措施 …… 204

参考文献 …… 208

第一章　认识高等职业教育

本章导图

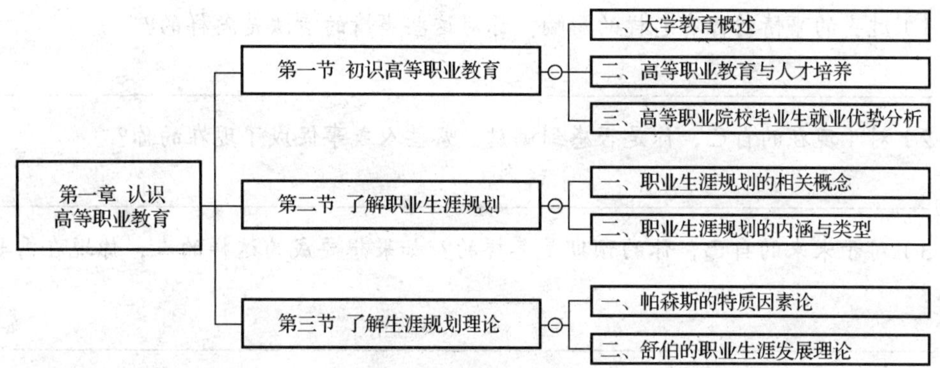

导入活动

鱼骨生命图

在图 1-1 所示的鱼骨图上绘制自己的“鱼骨”生命图。

填涂说明：鱼眼表示原点，即出生时刻及出生地；鱼头为三角形，代表人出生后 0～3 岁发展迅速的阶段；鱼尾表示职业生涯结束后，生命逐渐老去的部分；鱼尾尖表示生命的终点。

1）请你在生命的原点上写上出生日期和 0 岁。再请你根据自己的健康状况、家族的健康状况和所生活地域的平均寿命预测自己的寿命，并标注在箭头的终点上。

2）请找出今天你的位置，用一个自己喜欢的标记表示在生命线上，并写上今天的日期和年龄。

3）请你进一步仔细回忆过去，以生命线上的时间点为初始点，标出过去对你影响最大或令你最难忘的 5 件事，积极影响事件鱼刺朝上，消极影响事件鱼刺朝下；并以线段的长短表示事件对自己影响的大小。

4）现在请你在生命线上标出今后你最想做的 3 件事或最想实现的 3 个目标，能够由自己全权决定的鱼刺朝上，需要别人参与或者全部由别人定夺的鱼刺朝下。

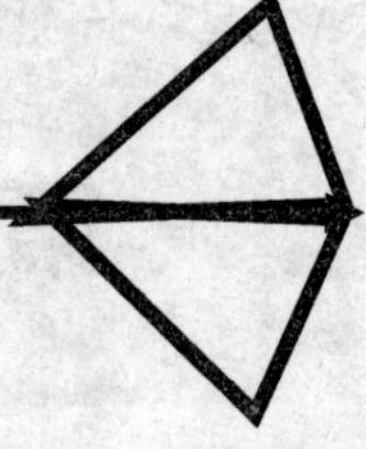

图 1-1　鱼骨生命图

参考自己绘制的“鱼骨”生命图，深入思考，并回答下面的问题：

1）过去的事情对你有怎样的影响？你对这些事情的看法是怎样的？

______

2）对于现在的自己，你是否感到满意？哪些人或事促成了现在的你？

______

3）对于未来的自己，你的预期是怎样的？如果想要成为这样的人，你现在需要做什么？

______

第一节　初识高等职业教育

一、大学教育概述

就大学的外显性而言，人们普遍认为大学之“大”，一是有“大家”——思想解放、高瞻远瞩、勇于进取的大学领导；二是有“大师”——德高望重、造诣精深、诲人不倦的教授专家；三是有“大业”——环境幽雅、校舍充足、设施先进、图书资料丰富的办学资源；四是有“大度”——囊括大典、网罗众家、学术自由的大学涵养；五是有“大雅”——博学厚德、求真务实、崇尚文明、美化人生的大学氛围；六是有“大学生”——风华正茂、与时俱进、全面发展、祖国栋梁的大学主体。

大学，又名为普通高等学校，是一种功能独特的组织，是与社会的经济和政治机构既相互关联又鼎足而立的传承、研究、融合和创新高深学术的高等学府，具体包括综合性大学和专科大学、学院。它不仅是人类文化发展到一定阶段的产物，它还在长期办学实践的基础上，经过历史的积淀、自身的努力和外部环境的影响，逐步形成了一种独特的大学文化。大学是倡导社会文明的先锋。大学要坚持以立德树人为根本，以理想信念教育为核心，培育和践行社会主义核心价值观，弘扬中华优秀传统文化和先进文化，培

养学生的社会责任感、创新精神和实践能力。

2015年，教育部印发了《教育部　国家发展改革委　财政部关于引导部分地方普通本科高校向应用型转变的指导意见》，指出我国已经建成了世界上最大规模的高等教育体系，为现代化建设做出了巨大贡献。但随着经济发展进入新常态，人才供给与需求关系深刻变化，面对经济结构深刻调整、产业升级加快步伐、社会文化建设不断推进，特别是创新驱动发展战略的实施，高等教育结构性矛盾更加突出，同质化倾向严重，毕业生就业难和就业质量低的问题仍未得到有效缓解，生产服务一线紧缺的应用型、复合型、创新型人才培养机制尚未完全建立，人才培养结构和质量尚不适应经济结构调整和产业升级的要求。

现代大学体现着强大的经济功能、社会功能、文化功能，以及前瞻功能、批判功能与引导功能。正如有的学者所述“作为人类的精神家园，大学之所以是大学，就是因为它是‘大’、‘学’——研究范围博大，研究学问高深，研究视野广阔”。它保存、传递、创造与应用高深知识，使人类因此走向智慧与光明的前景；它胸怀宽大、大器大象、兼容并包、气度恢宏，充溢着一种大象无形的灵性氛围和神圣精神，它是人才的摇篮，也是人类智慧的摇篮。

二、高等职业教育与人才培养

（一）我国高等职业教育的发展与地位

根据教育部公布的2017年统计数据，我国有1388所高等职业（专科）院校，在校生人数总计11 049 549人。在这1388所高等职业（专科）院校中，中央部门办的有5所，地方公办的有1063所（其中包括教育部门办的495所、其他部门办的521所和地方企业办的47所），民办的有320所。高等职业院校（即高等职业学院和高等专科学校，也称为高职高专）已成为与地方经济、社会发展联系最直接、最密切的高等教育办学机构。

（二）高等职业教育的性质与定位

我国的高等职业教育属于一种在理论研究方面低于本科、应用技能方面高于本科的教育层次，它是面向社会产业，培养应用型、技能型人才，具有为社会经济发展服务的性质的教育。

高等职业教育是高等教育的重要组成部分，高等职业教育与普通高等本科教育的定位不同：前者属于职业类教育，培养技术型、技能型人才；后者属于科研类教育，培养科研型、学术型人才。高等职业教育是相对于初等职业教育和中等职业教育而言的，是一种职业特征鲜明的高层次职业技术教育类型。

1）目标定位。高等职业教育的培养目标是培养面向生产、管理和服务第一线的德智体全面发展的，具有一定的文化基础知识与专业理论知识，具有较强的实践技能，适应市场经济建设和社会发展需要的高级应用型技术人才。同时，关注的焦点是尽可能地提高劳动者适应社会发展与技术变革的能力，满足社会对就业者越来越高的学历要求，为职业生涯的进一步发展提供一个坚实的平台。

2）职业定位。高等职业教育属于能力为本的教育，它是为学生进入现实和未来市场进行就业或创业准备的教育。面对就业市场的需求，其培养目标应是就业有优势、创业有能力、继续教育有基础、发展有空间，其职业能力的培养应体现实用性、技能性和职业性。

3）能力定位。高等职业教育是对学生进行某种生产技能培训和管理的教育。它以就业为导向，以岗位群的需要为依据，研究制订教学计划；按职业岗位、职业能力的要求来组织理论和实践教学；着眼于地方产业结构和产品结构的调整，选择教学内容与构建课程体系。这种体系必须打破学科型的教学模式，建立技术主导型的教学体系，培养具有实践技能、创业能力、创新精神与市场经济相适应的高素质的劳动者。

（三）高等职业教育的人才培养模式

1. 就业导向的专业结构体系

高等职业教育贯彻“以就业为导向”的方针，首要是专业设置紧贴区域经济与社会发展的需要，紧贴特定行业的职业岗位群的需要。以行业技术领域内的岗位群整合设立专业群，以岗位群所需知识、素质和关键能力的培养构建专业群公共技术平台；以特定就业岗位的需求灵活设立专业方向，据此构建准订单式专业教学体系。基于这种思路形成的专业结构体系，与传统的专业设置相比具有明显的优势：专业群内共享公共技术平台（包括课程、师资、实训条件等），公共技术平台的教学内容相对稳定，有利于教学建设和规范管理；专业群内设置的专业方向，依据特定就业岗位的变化和市场需求而灵活设置，满足了企业对人才的即时需求。

2. 双证融通的课程体系

就业导向、工学结合的重点和难点在于课程体系。从人才培养方案的设计上，根据技术领域和职业岗位群的任职要求，参照相关的职业资格标准，重构课程体系和教学内容，把岗位职业资格所要求的应知内容和应会技能融入教学过程中，使学生在取得毕业证书的同时获得岗位职业资格证书。课程建设过程中有两个重点环节：一是根据行业技术领域内的岗位群所需的基本职业素质，构建专业群公共技术平台的知识和能力模块；根据特定就业岗位所需的专业知识与技能，构建专业方向的知识和能力模块。二是将岗位群内完成典型工作任务所需的关键知识和能力分解为单项（单元）知识和能力及综合能力，并按实际培养的需要划分形成一组公共技术平台的核心课程和实训项目；按照同

样的原理和方法，形成各专业方向的岗位职业资格课程和技能综合实训。

3. 基于工作过程的系统化课程

工学结合的人才培养模式，强调的是学生校内学习与实际工作的一致性，探索课堂与实习实训地点的一体化。通过先进的职业理念和课程开发方法，结合典型的职业工作任务，以工作过程系统化为主线开发课程。结合新课程的开发，高等职业院校一般配套有教材和课程数字化资源建设，建立系统的工学结合的校本教材、知识点素材库和虚拟实训项目，建立利用课程数字化教学资源助教的资源利用共享平台，以及数字化的工作任务项目库。这些系统化、标准化的课程建设保证了人才培养的质量。

4. 校企合作的实训基地

实施工学结合的人才培养模式，生产性实训实习基地是不可或缺的关键因素。高等职业院校一般通过校企合作、校内校外结合两种方式来实现。校内生产性实训基地按工厂模式办，校内的工厂按实训基地办，为参加实训的学生提供一个真实的生产环境。让学生通过这样的实训，真正学到职业岗位需要的实际知识和技能。实际上，校内生产性实训基地就是一座教学工厂。为满足各专业顶岗实习需求，校外实习基地将教学实习基地与学生就业基地相结合，建立学生顶岗实习、毕业设计与就业三位一体的实施运作机制。这种机制可有效提高学生就业从业的竞争力，达到较高的就业率和就业质量。

5. “双师”结构的教学团队

工学结合的人才培养模式需要“工学结合”的教师队伍。所谓“双师”结构的教学团队，不仅仅注重提高专业教师的“双师型”或“双师素质”的比例，更重要的是大量聘请行业企业的专业人才和能工巧匠到学校来担任教师，逐步形成实践技能课程主要由具有高技能水平的兼职教师讲授的机制。这样，学校教学与生产实际始终保持着紧密的联系，始终与前沿的技术与工艺保持着对接和应用，使高等职业院校培养的人才能直接胜任岗位工作。

6. 专业人才培养规范与课程质量标准

为保证人才培养质量，高等职业院校在人才培养规格与定位、专业设置、教学设计、过程控制、教学考核、质量评价及其他教学建设诸方面，都有基本的制度规范；在各专业的核心课程中，建立有反映教学文件制定、备课、授课、教学手段与教学方法、辅导作业、单元与单项能力训练、考核等教学各环节的课程质量标准。

三、高等职业院校毕业生就业优势分析

高等职业院校毕业生的就业优势可以从 3 个方面分析。

（一）比较优势

首先，较为实际的就业观念使高等职业院校毕业生在就业时具有比较优势。与本科毕业生相比，高等职业院校毕业生就业观念更为实际，能理性就业，这使他们的就业空间更为广阔，就业层次更为丰富。其次，踏实肯干的就业态度也使高等职业院校毕业生就业时具有一定的优势。由于高等职业院校重视生产第一线操作技能的培训，避免了部分本科毕业生存在的“纯理论化”缺陷，具有重实践、会动手的优点，而且高等职业院校毕业生的职业定位比本科毕业生要明晰。这些特点更符合用人单位注重职工踏实肯干和忠诚品质的意向。再次，薪酬要求相对较低使高等职业院校毕业生在就业时具有一定的优势。现在越来越多的用人单位开始注重用人成本，高等职业院校毕业生对薪酬的要求相比本科毕业生较低，对某些岗位来说，录用高等职业院校毕业生比录用本科毕业生可以节省薪酬与培训成本，实现更好的用人效率，更符合用人单位的经济考虑，也更容易被用人单位所接受。

（二）先发优势

一是高等职业院校以就业为导向，按订单培养人才，有的学生刚进学校就被用人单位预订，高等职业院校毕业生具有实训和顶岗实习的机会，使他们在岗位职业能力储备上具有一定的先发优势。二是由于高等职业院校的职业生涯教育前移，使学生较早地做好了就业心理准备，高等职业院校毕业生比本科毕业生的就业警觉期出现得早，这样，高等职业院校毕业生在就业心理准备上就具备了一定的先发优势。

（三）竞争优势

首先，高等职业院校毕业生技术应用能力较强，实践操作和实训的机会较多，因此，能较快地适应并融入新的就业环境中。其次，院校专业对口的特色也使毕业生在就业时具有竞争优势。一些高等职业院校在设置专业时，岗位针对性较强，一些院校还设有以企业冠名的班级，学生毕业后可直接进入该企业工作。因此，高等职业院校毕业生在各自的岗位领域中具有竞争优势。

第二节　了解职业生涯规划

一、职业生涯规划的相关概念

（一）生涯

本书所说的“生涯规划”中的“生涯”是指个人通过从事工作所创造出的一个有目的的、延续一定时间的生活模式。“生涯”的英语是“career”，实际上就是指“职业”。“生”，即“活着”；“涯”，即“边界”。广义上理解，“生”，自然与个人的生命相联系；“涯”，则有边际的含义，即指人生经历、生活道路，以及职业、专业、事业。人们从事职业生活的阶段，是追求自我、实现自我的重要人生阶段，是人生全部生活的主体。

既然生涯是个人一生中各种角色的统合，在生涯发展过程中，必定会在不断的角色扮演中寻找自我，发掘人生的意义与方向。了解生涯的特点，有助于认识生涯的本质，以便更合理地规划人生，从而在遇到不同情境时都能坦然面对。

生涯的特点如下。

1. 独特性

每个人的生涯都不一样。就像世界上没有两片相同的叶子，人与人之间也绝不会完全相同。因此，每个人都有其独特性，都有其专属的生涯规划，绝对不会与他人相同。

2. 终身性

生涯是一个人从生到死一辈子的事情，包含就学、就业、退休后的生活。如果今天作一个生涯规划，明天又有另外的生涯规划，就不能称为生涯规划，只能作为计划而已。

3. 发展性

生涯是人生发展的整个历程，贯穿一个人从生到死的过程，且在人生发展的不同阶段呈现出不同的形态和特点，因而具有发展性，且随着个人成长、经验积累、社会发展而变化。

4. 全面性

生涯包含人生整体发展各层面，所规划的一生中包罗万象，即对一个人生涯规划所考虑的点、线、面极为广泛，几乎无所不包。

生涯尽管与职业相关，但并不局限于个人的职业角色，比职业的内涵更加丰富。它涵盖了更长的时间，既包括就业前的活动，也包括离开工作岗位后的生活。每个人的生涯发展都是独一无二的，是依据个人的人生理想，为了自我实现而逐渐展开的生命历程。

（二）职业生涯

职业生涯是一个人一生的工作经历，特别是职业、职位的变动及工作理想实现的整个过程。职业生涯是人一生中最重要的历程，人们从 20 岁左右参加工作，到 60 岁左右退休，职业生涯约占人生的 2/3，也是人生中精力最旺盛、创造力最强的时期。

作为一种较为复杂的客观存在，需要我们从几个方面来理解和分析“职业生涯”的内涵。

1）职业生涯是个体的概念，是指个人的行为经历，而不是群体或组织的行为经历。

2）职业生涯是职业的概念，是指一个人在一生中的职业历程。

3）职业生涯是时间的概念，意指职业生涯周期，起始于初次工作之前的学习阶段、培训阶段，终止于完全结束或退出职业活动。实际生活中，职业生涯的时间期限在不同的个体之间有很大差别。

4）职业生涯是发展和动态的概念，是指个人的具体职业内容和职位是在不断发展和变化的，而不是固定、单一的。职业生涯更重要的内涵，是职业的变革与发展的经历和过程，包括职业的转换、职位的晋升等具体内容。

二、职业生涯规划的内涵与类型

（一）职业生涯规划的内涵

所谓职业生涯规划，是指个人结合自身情况及机遇和制约因素，为自己确立职业目标，选择职业发展路径，制订教育、培训和发展计划等，并为实现职业生涯目标而确定行动方案。规划的实质是选择追求的目标和实现目标的最佳方案。因此，职业生涯规划的实质就是结合自身情况及各种制约因素，为实现职业目标制订一个完备的行动方案。简而言之，就是指个人为自身的职业发展所做的策划和准备。

大学阶段正处于职业生涯中的准备期和探索期。对于大学生群体来说，职业生涯规划有着更具体、更重要的内涵：在大学阶段，应当客观、全面地认识自己的能力、兴趣、个性和价值观，了解各种职业、行业、环境的需求趋势和影响因素，确立职业生涯发展目标，选择实现这一目标的职业方向，制订出行之有效的实施方案，包括相应的学习和培训计划，并做到及时反馈和修订。

（二）职业生涯规划的类型

按照时间维度，职业生涯规划可以分为短期规划、中期规划、长期规划和人生规划 4 种类型。

1）短期规划，一般指 2 年以内的规划，主要是近期目标，规划近期应完成的任务。

2）中期规划，一般指2～5年的职业目标和任务，是最常见的职业生涯规划。

3）长期规划，一般指 5～10 年的规划，主要是设定较长远的目标，以及为实现此目标应采取的具体措施。

4）人生规划，一般指整个职业生涯的规划，时间长达40年左右，设定整个人生的发展目标和阶段。

个人职业生涯规划从短期到中期，再到长期，直至整个人生规划，如同台阶一样需要一步步地发展。在实际操作中，时间跨度太长的规划由于环境和个人自身的变化，难以把握，而时间跨度太短的规划意义又不大。所以，一般把职业规划的重点放在 2～5年的中期规划，这样既便于根据实际情况设定可行目标，又便于随时根据现实的反馈进行修正或调整。

第三节　了解生涯规划理论

一、帕森斯的特质因素论

1909 年，帕森斯根据多年的工作经验，在《选择一个职业》一书中提出了特质因素理论（又称“人职匹配”理论），是最早的职业辅导理论。帕森斯认为，每个人都有自己独特的人格模式，每种人格模式的个人都有其相适应的职业类型。

“特质”是指个人的人格特征，包括能力倾向、兴趣、价值观和人格等，这些都可以通过心理测验工具来加以评量。

“因素”是指要在工作上取得成功所必须具备的条件或资格，可以通过对工作的分析而了解。

帕森斯主张选择职业的三大要素和步骤如下。

1）评价求职者的生理和心理特点（特性）。通过心理测验及其他测评手段，获得有关求职者的身体状况、能力倾向、兴趣爱好、气质与性格等方面的个人资料，并通过会谈、调查等方法获得有关求职者的家庭背景、学业成绩、工作经历等资料，并对这些资料进行评价。

2）分析各种职业对人的要求（因素），并向求职者提供有关职业的信息。这些职业信息包括：①职业的性质、工资待遇、工作条件及晋升的可能性；②求职的最低条件，诸如学历、培训经历、身体要求、年龄、各种能力及心理特点方面的要求；③为准备就业而设置的教育课程计划，以及提供这种课程的教育机构、学习年限、入学资格和费用等；④就业机会。

3）人职匹配。在了解求职者的特性和各项指标的基础上，进行比较分析，以便选择一种既适合其个人特点又有可能取得成功的职业。人职匹配分为两种类型：因素匹配（职业找人）和特性匹配（人找职业）。因素匹配，例如，需要有专业技能和知识的职业与掌握该种专业技能和知识的择业者相匹配；劳动条件差的职业，需要有吃苦耐劳、体格健壮的劳动者与之匹配。特性匹配，例如，具有敏感、感性、不守常规、个性强、理想主义等人格特性的人，宜于从事审美性、自我情感表达的艺术创作类型的职业。

特性因素理论强调个人所具有的特性与职业所需要的素质和技能之间的协调和匹配。为了对个体的特性进行深入详细的了解与掌握，特性因素理论十分重视人才测评的作用，可以说，特性因素理论进行职业指导以对人的特性测评为基本前提，它首次提出了在职业决策中进行人职匹配的思想，奠定了人才测评的理论基础，推动了人才测评在职业选拔与指导中的运用和发展。

二、舒伯的职业生涯发展理论

美国著名的职业生涯研究专家舒伯提出了一种完整的生涯发展阶段模式，从人的终身发展角度出发，把整个人生分为成长阶段、探索阶段、建立阶段、维持阶段和衰退阶段，如表 1-1 所示。

表 1-1　生涯发展阶段

阶段	主要任务
成长阶段：0～14 岁	认同并建立起自我概念，对职业的好奇占主导地位，并逐步有意识地培养职业能力
探索阶段：15～24 岁	主要通过学校学习进行自我考查、角色鉴定和职业探索，完成择业和初步就业
建立阶段：25～44 岁	获取一个合适的工作领域，并谋求发展，是绝大多数人职业生涯周期中的核心部分
维持阶段：45～64 岁	开发新的技能，维护已经获得的成就和社会地位，维持家庭和工作两者间的和谐关系，寻找接替人选
衰退阶段：65 岁及以上	逐步退出职业和结束职业，开发新的社会角色，减少权利和责任，适应退休后的生活

可以看出，每一阶段都有一些特定的发展任务需要完成，每一阶段需达到一定的发展水准或成就水准，并且前一阶段的发展任务达成与否，关系到后一阶段的发展。

根据舒伯的理论，一个人一生中扮演的诸多角色就像彩虹同时具有的许多色带。为了综合阐述生涯发展阶段与角色彼此间的相互影响，舒伯提出“生涯彩虹图（life-career rainbow）理论”，引入生命广度（life-span）、生命空间（life-space）的概念，展示不同发展阶段各种角色的相互作用，以及不同生涯发展阶段角色的继承与更替，如图 1-2 所示。

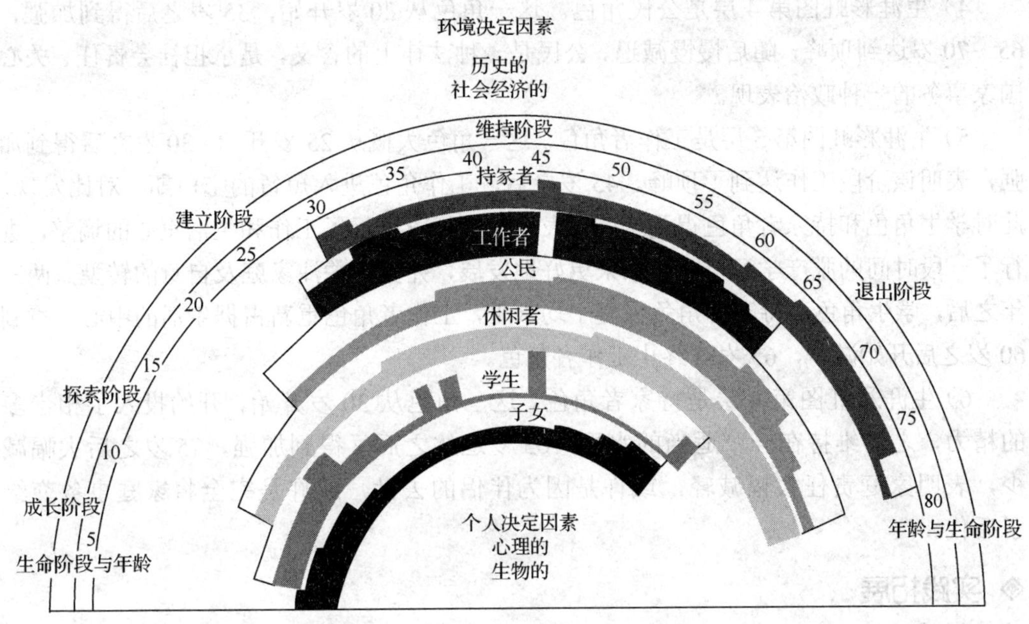

图 1-2　生涯彩虹图

在生涯彩虹图中，纵向层面代表的是纵观上下的生活空间，由一组职位和角色所组成，包括子女、学生、休闲者、公民、工作者、持家者 6 个不同的角色，它们互相影响，交织出个人独特的生涯类型。

舒伯认为，在生涯发展历程中，每个人随着年龄的增长而扮演不同的角色。生涯彩虹图的最外圈为主要发展阶段，内圈阴影部分的范围、长短不一，表示在该年龄阶段各种角色的分量；在同一年龄阶段可能同时扮演数种角色，因此彼此会有所重叠，但其分量有所不同。

1）生涯彩虹图最里层的子女角色是一直存在的，在 5 岁以前是涂满颜色的，之后逐渐减少，10 岁时大幅减少，到 50 岁时开始增加。表明早期作为子女享受父母的照顾，慢慢与父母“平起平坐”，当父母年迈之际，则要开始照顾、赡养父母，直至父母去世，子女的角色也随之消失。

2）生涯彩虹图第 2 层是学生角色。学生角色从 4～5 岁开始，10 岁以后进一步增强，20 岁之后大幅减少，25 岁以后便戛然而止，30～50 岁出现几次恢复，65 岁以后还有出现。这表明，学习是一生相随的，离开学校工作一段时间之后，如果感觉自己不能满足工作需要，可以选择重新返回学校“充电”，以便开创生涯发展的新局面。

3）生涯彩虹图第 3 层是休闲者角色。这一角色从 5 岁之后一直是平稳发展的，直到 55 岁之后显著增加。这表明休闲是贯穿人一生的，是平衡工作的重要内容，人要讲究劳逸结合，生涯发展中也不能少了休闲。

4）生涯彩虹图第 4 层是公民角色。这一角色从 20 岁开始，35 岁之后得到加强，65～70 岁达到顶峰，随后慢慢减退。公民是一种法律上的含义，是承担社会责任、关心国家事务的一种政治表现。

5）生涯彩虹图第 5 层是工作者角色。这一角色大概从 25 岁开始，30 岁之后得到加强，表明该阶段工作达到了顶峰。45 岁之后，工作角色进入短暂的空白期。对比发现，此时学生角色和持家者角色得到增强，表明在该阶段进行了工作和生活重心的调整，进行了一段时间的脱产学习，以便未来更好地发展，并更多关注家庭及自身的转型。两三年之后，学生角色和持家者角色恢复平均水平，工作者角色重新占据生活的中心，直到 60 岁之后开始减少，65 岁时终止工作者角色。

6）生涯彩虹图第 6 层是持家者角色。这一角色从 30 岁开始，开始投入了相当多的精力，之后维持在一个适当的水平，65 岁退休之后又得到加强，75 岁之后大幅减少，表明家庭责任大幅减轻，或许是因为伴侣的去世，或许是完全将家庭事务交给了后代。

◈ 实践拓展

拟定自己的“墓志铭”

请按以下模板来编写自己的“墓志铭”：

姓名：________ 性别：____ 生年：________ 卒年：________ 享年：________

1）一生最大的理想与目标：______________________________

2）在不同年纪时的成就：

____

____

____

3）对社会、家庭或他人的贡献：____________________________

4）我是一个怎样的人：

起点一句话定位：____________________________________

30 岁一句话定位：____________________________________

40 岁一句话定位：____________________________________

50 岁一句话定位：____________________________________

60 岁一句话定位：____________________________________

70 岁一句话定位：____________________________________

将上述拟好的“墓志铭”向其他同学分享并讨论：

1）你感到哪些人的人生目标吸引你并值得尊重？

____

2）哪些人的成就是“真正”的成就？为什么？

____

3）你认为怎样的人对社会或他人最有贡献？

____

4）假如你要替自己重写“墓志铭”，你会怎样写呢？

____

____

____

专家视角

权威解读“双高计划”

教育部、财政部联合印发《关于实施中国特色高水平高职学校和专业建设计划的意见》(以下简称“双高计划”)，提出集中力量建设一批引领改革、支撑发展、中国特色、世界水平的高职学校和专业群。

“双高计划”的建设重点是什么？“双高计划”的经费投入和项目管理有哪些要求？以下10个问答为你权威解读。

1．“双高计划”的项目怎样定位？

“舞龙头。”“双高计划”是落实《国家职业教育改革实施方案》的重要举措和职业教育“下好一盘大棋”的重要支柱之一，致力于把职业教育改革发展的“龙头”舞起来，引领带动职业教育培养千万计的高素质技术技能人才，成为支撑地方经济转型升级和服务国家战略的重要力量。

2．“双高计划”的建设重点是什么？

打造技术技能人才培养高地和技术技能创新服务平台。围绕办好新时代职业教育的新要求，集中力量建设一批高水平高职学校和高水平专业群，打造技术技能人才培养高地和技术技能创新服务平台，支撑国家重点产业和区域支柱产业发展，引领新时代职业教育实现高质量发展。

3．“双高计划”的建设要求有哪些？

当地离不开，业内都认同，国际可交流。一是当地离不开，建成一批高素质技术技能人才培养培训基地，为当地经济社会发展提供人才红利，服务区域发展。二是业内都认同，建成一批技术技能创新服务平台，让行业和企业都认可，支撑产业转型升级。三是国际可交流，探索一条中国特色的职业教育发展道路，与国际社会共享中国职业教育模式、标准和资源，向世界中心走去，与大家共舞。

4．“双高计划”的建设内容有哪些？

“1个加强”、“4个打造”和“5个提升”。“1个加强”指加强党的建设，是出发点；“4个打造”指打造技术技能人才培养高地、技术技能创新服务平台、高水平专业群、高水平双师队伍，是建设任务；“5个提升”指提升校企合作水平、服务发展水平、学校治理水平、信息化水平、国际化水平，是工作目标。

5．“双高计划”的建设机制是什么？

总量控制、动态管理，年度评价、期满考核，有进有出、优胜劣汰。“双高计划”项目布点50所左右高水平学校建设单位和150个左右高水平专业群建设单位。每五年一个支持周期，2019年启动第一轮建设，每个建设周期结束调整一次，持续保持项目张力。年度评价项目建设绩效，依据周期绩效评价结果，调整项目建设单位。

6．“双高计划”的发文计划有哪些重点？

1个《意见》，2个《办法》，3个《通知》。“意见”立足于“建”，明确学校改革发展任务和中央地方保障举措。“遴选管理办法”立足于“选”，明确遴选条件和程序，公开申请、公平竞争、公正认定。“绩效评价办法”立足于“管”，突出过程管理、动态调整，保证建设质量。每轮启动前发布通知明确申报要求，遴选结束后发布通知公布遴选结果，建设期内发布通知通报建设绩效。

7．“双高计划”的项目怎样遴选？

质量为先、改革导向，公开透明、扶优扶强。分学校申报、省级推荐、遴选确定3个环节。项目遴选坚持质量为先、改革导向，公开条件和程序，以地方先期建设为基础，以学校和专业的客观发展水平为主，让学校少跑腿，让数据多跑路。

8．“双高计划”的经费投入有哪些要求？

地方为主，中央奖补，多渠道供给。地方在完善高职生均拨款制度、逐步提高生均拨款水平的基础上，对“双高计划”学校给予重点支持。中央财政通过现代职业教育质量提升计划专项资金对“双高计划”给予奖补支持，发挥引导作用。有关部门和行业企业以共建、共培等方式积极参与项目建设。项目学校以服务求发展，积极筹集社会资源，增强自我造血功能。

9．“双高计划”的项目管理有哪些要求？

一支队伍，两个平台，三方评价。按照回避原则，成立项目建设咨询专家委员会，为重大政策、总体方案、审核立项、监督评价等提供咨询和支撑。建立信息采集与绩效管理系统，全面强化绩效管理；建立信息公开公示网络平台，接受社会监督。地方和学校通过绩效自评加强项目自我管理；发挥第三方评价作用，定期跟踪项目建设成效。

10．“双高计划”的建设规划有哪些重点？

到 2022 年，列入计划的高职学校和专业群办学水平、服务能力、国际影响显著提升，为职业教育改革发展和培养千万计的高素质技术技能人才发挥示范引领作用，使职业教育成为支撑国家战略和地方经济社会发展的重要力量，形成一批有效支撑职业教育高质量发展的政策、制度、标准。

到 2035 年，一批高职学校和专业群达到国际先进水平，引领职业教育实现现代化，为促进经济社会发展和提高国家竞争力提供优质人才资源支撑。职业教育高质量发展的政策、制度、标准体系更加成熟完善，形成中国特色职业教育发展模式。

专家视角 1

第二章　学会自我探索

本章导图

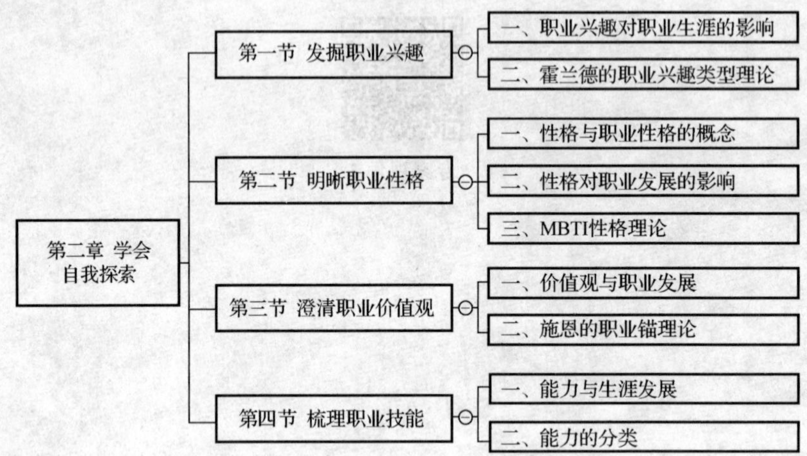

导入活动

快快乐乐“抓周”

抓周，这种习俗，在民间流传已久，它是小孩周岁时举行的一种预测前途和性情的仪式，是第一个生日纪念日的庆祝方式。

抓周时，会在桌上摆放印章，笔、墨、纸、砚、算盘、钱币、账册、首饰、花朵、胭脂、吃食、玩具等，让小孩抓取，来测卜其志趣、前途和将要从事的职业。如果小孩先抓了印章，则谓长大以后，必官运亨通；如果小孩先抓了文具，则谓长大以后好学，必有一笔锦绣文章；如果小孩先抓算盘，则谓将来善于理财，必成陶朱事业。小孩先抓了吃食、玩具，也不能当场就斥之为“好吃”“贪玩”，也要说成是“孩子长大之后，必有口福，善于及时行乐”。抓周体现的是长辈对孩子的殷切希望和美好祝福。

我们今天也来抓周吧！图 2-1 中，有 6 个象征物：扳手、放大镜、圆珠笔、口琴、麦克风、洋娃娃。每个象征物都有它的意义和对选取者将来职业方向的预测。

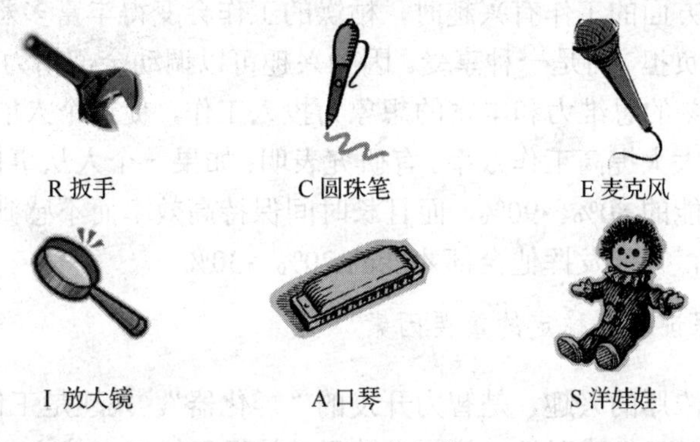

图 2-1　6 个象征物

你要选哪一个呢？如果还有两次选择机会，你会依次选择哪 3 种物品呢？按照选择的次序和物品类型前面的字母代码，判断一下你的职业兴趣方向吧（具体请阅读本节霍兰德的职业兴趣类型理论）。

第一节　发掘职业兴趣

一、职业兴趣对职业生涯的影响

由于兴趣爱好不同，每个人的职业兴趣也有很大的差异。有人喜欢具体工作，如室内装饰、园林、美容、机械维修等；有人喜欢抽象和创造性的工作，如经济分析、新产品开发、社会调查和科学研究等。职业兴趣对职业生涯规划及职业选择的影响主要表现在以下 4 个方面。

（一）兴趣是职业选择的重要依据

爱因斯坦说过："兴趣是最好的老师。"兴趣是一种强大的精神力量，可以使人集中精力去获得喜欢的职业知识，启迪智慧并创造性地开展工作。当一个人对某种职业产生兴趣时，他就能发挥整个身心的积极性；就能积极地感知和关注该职业的知识、动态，并且积极思考，大胆探索；就能情绪高涨、想象力丰富；就能增强克服困难的意志。反之，"强按牛头不喝水"，是不会取得良好效果的，当然也就很难在该职业上发挥个人的优势和创造价值。具有一定兴趣类型的人更倾向于寻找与此有关的职业，特别是在外界环境限制较小时，则更倾向于选择自己感兴趣的职业。

（二）兴趣可以提高工作效率，充分发挥个人才能

一个人对某一方面的工作有兴趣时，枯燥的工作会变得丰富多彩、趣味无穷。兴趣使工作不再是一种负担，而是一种享受。因为兴趣可以调动全部精力，以敏锐的观察力、高度的注意力、深刻的思维力和丰富的想象力投入工作，促进个人能力的发挥，兴趣和能力的合理结合会大大提高工作效率。有研究表明：如果一个人从事自己感兴趣的职业，则能发挥他全部才能的80%～90%，而且长时间保持高效率而不感到疲劳；而如果对所从事工作没有兴趣，只能发挥他全部才能的20%～30%。

（三）兴趣是保证职业稳定的重要因素

对某一职业有浓厚的兴趣，是智力开发的“孵化器”。兴趣是工作动力的主要源泉。对于一个人来说，对工作感兴趣，就愿意钻研，就很可能有成就——这正是兴趣的作用所在。一般来说，兴趣是职业生涯适应的一个基本方面，可以为职业生涯选择提供有效的信息。兴趣主要用于预测工作满意感和工作稳定性，工作满意感是职业生涯适应的一大标志。在其他条件相似的情况下，从事感兴趣的职业不但能够让自己感到满意，而且能够让用人单位感到满意，并由此促进工作的长期性和稳定性。

（四）兴趣可增强个人的职业适应性

多方面的兴趣可以使人善于应对多变的环境。如需更换工作，只要自己感兴趣，就能够快速学习、求职成功，并能够很快地熟悉和适应新的岗位。因此，兴趣是获得职场成功的一个重要因素，它能将人的潜能最大限度地调动起来，使人长期专注于某一方向，持续努力，取得令人瞩目的成绩。

二、霍兰德的职业兴趣类型理论

霍兰德是美国著名的职业生涯指导专家，他将职业选择看作个人人格的延伸。他认为，职业选择也是人格的表现。同一职业团体内的人有相似的人格，因此对很多问题会有相似的反应，从而产生类似的人际环境。

他强调，个人的人格与工作环境之间的适配和对应是职业满意度、职业稳定性与职业成就的基础。由此，霍兰德假设：在现实的文化中，大多数人的人格可以分为6种类型，这6种人格类型可以按照固定顺序排成一个六角形。

（一）霍兰德的职业兴趣六角形模型

霍兰德提出的职业兴趣六角形模型，如图2-2所示，把个人的职业兴趣和工作环境分为实用型（realistic）、研究型（investigative）、艺术型（artistic）、社会型（social）、企业型（enterprising）和事务型（conventional）。

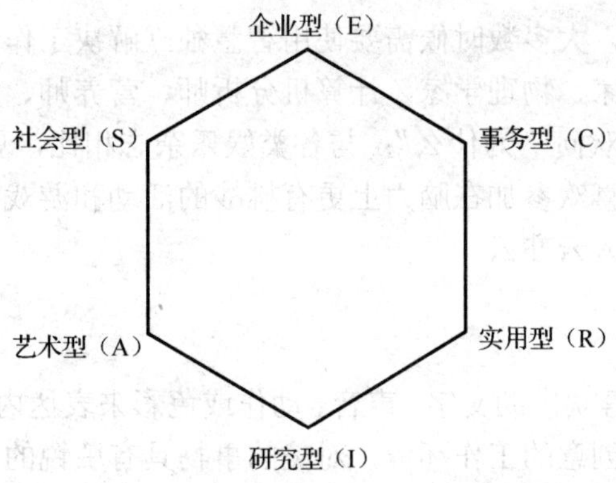

图 2-2　霍兰德职业兴趣六角形模型

如果个人的职业兴趣与工作环境相符合，个人的职业满意度、幸福感和控制感都会增强，如此不仅有利于个人的发展，还有利于组织的成就。

1. 实用型（R）

人的特点：这类人喜欢操作机械、修理仪器等需要技术的活动；喜欢用实际行动代替言语表达，对现在的重视胜于未来；喜欢具体明确、需要动手操作的工作环境；喜欢从事机械、电子、建筑等方面的工作。他们通常情绪稳定、忍耐力强，给人以诚实、谦和、踏实的印象。

职业环境特点：这类工作环境常有个人可操作的工具、机器等。需要人们按一定程序要求，明确、具体地从事技术性、技能性工作。在这类工作环境中，处理与物接触的问题比处理人际关系问题更重要。

典型职业：质检员、电力工程师、软件技术人员、建筑设计师、汽车工程师等工程技术人员，运动员等。

举例：有的同学喜欢修理各种家用电器、设备等；喜欢上实验课、劳技课等，因为可以操作实验设备、仪器；喜欢玩各种组装、拼装类玩具；喜欢打理花草、制作家具、缝制衣物、烹饪；喜欢户外运动、体育活动等。

2. 研究型（I）

人的特点：这类人喜欢研究并解决抽象的问题，喜欢运用心智能力去观察、分析、推理，喜欢与符号、概念、文字、抽象思考有关的活动；喜欢从事理化、生物等需要动脑的研究性工作；在工作中表现出优异的科学能力。他们通常个性独立、温和、谨慎、理性、有逻辑。

职业环境特点：这类工作环境通常需要运用复杂抽象的思考能力。需要人们通过观察、科学分析等进行系统的、创造性的研究工作和理论性工作。在这类环境中，不太需要处理复杂的人际关系，大多数时候需要使用智慧独立解决工作中的问题。

典型职业：心理学家、物理学家、计算机分析师、营养师、统计员、记者等。

举例：有的同学喜欢问“为什么”；与各类娱乐杂志相比，更喜欢阅读科学、哲学等知识类书籍、材料；喜欢参加在脑力上更有挑战的活动和游戏，如下棋、推理游戏；平时可能话不多，但不人云亦云。

3. 艺术型（A）

人的特点：这类人喜欢借助文字、声音、动作或色彩来表达内心想法和对美的感受；喜欢自由自在的、富有创意的工作环境，对美的事物具有敏锐的直觉。他们个性热情、冲动，有丰富的想象力和创造力，乐于独立思考和创作。

职业环境特点：这类工作环境通常开放自由，鼓励个人表现和创意；通常需要通过非系统化的、自由的活动进行艺术表现和创新工作，不太需要程序化的事务性工作。这类环境提供了充分的空间，鼓励感性与情绪的充分表达，不要求逻辑形式，使用工具也是为了传达内心的情绪或创意。

典型职业：演员、艺术家、园艺设计师、室内设计师、服装设计师等。

举例：有的同学喜欢欣赏各种形式的艺术作品；乐于参加文艺演出；喜欢写作、摄影、听音乐会、看画展等。

4. 社会型（S）

人的特点：这类人喜欢从事与人接触的活动。对人慷慨，喜欢倾听和关心别人，能敏锐地觉察别人的感受。在团队中，乐于与人合作，喜欢和大家一起完成工作。他们关心人胜于关心物，关心他人的福祉；喜欢做帮助他人的工作。他们个性温暖、友善、乐于助人，容易与人相处。

职业环境特点：这类工作环境鼓励人们彼此了解、互相帮助、和睦相处；通常需要人际交往技能，需要更多时间与人打交道；强调人类的核心价值观，如理想、友善等，充满了经验指导与交流，心理的沟通等。

典型职业：大学教师、社会工作者、警察、顾问、运动教练、护士等。

举例：有的同学小时候喜欢扮演老师，常常教育、指导其他小朋友；喜欢参加公益服务类活动，在帮助他人的过程中感到快乐；喜欢和谐友善的工作和生活环境，同学中有争执或冲突时往往充当调节员。

5. 企业型（E）

人的特点：这类人喜欢以言语说服或影响他人，领导他人；喜欢销售、管理、法律、政治方面的工作；做事有组织、有计划，喜欢立刻采取行动，领导他人达成工作目标。他们通常精力充沛，生活紧凑，善于表达，希望拥有权力。

职业环境特点：这类工作环境中充满了关于权力、金融或经济的议题。这类工作需要组织与影响他人共同完成目标，需要胆略、冒险及承担责任，不太需要精确、细琐和集中心智的工作。这类工作氛围重视升迁、绩效、权力、说服力和推销能力，强调自信、社交手腕与当机立断。

典型职业：公关代表、销售、经理人、政治家、律师等。

举例：有的同学从小担任各种学生干部，在各项活动中表现出色；喜欢看各种金融类电视节目和书籍，对商业活动很感兴趣；大学毕业后对创业感兴趣，与他人组建团队开展创业实践；热衷参加演讲比赛、辩论赛等活动；喜欢做销售类的兼职。

6. 事务型（C）

人的特点：这类人喜欢以有系统、具体、例行的程序处理文书或数字资料；喜欢从事会计、秘书等数字计算、文字处理方面的工作，较不喜欢从事创造类活动；喜欢在他人领导下工作，乐于配合和服从。他们通常表现为有秩序，做事仔细，有效率，值得信赖。

职业环境特点：这类工作环境注重组织与规划；需要注意细节、精确度、有系统、有条理，严格按照固定的规则、方法进行工作，不太需要笨重的体力劳动和创意、创新为主的工作内容。这类工作需要运用到数字处理与人事行政的能力。

典型职业：书记员、计算机操作员、行政助理、银行出纳员、秘书等。

举例：有的同学习惯凡事做好规划；喜欢有规律的生活，喜欢把个人物品收拾得干干净净、井井有条；不喜欢抛头露面，在工作中乐于做助手；乐于做文字录入、表格处理、数据统计等事务性工作。

（二）霍兰德6种人格类型的关系

霍兰德提出的职业兴趣六角形模型反映了6种人格类型的相似和差异程度。在模型中，相邻的两种类型代表其相似程度最高，如社会型和企业型；对角的两种类型代表其差异最大，如艺术型和事务型。以社会型为例，根据霍兰德职业兴趣六角形，企业型、艺术型与社会型最相似，而实用型与社会型处于六角形的对角上，差异最大。有学者提出两维的模型，可以帮助我们更加深入地了解6种人格类型的关系。

根据数据（data）—想法（ideas）和人（people）—物（things）两个维度，可以将个体划分为4种类型，如图2-3所示。

- 数据类的人喜欢求证、计算、数字、创建和管理文档；
- 想法类的人喜欢获得知识、见识，发现新的方法；
- 喜欢与人打交道的人喜欢帮助他人、提供服务、照顾他人、卖东西给他人等；
- 喜欢与物打交道的人喜欢机器、工具、植物、动物和材料等。

对照霍兰德职业兴趣六角形模型，社会型的个体更倾向于与人打交道，对角的实用型个体更倾向于与物打交道，企业型和实用型的个体更喜欢处理数据，艺术型和研究型的个体则更愿意优化思路。

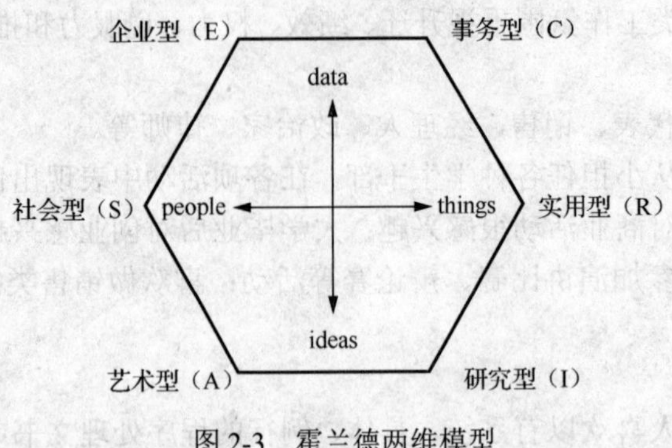

图 2-3　霍兰德两维模型

第二节　明晰职业性格

一、性格与职业性格的概念

性格是在后天的成长环境和教育环境中，逐渐形成的、比较稳定的，对人、对事、对自己的独特的行为方式和个性倾向。开朗、直率、热情、慢性子、急脾气、健谈、木讷等，都是用来形容性格的。但是，性格并非全部是别人能看清楚、自己也很明白的，有些性格不但不容易看清楚，有时候还有迷惑性，容易让人以为是另一种性格。因此，性格具有复杂性。每个人的性格都不同，俗话说，“一龙生九子，九子各不同”。因此，性格具有独特性。

职业性格是指人们在长期特定的职业生活中所形成的与职业相联系的、稳定的心理特征。例如，有的人对待工作总是一丝不苟，踏实认真；在待人处事中总是表现出高度的原则性；在自己的态度上表现为谦虚、自信，严于律己等。所有这些特征的总和就是其职业性格。

二、性格对职业发展的影响

职业心理学研究表明，性格影响着一个人对职业的适应性，不同的性格适合于从事不同的职业。同时，不同的职业对人有不同的性格要求。因此在选择职业时，还要考虑自己的职业性格特点，考虑职业对人的性格要求，根据自己的性格特点选择最易适应的职业，或改变自己的性格特点来适应职业的要求。

职业心理学家勃兰特曾经做过一个实验。他追踪调查了一批大学毕业生，将他们的个性、在校学习成绩、智力与他们毕业 5 年后的收入进行分析和比较。结果显示：事业成功和智力的相关度是 0.18，和学习成绩的相关度是 0.32，与个性的相关度是 0.72。这

个实验实证了事业成功与否与个人的个性是否适合此项事业的关联度最高。也就是说，一个人所做的工作与自己的个性越契合，其事业成功的可能性越大。

心理学巨匠威廉·詹姆斯说："播下一个行动，收获一种习惯；播下一种习惯，收获一种性格；播下一种性格，收获一种命运。"根据行为心理学的研究结果：3 周以上的重复会形成习惯；3 个月以上的重复会形成稳定的习惯，即同一个动作，重复 3 周就会变成习惯性动作，并逐渐形成稳定的习惯。一个人一天的行为中，大约只有 5%是属于非习惯性的，而剩下的 95%的行为都是习惯性的。即便是打破常规的创新，最终也可以演变成为习惯性的创新。习惯的力量是惊人的，35 岁以前养成的习惯决定着你是否能够成功。

三、MBTI 性格理论

MBTI（myers-briggs type indicator）是一种迫选型、自我报告式的性格评估工具，用以衡量和描述人们在获取信息、做出决策、对待生活等方面的心理活动规律和性格类型。它以瑞士心理学家卡尔·荣格的性格理论为基础，由美国的凯瑟琳·布瑞格斯和伊莎贝尔·麦尔斯母女共同研制开发。

MBTI 从 4 个维度考察个人的偏好倾向，以区分人与人之间的差异，这 4 个维度具体如下：

1）精力支配：extraversion （E）—introversion （I）
外向 内向

2）接受信息：sensing （S）—intuition （N）
感觉 直觉

3）判断事物：thinking （T）—feeling （F）
思考 情感

4）行动方式：judging （J）—perceiving （P）
判断 知觉

其中两两组合，可以组合成 16 种性格类型，如表 2-1 所示。

表 2-1 MBTI 性格类型与匹配的职业

性格类型	匹配的职业	性格类型	匹配的职业
内向感觉思维判断（ISTJ）	稽查员	内向感觉思维知觉（ISTP）	操作者、演奏者
内向感觉情感判断（ISFJ）	保护者	内向感觉情感知觉（ISFP）	作曲家、艺术家
内向直觉情感判断（INFJ）	咨询师	内向直觉思维判断（INTJ）	学者、科学家
内向直觉情感知觉（INFP）	治疗师、导师	内向直觉思维知觉（INTP）	建筑师、设计师
外向感觉思维判断（ESTJ）	督导	外向感觉思维知觉（ESTP）	发起者、创设者
外向感觉情感判断（ESFJ）	供给者、销售员	外向感觉情感知觉（ESFP）	表演者、演示者
外向直觉情感判断（ENFJ）	教师	外向知觉思维判断（ENTJ）	管理者、调度者
外向直觉情感知觉（ENFP）	倡导者、激发者	外向直觉思维知觉（ENTP）	企业家、发明家

MBTI 性格类型系统中有 4 种性格倾向组合，具体如下。

（1）直觉+思考=概念主义者

概念主义者自信、有智慧、富有想象力。他们的原则是所有事情都要做到最好。他们天生好奇，喜欢不断吸取知识，能够看到同一问题的不同方面，习惯于全面地思考问题和一分为二地看待问题，从而对真实或假设的问题构思出解决方案。

概念主义者是 4 种类型中最独立的一种。他们工作原则性强、标准高，对自己和对他人的要求都很严格。他们不会被他人的冷遇和批评干扰，喜欢以自己的方式做事。

概念主义者喜欢能提供自由、变化和需要有较高的智力才能完成的工作。他们喜欢看到自己的想法能够得到实施，喜欢与有能力的上司、下属、同事共事。大多概念主义者推崇权力，易于被有权力的人和权力地位吸引。

（2）感觉+情感=经验主义者

经验主义者关注感官带给他们的信息，而且相信那些可以测量和证明的东西；同时喜欢面对各种各样的可能性，喜欢自由随意的生活方式，是反应灵敏和自发主动的一种人。

经验主义者是 4 种类型中最富有冒险精神的。他们最可贵之处在于机智多谋，令人兴奋，而且很有趣。他们一想到某件事情就有立即去做的冲动，而且喜欢一口气把事情做完，不喜欢太长时间做同一件事情。

经验主义者喜欢可以提供自由、变化和行动的工作，喜欢那些能够有及时效果的工作，他们以能够巧妙而成功地完成工作为乐。由于他们喜欢充满乐趣的生活，无论做什么必须让他们感到高度的乐趣，这样才能令他们感到满意。

（3）直觉+情感=理想主义者

理想主义者感兴趣的是事物的意义、关系和可能性，并基于其个人的价值观念做出决定。他们做人的原则是真实地面对自己。

理想主义者是 4 种类型中精神上最具哲理性的人，乐于接受新的思想，善于容纳他人。他们非常崇尚人与人之间和各种关系中的真实和正直，容易将别人理想化。

对理想主义者而言，一份好工作应该是对他们个人很有意义的工作，而不是简单的常规工作或只是一种谋生手段。他们喜欢民主、能够激励各种层次的人们高度参与，会被那些促进人性价值的组织或那些允许他们帮助别人完成工作的职业所吸引。

（4）感觉+判断=传统主义者

传统主义者相信事实、已证实的数据、过去的经验和感官所带给他们的信息，喜欢有结构有条理的世界，喜欢做决定，是一种既现实又有明确目标的人。

传统主义者是 4 种类型中最传统的一类。他们重视法律、秩序、安全、规则和本分。他们尊重权威、等级制度和权力，而且一般具有保守的价值观。他们很有责任感，而且经常努力去做正确的事情，这使他们可以信赖和依靠。

传统主义者需要有归属感，需要服务于别人，需要做正确的事情。他们注重安稳、

秩序、合作、前后一致和可靠，而且严肃认真，工作努力。他们在工作中对自己要求十分严格，而且希望别人也是如此。

第三节 澄清职业价值观

一、价值观与职业发展

（一）什么是价值观

价值观是人们用来区分好坏标准并指导行为的心理倾向系统。价值观分为两类：一类是“实质价值观”，如成就感、爱、健康等；一类是“工具价值观”，如金钱、职位等。

为什么要了解价值观？价值观在人们的职业生涯发展中起到极其重要的、决定方向性的作用，往往超过了兴趣和性格对人们的影响。当我们有矛盾冲突，需要选择妥协与放弃时，常常会出于价值观的考虑。

（二）马斯洛的需求层次理论

马斯洛提出人有5个层次的需求：生理需求、安全需求、归属和爱的需求、尊重需求及自我实现的需求（图2-4）。

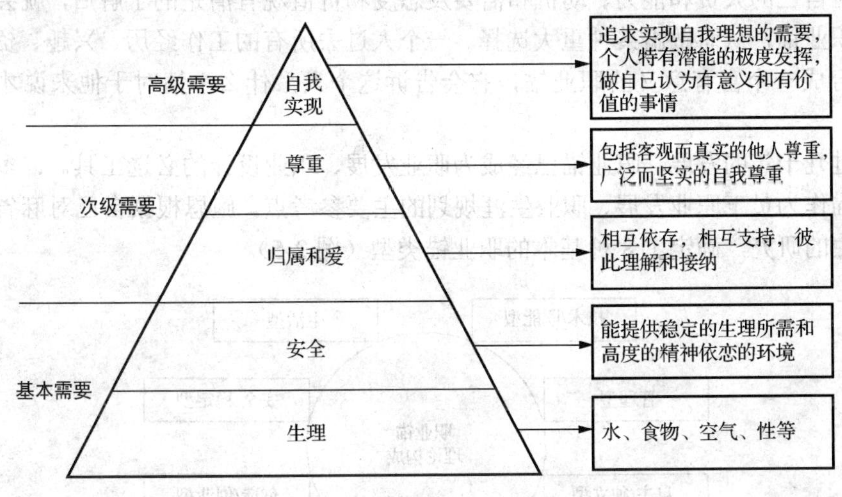

图2-4 马斯洛需求层次理论

只有当低层次的需求被满足以后，个人才能够更好地追求更高层的需求。这些需求体现在我们的生活中，就成为我们的价值观，它们具有强大的驱动力。

对照需求层次模型，思考如下问题。

1）你处在哪一级需求层次？

你最希望在工作中获得对哪个层次需求的满足？

什么因素能够带给你满足感，激励你更好地工作？

2）价值观是否会发生变化？

个人由于所处的生涯发展阶段、社会环境的不同，他的需求会发生改变，从而可能导致价值观的变化。

当今多元社会中多种价值观的冲击也会导致原有价值观的体系发生混乱乃至改变。因此，价值观需要不断地审视和澄清。

二、施恩的职业锚理论

职业锚（又称职业定位）的概念是由美国著名职业心理学家施恩提出的。他认为，职业生涯发展实际上是一个持续不断的探索过程，随着一个人对自己越来越了解，这个人就会越来越明显地形成一个占主导地位的职业锚。

施恩认为，所谓“职业锚”是指当一个人不得不做出选择的时候，无论如何都不会放弃的职业中的那种至关重要的东西或价值观，即人们选择和发展自己职业时所围绕的中心。

在职业心理学中，职业锚实际上就是人们选择和发展职业时围绕自己确定的中心。一个人对自己的天资和能力、动机和需要及态度和价值观有清楚的了解后，就会意识到自己的职业锚，从而做出某种重大选择。一个人过去所有的工作经历、兴趣、资质、潜能等集合成一个富有意义的职业锚，它会告诉这个人，什么事情对于他来说才是最重要的。

经过几十年的发展，职业锚已经成为职业发展、职业设计的必选工具。许多大企业以职业锚作为员工职业发展、职业生涯规划的主要参考点。施恩根据自己对麻省理工学院毕业生的研究，确定了 8 种基本的职业锚类型（图 2-5）。

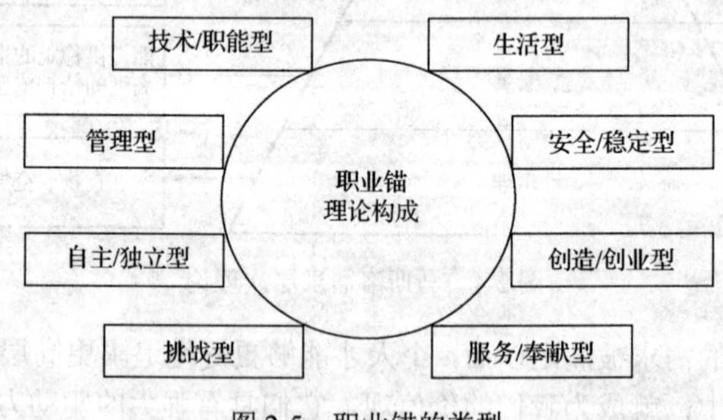

图 2-5　职业锚的类型

1. 技术/职能型

技术/职能型的人追求在技术职能领域的成长和技能的不断提高，以及应用这种技术和职能的机会。他们对自己的认可来自他们的专业水平，他们喜欢面对专业领域的挑战。他们通常不喜欢从事一般的管理工作，因为这意味着他们不得不放弃在技术/职能领域的成就。

2. 管理型

管理型的人追求并致力于工作晋升，倾心于全面管理，独立负责一个部分，可以跨部门整合其他人的努力成果。他们想去承担整体的责任，并将公司的成功与否看成自己的工作。具体的技术职能工作仅仅被看作通向更高、更全面管理层的必经之路。

3. 自主/独立型

自主/独立型的人希望随心所欲地安排自己的工作方式、工作习惯和生活方式。追求能施展个人能力的工作环境，最大限度地摆脱组织的限制和制约。他们宁愿放弃提升或工作发展机会，也不愿意放弃自由与独立。

4. 挑战型

挑战型的人喜欢解决看上去无法解决的问题，战胜实力强硬的对手，克服各种困难和障碍等。对他们而言，参加工作的原因是工作允许他们战胜各种不可能。他们需要新奇、变化和困难，如果事情非常容易，工作会令他们厌烦。

5. 生活型

生活型的人希望将生活的各个主要方面整合为一个整体，喜欢平衡个人、家庭和职业的需要。因此，生活型的人需要一个能够提供“足够弹性”的工作环境来实现这一目标。生活型的人甚至可以牺牲职业的一些方面，如放弃职位的晋升，来换取三者的平衡。他们将成功定义得比职业成功更广泛。相对于具体的工作环境、工作内容，生活型的人更关注自己如何生活、在哪里居住、如何处理家庭事务及怎样自我提升等。

6. 安全/稳定型

安全/稳定型的人追求工作中的安全感与稳定感，他们会因为能够预测到稳定的将来而感到放松。他们关心财务安全，如退休金和退休计划。

7. 创造/创业型

创造/创业型的人希望用自己的能力去创建属于自己的公司或创建完全属于自己的

产品（或服务），而且愿意去冒风险，并能够克服面临的困难和障碍。他们能够耐心地学习并寻找机会，一旦时机成熟，他们便会走出去创立自己的事业。

8. 服务/奉献型

服务/奉献型的人一直追求他们认可的核心价值，如帮助他人、改善人们的安全状况。他们一直坚持这种理念，这意味着即使变换工作单位，他们也会追求实现这种价值。

第四节　梳理职业技能

一、能力与生涯发展

能力是一个人能否进入职业领域的先决条件，是能否胜任工作岗位的主观条件。不管从事什么样的职业都要有一定的能力做保证。

当工作环境能够满足个人的需求时，会感到“内在满意”；而当个人能够满足工作的要求时，个人能够达到“外在满意”（令自己的雇主、同事感到满意）。当个人能够同时达到“内在满意”和“外在满意”时，个人与环境之间的关系就比较协调，个人的工作满意度会比较高，在该工作领域也能持久地发展。

当一个人的能力和工作的要求相匹配时，最容易发挥自己的潜能，并且获得一种满足的感觉。相反，当一个人去做自己力所不及的工作时，就会感到焦虑，甚至产生挫败感。而当一个人能力超出工作要求太多时，又容易感到工作缺乏挑战，比较乏味。

因此，在选择职业时，我们同样要寻求个人能力与职业技能要求的适配。

二、能力的分类

（一）能力

能力按获得方式不同，一般分为能力倾向和技能两大类。能力倾向是指天赋性的特殊才能，如音乐能力、运动能力等。而技能是指经过后天学习和训练培养获得的能力。

著名教育心理学家霍华德·加德纳认为，能力倾向（潜能或智力）是多元的，是由同样重要的多种能力构成的，这就是著名的多元智能理论。他提出，人类的智能至少可以分成 8 个范畴，如图 2-6 所示。每个人既有自己相对的优势智能，又有不同于他人的智能结构。8 种智能有机组合，构成各具特点的个性。

多元智能理论告诉我们：对于世界上的每一个人来说，不存在谁更聪明的问题，只存在不同个体在哪个方面聪明的问题。每个人都是独特的，如果个人能将自己独特的天

赋充分发挥出来，那么，每个人都可以是出色的。

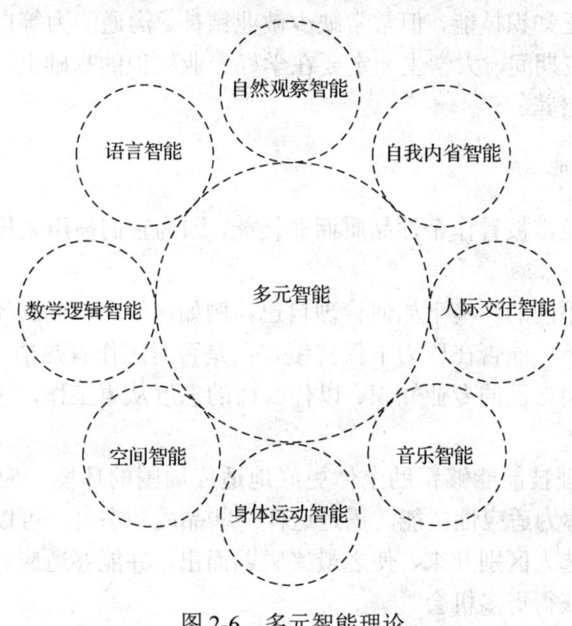

图 2-6　多元智能理论

（二）技能

技能分为以下 3 种类型。

1. 专业知识技能

专业知识技能是指那些需要通过教育或者培训才能获得的知识或能力，也就是个人所学习的科目、所懂得的知识。

专业知识技能的特点如下。

1）一般用名词来表示。

2）不可迁移，是一些特殊的语汇、程序和学科内容，必须经过有意识的、专门的培训才能掌握。

3）常常与我们的专业学习或工作内容直接相关。

许多大学生由于不喜欢自己的专业，在找工作时往往陷入两难的境地：一方面，认为找工作必须“专业对口”，但是又不喜欢自己的专业，不想将之作为从事一生的职业；另一方面，如果“专业不对口”，自己不是“科班出身”，则担心自己与有专业背景的其他应聘者相比缺乏竞争力，甚至觉得很难跨越专业的鸿沟。

事实上，知识技能并非只有通过正式的专业教育才能获得。除学校课程，课外培训、专业会议、讲座、研讨会、自学资格认证考试等方式都可以帮助个人获得知识技能。此外，很多公司也为新员工提供相关的上岗培训。

大学生通常不乏知识技能，但常常缺少敬业精神、沟通能力等自我管理技能和可迁移技能。因此，在校期间，大学生一定要在学好专业知识的基础上，加强对自我管理技能和可迁移技能的培养。

2. 自我管理技能

自我管理技能经常被看作个性品质而非技能，因为它们被用来描述或说明一个人具有的某些特征。

它涉及个体在不同的环境下如何管理自己，例如，是勇于创新还是循规蹈矩；是认真完成还是敷衍了事；能否在压力下保持镇定；是否对工作有热情；是否自信；等等。

一个人如何使用自己的专业知识、以什么样的态度从事工作，这甚至比工作内容本身更为重要。

良好的自我管理技能能够帮助个体更好地适应周围的环境、应对工作中出现的问题，因此，它也被称为适应性技能。正是这样一些品质和态度，可以将个人与其他具有相同知识技能的候选人区别开来，使之最终脱颖而出，并能够适应新的环境和规则，在工作中取得成就，获得更多机会。

大学生从校园走向社会前，培养良好的自我管理技能，学会如何为人处世，是至关重要的。自我管理技能无论是一个人先天具有的还是后天习得的，都需要练习。它可以从非工作（生活）领域迁移转换到工作领域。耐心细致、认真负责、主动热情、条理清晰，这些技能并不是通过专门的课程学习到的，而是在日常生活中随时随地培养的。

自我管理技能通常用以下词汇来表述：诚实、正直、自信、开朗、团结、耐心、细致、周密、慎重、严谨、认真、负责、可靠、幽默、友好、真诚、善良、热情、投入、高效、冷静、包容、踏实、积极、主动、乐观、勇敢、忠诚、直爽、现实、执着、感性、善良、大度、勇敢、随和、聪明、稳重、朴实、机智、敏捷、活泼、敏锐、条理、宽容、谦虚、理性、客观、平和、激情、责任心、进取心、同情心、想象力、观察力、忍耐力、创造力、坚忍不拔、足智多谋、精力旺盛、头脑开放、胆大心细、多才多艺、彬彬有礼、善解人意、吃苦耐劳、团结协作、开拓创新等。

3. 可迁移技能

可迁移技能就是一个人会做事的能力。它从生活中的方方面面，特别是工作之外得到发展，可以迁移应用于不同的工作之中。可迁移技能也是个人最能持续运用和最能够依靠的技能。随着信息时代的到来，新技术日新月异地发展，知识的更新换代不断加快。这意味着个体需要不断学习新的知识技能才能跟上时代的发展。

目前社会越来越强调终身学习。学习能力（可迁移技能）已经比拿到某个专业的学位（知识技能）更为重要。

知识技能的运用都是在可迁移技能基础之上的：你的知识技能是动物学，那么你将怎样运用它呢？是“教授”动物学，还是当宠物医生给宠物“治疗”疾病？是“写作”科普文章、宣传爱护野生动物的知识，或在流浪小动物协会帮助“照料”小动物？

从这个意义上说，在求职的时候，尽管你从来没有从事过某个职业，但只要你实际上具备这个职业所要求的种种技能，就可以证明自己有资格去从事它。如果你并不是科班出身，仍然有可能跨专业从事你想从事的职业，尤其是那些对知识技能要求并不是很高，而可迁移技能占重要地位的职业。

人们所获得的各种技能之间可以相互作用，已经掌握的技能可能对新的技能起促进作用，也可能妨碍学习新的技能。这种现象叫作技能的迁移。可迁移技能的特征是它可以从生活的方方面面，特别是工作之外得到发展，可以迁移应用于不同的工作之中。因此，也被称为通用技能。

（三）自我效能感

所谓自我效能感，是指个人对自己的能力，以及运用该能力将得到何种结果所持的信心或把握程度。

有研究发现，在实际生活和工作中，对个人行为起决定作用的往往不是个人实际能力的高低，而是个人的自我效能感。一份关于男女薪酬差异的调查指出：男女两性在薪酬上的差异在于，女性的数学水平普遍低于男性，通常薪酬高的职业会要求具有比较高的数学能力。女性在数学学习上的弱势并非由于女性天生不擅长学习数学，主要原因是相对于男性，女性对自身学习数学的能力缺乏信心，而倾向于在该科目上花更少的时间。我们也常见到有的人本来能力很不错，也得到他人的很多肯定，却由于自信心方面的原因而束缚了自己，做事畏首畏尾，不能充分发挥自己的才能。这些都充分说明自我效能感对个人发展具有重大影响。

当你了解到在某些问题上或许不是你的能力不够导致的，而是自己的自我效能感较低，你是否愿意做一个决定：改变对于自身能力的信念，让它更符合实际的情形，并尝试在新的信念的基础上去生活和工作。

◈ 实践拓展

自我探索小结

综合分析成长经历和职业测评等方法，进行自我探索后填写：

1）我的兴趣爱好或特长有______________________________，
其中有可能成为职业兴趣的有______________________________，
我的职业兴趣主要类型是______________________________，

与兴趣匹配的主要职业有_______________________________________。

2）我的职业性格主要类型是___________________________________，
与性格匹配的主要职业有_______________________________________。

3）我的职业锚类型是____，
我的职业发展愿景是____，
我看重的职业有____。

4）我认为与我的能力匹配的职业有________________________________。

综合以上内容，我的职业定位是__________________________________。

专家视角

正确对待职业测评结果

职业测评可以帮助同学们清楚地认识自我，了解自己的性格特征和职业倾向，帮助同学们准确地进行职业定位，找到职业生涯发展的有效起点，扬长避短，在职业道路上事半功倍，走得更远。但是，职业测评并不是万能的，它不能解决所有人的所有问题。而对于测评结果，更是需要正确对待。

1）对同学们来说，对各种专业的人才素质要求还没有很全面、深刻的了解，即使测评结果显示你适合某种工作，那只是从性格、能力或未来能力、兴趣等几个方面提供的参考，而你能否适应职业本身的压力、节奏、竞争程度，以及职业对经验、学历等的要求，则往往是测评之外的事。在不知所措时，先就业，等对各种职业有了一定的了解后再择业，是明智之举。

2）有的职业测评显示一些职业适合性格外向的人做，但实践中，一些性格内向的人也会做得很好。原因是，一种职业对人才的需求是多样性的。个人的职业测评最好和企业的用人测评结合起来，即企业可能更了解求职者是否适合某种职业。

职业选择决策是一个复杂的、动态的过程，要考虑很多因素。在做具体决策时，除了以职业测评结果作为参考依据外，还要考虑一些其他因素，如职业的发展前景、职业的工作环境，职业给你带来的经济及非经济的回报、你的个性特征与职业要求的匹配性、你个人的能力特长与职业要求的一致性，以及你的父母亲人和朋友对你的期望，等等。这些信息需要你自己去获取，也可以向有关的专家或专业机构咨询。

专家视角 2

第三章　客观认识职场

本章导图

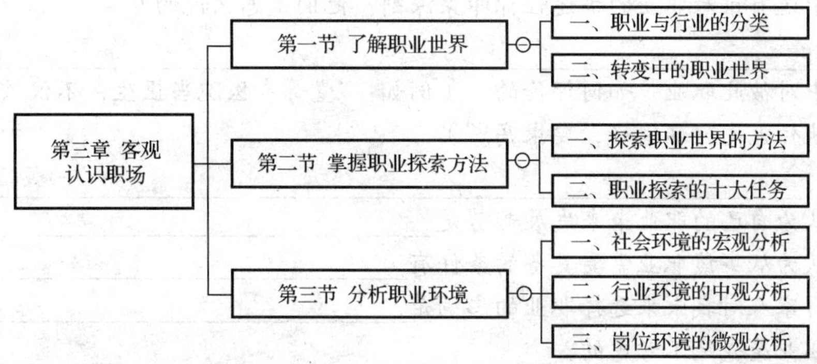

导入活动

家族职业树

了解职业可以从自己熟悉的人开始。首先请把家庭中亲属的职业信息填在下面的家族职业树上，填完后请回答后面的问题。

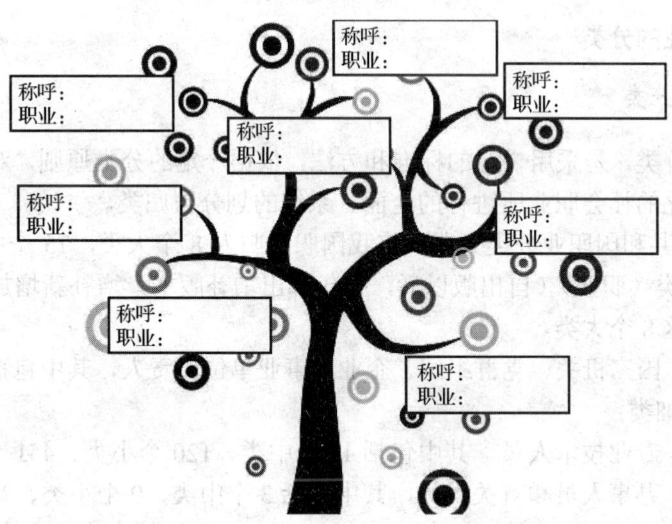

你的家族中最多人从事的职业是＿＿＿＿＿＿＿＿＿＿＿＿＿＿＿＿＿＿＿＿＿＿＿＿。

你想要从事这种职业吗？为什么？＿＿＿＿＿＿＿＿＿＿＿＿＿＿＿＿＿＿＿＿＿＿

爸爸如何描述他的职业？爸爸平时会提到哪些职业？他是怎么说的？

＿＿＿＿＿＿＿＿＿＿＿＿＿＿＿＿＿＿＿＿＿＿＿＿＿＿＿＿＿＿＿＿＿＿＿＿＿＿

爸爸的描述对我的影响是＿＿＿＿＿＿＿＿＿＿＿＿＿＿＿＿＿＿＿＿＿＿＿＿＿＿。

妈妈如何描述她的职业？妈妈平时会提到哪些职业？她是怎么说的？

＿＿＿＿＿＿＿＿＿＿＿＿＿＿＿＿＿＿＿＿＿＿＿＿＿＿＿＿＿＿＿＿＿＿＿＿＿＿

妈妈的描述对我的影响是＿＿＿＿＿＿＿＿＿＿＿＿＿＿＿＿＿＿＿＿＿＿＿＿＿＿。

家族中还有谁对职业的描述让你印象深刻？他们是怎么说的？

＿＿＿＿＿＿＿＿＿＿＿＿＿＿＿＿＿＿＿＿＿＿＿＿＿＿＿＿＿＿＿＿＿＿＿＿＿＿

家族中对彼此职业是如何评价的？（例如：“堂哥在医院当医生，不仅收入高，社会地位也高，环境好，要求高。”）

＿＿＿＿＿＿＿＿＿＿＿＿＿＿＿＿＿＿＿＿＿＿＿＿＿＿＿＿＿＿＿＿＿＿＿＿＿＿

他们认为自己的职业未来发展趋势是＿＿＿＿＿＿＿＿＿＿＿＿＿＿＿＿＿＿＿＿＿＿。

他们认为从事该职业需要具备的条件有＿＿＿＿＿＿＿＿＿＿＿＿＿＿＿＿＿＿＿＿＿。

我觉得家人对我未来选择职业的影响是＿＿＿＿＿＿＿＿＿＿＿＿＿＿＿＿＿＿＿＿＿。

哪些职业是我绝不考虑的？＿＿＿＿＿＿＿＿＿＿＿＿＿＿＿＿＿＿＿＿＿＿＿＿＿

哪些职业是我有考虑的？＿＿＿＿＿＿＿＿＿＿＿＿＿＿＿＿＿＿＿＿＿＿＿＿＿＿

选择职业时，我还重视哪些条件？＿＿＿＿＿＿＿＿＿＿＿＿＿＿＿＿＿＿＿＿＿＿

第一节　了解职业世界

一、职业与行业的分类

（一）职业分类

所谓职业分类，是采用一定的标准和方法，依据一定的分类原则，对从业人员所从事的各种专门化的社会职业所进行的全面、系统的划分与归类。

《中华人民共和国职业分类大典》将我国职业归为 8 个大类，75 个中类，434 个小类，1481 个细类（职业）（自出版以后，每年都出增补版本，增补新增加的职业类型）。下面简单介绍这 8 个大类。

第一大类：国家机关、党群组织、企业、事业单位负责人，其中包括 6 个中类、15 个小类、23 个细类；

第二大类：专业技术人员，其中包括 11 个中类、120 个小类、451 个细类；

第三大类：办事人员和有关人员，其中包括 3 个中类、9 个小类、25 个细类；

第四大类：商业、服务业人员，其中包括 15 个中类、93 个小类、278 个细类；

第五大类：农、林、牧、渔、水利业生产人员，其中包括 6 个中类、24 个小类、52 个细类；

第六大类：生产、运输设备操作人员及有关人员，其中包括 32 个中类、171 个小类、650 个细类；

第七大类：军人，其中包括 1 个中类、1 个小类、1 个细类；

第八大类：不便分类的其他从业人员，其中包括 1 个中类、1 个小类、1 个细类。

（二）行业分类

行业分类是不同于《中华人民共和国职业分类大典》的另外一种分类模式，主要按经济活动性质的同一性进行分类，即主要按企业、事业单位、机关团体和个体从业人员所从事的生产经营活动或其他社会经济活动性质进行行业分类，而不按其所属行政管理系统分类。某一行业就其实质来说是指从事一种或主要从事一种活动的所有单位的集合。

我国 2017 年第四次修订的《国民经济行业分类》对行业门类、大类、中类和小类进行了调整。新行业分类标准为 20 个行业门类，97 个行业大类，473 个中类，1380 多个小类。主要分类如下：A 农、林、牧、渔业；B 采矿业；C 制造业；D 电力、热力、燃气及水生产和供应业；E 建筑业；F 批发和零售业；G 交通运输、仓储和邮政业；H 住宿和餐饮业；I 信息传输、软件和信息技术服务业；J 金融业；K 房地产业；L 租赁和商务服务业；M 科学研究和技术服务业；N 水利、环境和公共设施管理业；O 居民服务、修理和其他服务业；P 教育；Q 卫生和社会工作；R 文化、体育和娱乐业；S 公共管理、社会保障和社会组织；T 国际组织。

二、转变中的职业世界

面对信息化时代，人们规划未来职业，必须善于在行业变化中把握发展趋势。一方面，传统的职业整合了新的运作模式；另一方面，新兴职业层出不穷。了解当前职业发展变化趋势，对于设计个人职业生涯有着重要的意义。

（一）职业的发展变化趋势

随着社会分工的发展和职业的分化，职业的种类也越来越多，已远远超过了“三百六十行”。21 世纪是知识经济的时代，当今社会知识经济已经开始占据国民经济的主导地位，对人才的要求开始打破传统的模式，呈现出新的特点。

1. 打破了传统职业模式，逐步实现智能化

工业革命以后，科学技术的发展促进了以学校为主导的职业教育。体力劳动者与脑

力劳动者之间逐步形成新的“中间人才”类型，构成与社会经济发展相适应的人才类型结构。生产力发展的关键之一是增加职业岗位科技含量，改善劳动组织和生产手段，提高劳动生产率。能熟练应用信息管理方法的智能型操作人员，是今后职业岗位更新、工作内容更新需要的新型人才。

2. 转变了职业时空概念，职业岗位转移更加频繁

传统职业的时空变化不大，劳动者不需要过多考虑单位的变更和职业的发展前景。现在同一职业或职位对就业者的要求也不断发生变化，使时空变化增大。

3. 第三产业的兴起，对职业技能要求更高

第三产业是伴随现代工业社会的发展而崛起的一类新兴行业，它包括交通运输业，邮电通信业，商业，服务业，金融保险业，卫生、体育、教育和文化艺术等。社会生产力的提高，解放了劳动力，人们越来越多地需要社会服务行业为其提供方便。第三产业的就业人数迅速增加，提供各种各样服务项目的社会服务业迅速发展壮大，不仅能产生大量新职业，而且是吸纳社会劳动力的主要渠道。

4. 人才类型的规格要求和比例结构，发生显著变化

21 世纪，我国仍将保持 4 种人才类型，即学术型、工程型、技术型、技能型（其中后两种人才由职业教育培养）。技术型人才在劳动力结构中所占比例一直在上升。一方面，很多原来由技能型人才担任的工作岗位实现智能化后改由技术型人才担任；另一方面，在信息技术发展后，原来由工程型人才担任的设计、管理等工作也有一部分采用信息技术，改由技术型人才担任。技能型人才可能是变化最大的一类人才。技术工人变换工作岗位的情况将越来越频繁：一部分技术工人的工作将被技术员代替，如钢材轧制的自动生产线上，原先的轧钢工人已被计算机前操作的技术员代替；还有不少技术工人转向第三产业或更高层次的技术岗位。这些变化导致技能型人才总数趋于减少。

5. 复合型人才的需求，成为 21 世纪的重要特点

从目前招工、就业的情况分析，职业岗位的要求和劳动方式逐步由简单向复杂方向转化，过去拥有单一技能就能胜任的工作，现在往往需要相关专业的许多知识和技能，更多地需要跨专业的复合型人才。

（二）职业的发展变化对大学生择业的影响

职业的发展，对大学生择业产生了多方面的影响。大学生在求职择业和就业准备时，要认真研究职业发展的趋势。

1）新职业种类的大量出现，扩大了大学生的择业范围。大学生在择业中首要考虑的便是“专业对口”，但由于职业发展加快，新职业种类不断增加，所谓与专业“对口”的职业种类当然也相应增多。因此，大学生在择业时应当解放思想、开阔视野，跳出以往传统职业种类的狭小范围。

2）职业的发展导致同一职业或职位对就业者的要求不断提高。对于某些职业来说，仅有学历还不具备就业资格，还需通过有关的职业资格鉴定，获得职业资格证书，如律师、环评工程师等职业。

3）职业的不断发展和劳动人事制度的改革，为人才的合理流动创造了条件。大学生毕业后的首次就业并不意味着选择了终身不变的职业，随着各种条件的变化，已就业的大学生也可能面临第二次、第三次择业，所以大学生就业时应从发展的角度看待自己的初次就业。

第二节　掌握职业探索方法

一、探索职业世界的方法

（一）形成自己预期的职业库

很多学生不知道如何进行职业世界的探索，其中一个重要的原因就是职业世界的信息浩如烟海，根本搞不清应该从哪里入手，更谈不上如何进行了。如果有一个探索范围，则会容易很多。通过前面介绍的自我探索可以帮助个人初步形成一个探索的范围。自我探索中的兴趣、性格探索，每一部分最后都可以总结出相应适合的职业。此外，每个人还有自己心中理想的职业，可以把它们也列出来。这样就获得了一个职业清单，看看这些职业有什么共同点，就可能启发你想到更多值得探索的职业。结合你的能力和价值观再次从职业清单中进行筛选，最终得到你预期的职业库。在形成预期职业库的时候，库的大小根据自己的情况要有适当的平衡，通常5～10个职业调查是适当的。在信息探索过程中，抛开自己固有的想法，保持开放的心态，更容易获得客观的信息。

（二）由近至远的探索方法

所谓近和远，是指信息与探索者的距离。通常近的信息比较丰富，远的信息更为深入；近的信息较易获得，远的信息则需要更多的投入才能了解。所以，由近至远的探索是一个范围逐渐缩小、了解逐渐加深的过程。图3-1列举了由近至远获取信息的一些方式。

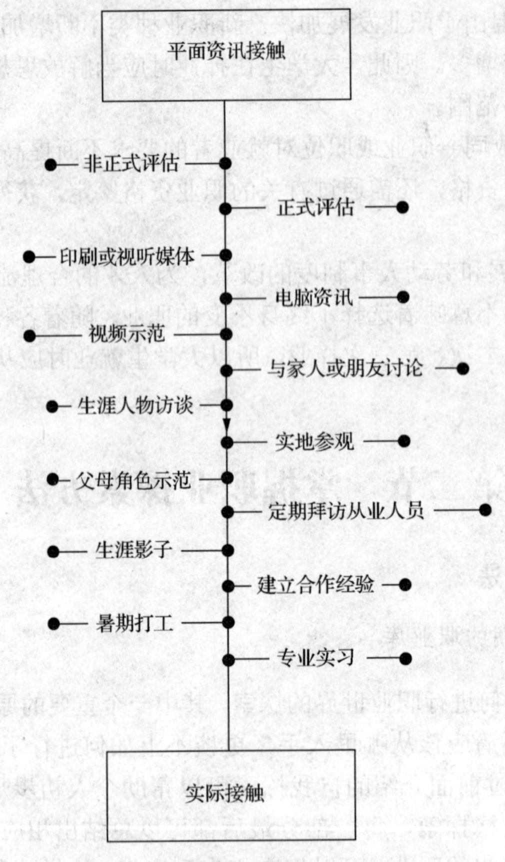

图 3-1　由近至远获取信息的方式

（三）生涯人物访谈

生涯人物访谈是获得具体职业生涯详情的有效方法之一，是对处在感兴趣职位上的从业人员进行访谈。可以帮助学生获取完整而准确的职业信息；确定自己的专业能力和不足；扩大职业人际关系网；树立工作面试的信心；从内部看组织，以便做好各种心理准备；对于创业者来说，还可以了解创业过程的困难，做好充分的准备。

生涯人物访谈处于近与远的中间，在效率和信息的真实性上有比较好的平衡。这种方式是指学生对身居自己感兴趣职位的人进行采访。接受采访者最好是在这个职位上有相当的工作经验。为防止访谈中的主观影响，应至少访谈 3 个人，既要与成绩卓然者谈，也要与默默无闻者谈。访谈时，学生应明确访谈的目的是收集供职业生涯决策的信息，而不是利用生涯人物来找工作，以免引起误会。建议在正式进行访谈前，至少做两件事：一是为自己准备一个“30 秒广告”，因为在访谈过程中，对方可能会问到一些你的情况，

如职业兴趣和目标等；二是对需要提出的问题做一些准备，这样有助于访谈的深入进行，能够取得较高的访谈效率。

二、职业探索的十大任务

（一）职业描述

职业描述，就是定义这个职业的内涵，包括具体的职业名称、各方对这个职业的定义和描述等。在罗列学习别人对这个职业的看法后，你对这个职业也要有一个自己的定义，为自己的职业报告做好基础准备。职业描述是对职业最精练的概括和总结，是透彻理解职业和调研职业的基础，要仔细思考给职业定义的每个字。一般来说，关于职业的定义，可以参照人力资源和社会保障部组织编写的《中华人民共和国职业分类大典》中对职业的详细介绍。

（二）职业的核心工作内容

每个职业都有核心的工作职责，职责对应的就是工作内容，即这个职业一般都干什么工作，什么工作是这个职业必须要做的。了解职业的核心工作内容，有利于了解胜任工作需具备的能力，这样就很容易找到和自己的差距，从而有目的地补充相关能力以完成工作内容。对工作内容的了解程度，是衡量一个人对工作的熟悉和喜欢的重要标准。个人可以通过一些企业的招聘广告了解职业的核心工作内容，也可以通过请教一些行业协会相关人员，或是从事这个职业的资深人士、一般企业的人事部门经理和直接部门经理进行了解。

（三）职业的发展前景及其对社会和生活的影响、作用

职业的发展前景，是国家、社会等对这个职业的需求程度，具体包括 3 个问题：职业在国家发展阶段中的作用，职业对社会和大众的影响，职业对生活领域的影响。也就是说，不仅要知道这个职业对国家、对社会、对行业的作用，也要知道这个职业对大众、对生活的影响。职业在国家发展中的作用一般有相关部门的权威预测，但对社会和生活的影响是要自己去认真调研的，要通过这个职业的资深人士去了解。

（四）薪资待遇及潜在收入空间

职业是社会分工的产物。职业根据参与社会分工的价值来确定相应的报酬，在不同的行业、企业、岗位上还有一些潜在的收入空间。薪酬是择业者普遍关心的话题，很多人也会把薪酬作为择业的关键因素，所以在考量职业时要重点调研职业的薪资状况。

（五）岗位设置及不同行业、企业间的差别

岗位设置，是指一般来说一个职业是有一系列岗位划分，如人事工作的岗位就分招聘、考核等很多具体岗位，而不同行业、不同性质、不同规模的企业对岗位的划分和理解也是有很大不同的。很可能岗位名称相同，但工作内容完全不一样。了解职业的岗位设置，能加深对职业外延的理解，知道职业的具体岗位后，就可以有针对性地与自己比较，也可以知道职业有什么样的重要标志。不同行业对职业（岗位）的理解和要求也是有差异的，而具体到企业差别就更大了。

（六）入门岗位及其职业发展通路

入门岗位是指针对应届毕业生的一些基础岗位。针对入门岗位，应届毕业生需要了解这个岗位日后的职业发展渠道是什么，这个岗位有哪些发展途径，较高端岗位是什么。每个职业都是从基础工作做起的，入门岗位就是提供给毕业生的敲门砖。毕业生可以通过校园招聘网站查看企业每年的校园招聘信息，了解哪些岗位是企业的入门岗位。

（七）职业标杆人物

职业标杆人物，就是在这个领域做得最好的人员。研究职业标杆人物，可以了解他的奋斗轨迹，在“追星”过程中加深对职业的了解，找到在这个职业领域奋斗的途径。一般在网上搜索这个职业时，就会出现这个职业标杆人物的相关信息，图书馆也会有这方面的书籍。

（八）职业的典型一天

了解职业一天的工作内容和时间安排是判断自己是否适合这个职业的重要指标，如果对这样一天的工作内容感到抗拒，尤其是在工作对个人生活影响方面不能接受，则说明自己不适合这个职业。职业的典型一天，在职业的核心工作内容中会有所涉及，但想了解更多真实的情况，则需要向从事这个职业的人士去了解。

（九）职业通用素质要求及入门具体能力

职业通用素质要求是指从事这个职业一般的、基本的能力要求，主要是个人通用素质能力，就是能把这个工作做好要具备的能力。通过对职业通用素质要求的了解，对比自己是否能够胜任，还有哪些要补充的能力，从而可以将其规划到大学生活里。其实，每个岗位在岗位描述中对任职资格都有介绍，只是这次要把其整理出来，尤其要加上职业访谈中的内容，列出 10 项最常用的能力，然后与自己一一对照，可以促进对自我的发现和认知。

（十）工作方式与思维方式及对个人的内在要求

工作方式和思维方式是做好工作的保证，有些工作对人的内在（如态度等）要求很高，这些是从内在来判断自己是否适合和喜欢某个职业的核心标准。岗位描述中的任职资格也会有对其内在要求做出描述，还有业内普遍认为的个人素质，还要考虑不同行业、不同类型企业对内在素质要求的差异。

第三节 分析职业环境

一、社会环境的宏观分析

（一）经济环境

1. 经济形势

经济形势的变化对职业的影响是最为明显又最为复杂的。当经济处于萧条时期，企业利润降低，对人力资源的需求减少，因而职业选择和职业发展的机会减少；当经济处于高速发展时期，企业规模扩张，对人力资源的需求增加，职业选择和职业发展的机会增加。

2. 劳动力市场供求状况

劳动力市场的供求状况对职业选择和职业发展产生重要影响。如果某类职业的人才供不应求，则职业选择和职业发展的机会增多；反之，某类职业的人才供过于求，职业选择和职业发展的机会减少。

3. 收入水平

社会对人力资源的需求是一种派生需求，当人们收入水平提高时，对商品消费的需求会增加，企业扩大生产，从而增加对人力资源的需求，职业选择和职业发展的机会增多；反之，职业选择和职业发展的机会减少。

4. 经济发展水平

在经济发展水平高的地区，企业相对集中，优秀企业也比较多，个人职业选择的机会就比较多，因而就有利于个人职业发展；反之，在经济相对落后的地区，个人职业选择的机会比较少，个人职业发展也会受到限制。

（二）政治、法律环境

1. 政治环境

政治环境主要涉及国家的方针、政策，影响职业的政治环境包括教育制度、经济管理体制、人才流动的政策等。政治和经济是相互影响的，政治制度影响着企业的组织体制，从而影响到个人的职业发展；政治制度还会潜移默化地影响个人的追求，从而对职业发展产生影响。

2. 法律环境

法律环境是指中央和地方的有关法规，如最低工资的规定，现行的户籍制度、住房制度、人事制度和社会保障制度，这些法律环境都会对职业的选择和发展产生重要的影响。

（三）社会文化环境

社会文化环境包括教育条件和水平、社会文化设施等。在良好的社会文化环境中，个人能受到良好的教育和熏陶，从而为职业发展打下良好的基础。社会文化是影响人们行为、欲望的基本因素。社会文化可以反映出个人基本信念、价值观和规范的变化。

（四）价值观念

一个人生活在社会环境中，必然会受到社会价值观念的影响，甚至大多数人的价值取向，都是被社会主体价值取向所影响的。一个人的思想发展、成熟的过程，其实就是认可、接受社会主体价值观的过程。社会价值观正是通过影响个人价值观而影响个人的职业选择和职业发展的。个人在进行职业生涯规划时，要坚持正确的价值观，认可、接受社会上积极进步的价值观。

二、行业环境的中观分析

1. 行业的内涵与外延

对行业的定义，不同的角度会有不同的解释，个人应该尽可能去搜集、整理各个不同的定义，对行业有一个精准的认识。可以参考《中华人民共和国职业分类大典》的权威解释，了解整个行业的概况，并且熟悉行业内的细分领域，进而探索行业的全貌。

2. 行业现状及发展趋势

国家各级行业主管部门或者社会研究机构，每年都会推出各种行业分析报告，这是了解行业现状和发展趋势的最好资料。通过网络、图书或者讲座等方式，了解该行业在

国民经济发展中的地位，了解该行业当前的发展现状，探索其未来的发展趋势。

3. 行业人才需求状况

各行各业都有其准入门槛及对人才素质能力的基本要求，了解行业人才需求状况，是进入行业的前提。所谓行业的人才需求状况，是指这个行业人才胜任能力标准，人才发展前景，人才培养目标及人才晋升路径。了解越详细，个人的职业定位就越清晰，职业规划就越具有针对性。

4. 行业的社会评价与社会声望

行业不是孤立地存在于职业世界之中的，多倾听社会各界人士对该行业的评价，了解该行业的整体社会声望。这些评价也是进行职业选择与规划的参考依据。对行业的评价向来都是“仁者见仁，智者见智”，行业的社会声望也是褒贬不一，在不同的舆论和倾向的影响下，个人应该端正自己的认知，不宜随波逐流、人云亦云。

5. 行业代表人物

了解行业的代表人物是了解行业的一个较好的手段。各行各业都有自己的代表人物，通过调研行业代表人物的先进事迹、成长历程，可以加深对该行业的认识与了解。相反，了解行业典型的失败案例，也能够从侧面知道行业存在的风险与弊端，树立对行业全面、客观的认知。

6. 行业规范及标准

每个行业都有自己的行业标准及规范，这些规范可能是明示的，也有可能是潜在的；这些标准有可能是国家制定的，也有可能是行业内部规定的，这些都是了解一个行业很好的切入点。行业的规范及标准代表了行业的人才准入门槛及从业人员基本守则，掌握了该行业的规范与标准，相当于为进入该行业奠定了基础。

7. 行业知名企业名录

行业是由一系列细分领域内的企业共同组成的，这些企业既相互竞争，又相互依存，共同推动行业的发展与进步。行业知名企业一般是该行业发展的缩影，代表了该行业的较高发展水平，因此了解行业的标杆企业是了解该行业的好方法。

三、岗位环境的微观分析

（一）岗位环境分析的内容

岗位是企业的组织细胞，也是个体实施职业行动的职位，同学们进入企业之后，都是在具体的岗位上开展工作的，接受部门负责人的领导，实现自己的价值。岗位环境分析的主要内容如下。

1）岗位的工作内容。

2）岗位的责任人。

3）工作岗位及工作环境条件。

4）岗位操作规范及操作守则。

5）岗位职责与任职资格。

6）与相关岗位工作人员的关系要求。

（二）岗位环境分析的方法

为了收集用于岗位分析的信息，一般采用访谈法、问卷调查法、观察法、关键事件法、见习日志法等。

1. 访谈法

访谈法是就某一岗位与访谈对象，按事先拟订好的访谈提纲进行交流和讨论。访谈对象包括：该岗位的任职者；对该岗位较为熟悉的直接主管人员；与该岗位工作联系比较密切的工作人员。为了保证访谈效果，一般要事先设计访谈提纲。进行访谈时要遵循以下方法。

1）所提问题要和岗位分析的目的有关。

2）访谈人员语言表达要清楚、准确。

3）所提问题必须清晰、明确，不能太含蓄。

2. 问卷调查法

问卷调查法是根据岗位分析的目的、内容等，事先设计一套岗位问卷，由被调查者填写，再将问卷加以汇总，从中找出有代表性的回答，形成对岗位分析的描述信息。问卷调查的关键是问卷设计。问卷设计形式分为开放型和封闭型两种。开放型是指由被调查人根据问题自由回答；封闭型是指调查人事先设计好答案，由被调查人选择确定。设计问卷时要做到：①提问要准确；②问卷表格要精练；③语言通俗易懂，问题不可模棱两可；④问卷表前面要有指导语；⑤问题排列要有逻辑。

3. 观察法

观察法是在不影响被观察人员正常工作的条件下，通过观察将有关工作的内容、方法、程序、设备、工作环境等信息记录下来，最后将取得的信息进行归纳整理以便使用的过程。

4. 关键事件法

关键事件法是指邀请岗位工作人员或其他有关人员描述能反映其绩效好坏的“关键事件”，即对岗位工作任务造成显著影响的事件，将其归纳分类，从而对岗位工作有一个全面的了解。关键事件的描述包括：导致该事件发生的背景、原因；员工有效的或多余的行为；关键行为的后果；控制上述后果的能力。

5. 见习日志法

见习日志法是以见习日志或者工作笔记的形式记录日常工作活动而获得有关岗位工作信息资料的方法。其优点是可以更容易了解岗位的具体工作状况。

◈ 实践拓展

生涯人物访谈

结合自己的兴趣、技能、职业价值观、教育背景和已掌握的职业知识找出未来最可能从事的职业，然后在该职业领域中寻找一位在职人士作为生涯人物对其进行访谈。生涯人物可以是自己的亲人、老师和朋友，也可以是由行业协会推荐的人。

具体访谈记录如下。

1）您是如何找到这份工作的？

____

2）您的职位是什么？您的主要职责是什么？

____

3）从事此行业的人一般做些什么工作？

____

4）工作地点一般在哪里？

____

5）在行业内，先从什么样的工作岗位做起能学到最多的知识，并且最有益于个人职业发展？

____

6）工作环境有哪些特征？

____

7）在工作方面，您每天都做些什么具体事务？

____

8）您在做这份工作时，日常面临的问题是什么？什么事务最有挑战性？

____

9）就您的工作而言，您最喜欢什么？最不喜欢什么？

____

10）个人的主要成就是什么？最成功的是什么？

____

11）在这个职位上，如果想获得成功必须拥有并保持哪些能力？

____

12）目前您欠缺或必须改进的能力有哪些？如何改进？

____

13）在您的组织中，如何区分同样一个岗位上的工作成功和不成功？

____

14）您认为做好这份工作应该具备哪些知识、技能和经验？

____

15）目前，行业内要求从事这份工作的人应该具备什么样的教育和培训背景？

____

16）您认为什么样的个人品质、性格和能力对做好这份工作来讲是重要的？

____

17）这份工作需要的个人品质、性格和能力与别的工作有什么不同？

____

18）学校中的哪些课程对这个行业比较有帮助？

____

19）行业内，企业对刚进入该领域工作的员工一般会提供哪些培训？

____

20）在您的工作领域里初级职位和较高级职位的薪水一般是什么水平？

____

21）这个行业是否有季节性或地理位置的限制？

____

22）这个行业存在的困难及前景如何？

____

23）据您所知，有什么职业杂志、行业网站或其他渠道能帮助我深入了解这个领域？

____

24）您的熟人中有能够成为我下次采访对象的吗？可以说是您介绍的吗？

____

25）通过访谈，您有哪些收获？

____

专家视角

未来需要什么样的人才

由于产业的升级，未来中国将逐步淘汰低效率、低技能的劳动力。而高端产业的竞争将会非常激烈，所以企业对人才的要求也会越来越高。

那么未来需要什么样的人才呢？

1．“一”字型人才

“一”字型人才的知识面非常广，他们热爱阅读，所以了解很多知识。但对于各种类型的知识他们都只停留在表面，没有深入了解。

他们很可能具有活泼型性格，对新鲜的事物非常感兴趣，但没有耐性去深入学习，很容易被新的知识点吸引。

知识面广的人有一个优点，在面对难题的时候他们可能有许多不同的解决方案。他们思维活跃，面对问题总是有新的想法与方案。

2．“1”字型人才

“1”字型人才属于典型的研究型人才，如科研工作者。他们喜欢深入研究，具有钻研精神，在自己专属的领域是绝对的专家。但对于自己研究领域外的事，他们可能了解得就比较少了。

“1”字型人才一般具有完美型和平衡型性格，能够耐得住寂寞，也能抵御新事物的诱惑，他们的专注力非常强大。这类人才能够将毕生心血投入一件事，并最终取得巨大的成就。他们往往专注于一个领域，缺点是很可能无法适应新环境的需求。

3．“T”字型人才

“T”字型人才是当前比较受推崇的。这类人具有较宽广的视野与知识面，但在某一领域他们又可以称得上是专家。宽广的视野在一定程度上可以让他们的专业知识得到升华，可以让他们跳出专业的思维局限，从另外的角度去审视问题。

他们也可能从事科研工作，有较高的学历。他们在知识面的宽度上不及“一”字型人才，在深度上也不及“1”字型人才，但好处在于他们比较平衡，所以适应能力比较强。

4．“钉耙”型人才

前3种人才模型都比较常见。但随着退休年龄不断推后，人的一生可能会经历多个不同的职业生涯。加上产业结构越来越复杂，工作的复杂度越来越高，一个人往往身兼数职，既需要有全局观，又要能从不同专业的角度看问题。在这种需求的基础上就产生了“钉耙”型人才。

“钉耙”型人才是在“T”字型人才基础上演变而来的，它不但要求人们有较广的知识面，要在某一领域有较强的竞争优势，而且要求人们在许多不同领域有一定知识与技能的积累。这样他们就可以在不同的角色之间进行协调，在做决策之前也可以站在不同专业角度进行有深度的思考。

如果自己不符合以上所有模型，那么是时候好好反思一下自己是否必须提升能力。我们应该先开发知识的宽度还是深度呢？这里供参考的建议是先开发自己的知识宽度，明确目标后再开发知识深度。

专家视角3

第四章　发展决策能力

本章导图

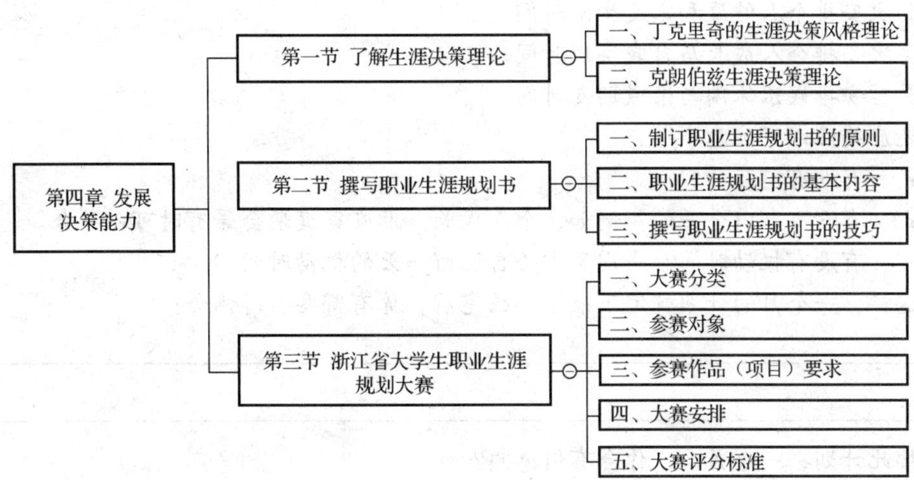

导入活动

生命之花

生命之花，又叫作平衡轮。它具有以下作用：①看到生活的全貌；②发现自己真正想做的事情；③澄清目标并开始行动；④合理安排计划与分配时间精力。

现在，我们开始绘制自己的生命之花。

（1）画一个空白的花

在空白处，先画上一个尽可能大的圆圈，然后画两条互相垂直的直线，再加上两条角平分线，圆圈就变成了 8 个等分的花瓣。一个空白的生命之花就出现了，如图 4-1 所示。

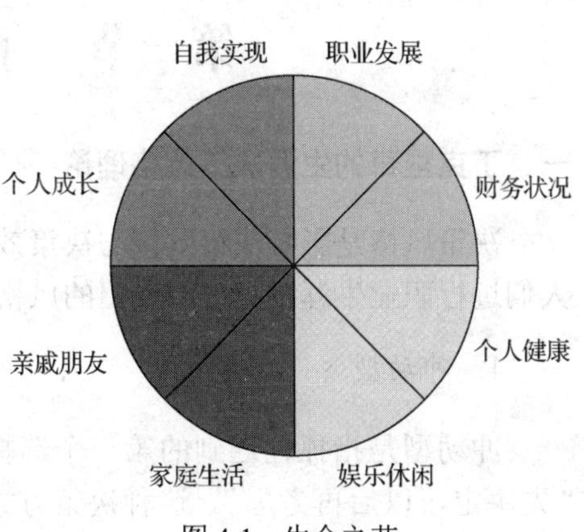

图 4-1　生命之花

（2）依次填上对自己最重要的8项内容

以图4-1为例，依次填写对自己最重要的8项内容：职业发展、财务状况、个人健康、娱乐休闲、家庭生活、亲戚朋友、个人成长、自我实现。

（3）每个花瓣里填写最重要的3件事

在每个花瓣中，填写对应维度的最重要的3件事。

（4）填入完成这些事项的时间计划

填写时间计划时要注意：

首先安排比较重要的事项；

其次安排个人健康和家庭生活时间；

再次安排个人成长与自我实现时间；

最后安排娱乐休闲与亲戚朋友时间。

还应关注以下注意事项：

- 有没有前后冲突？
- 有没有可以合并的？例如，个人成长、朋友家庭聚会等有时可以整合。
- 有没有机动时间？一周至少给自己留一天的机动时间。

这样，一个月的计划就定下来了。画完后，你有哪些心得体会？

____

____

按此计划，一个月后，你会有何感想？

____

____

第一节　了解生涯决策理论

一、丁克里奇的生涯决策风格理论

决策风格是影响决策效果与决策效率的一个重要因素。丁克里奇通过访谈研究，将人们进行职业生涯决策时展现出的风格归结为如下8类。

1. 冲动型

冲动型是指抓住遇到的第一个选择，不再考虑其他的选择或收集信息。其想法是“先决定，以后再考虑”。这种决策方式风险太大，等再遇到更好的选择时自然会追悔莫及。

2. 宿命型

宿命型是指将决定留给境遇或命运。这种决策方式显得无力和无助，是一种消极的决策。

3. 顺从型

顺从型是指顺从别人的计划而不是独立地做出决定。采取顺从型态度的人固然在追随群体的过程中获得了一种虚拟的安全感，但却忽略了自身的独立性，其选择在很大程度上并不适合自己。

4. 延迟型

延迟型是指把问题往后推迟。采取拖延型态度的人总是希望事情自然而然地得以解决。

5. 烦恼型

烦恼型是指过度收集信息，使用信息时又顾虑重重，反复比较，当断不断。

6. 直觉型

直觉型在人们对环境情况无法获得充分信息时会有效，但可能会不符合事实。

7. 瘫痪型

瘫痪型是指接受做决策的责任，但是感觉过于焦虑而不能对决策做出有建设性的工作，无法真正为决策行为和决策的后果承担责任。

8. 计划型

计划型是指使用如同标准化决策模型所推荐的理性策略。

上述 8 种决策风格没有绝对的优劣之分，各有其适用的范围和局限性。决策风格既受个性的影响，又受到环境的影响，并非绝对无法改变。

二、克朗伯兹生涯决策理论

美国心理学家克朗伯兹在职业生涯决策的社会学习理论中指出，职业选择过程受到 4 类因素的影响：①遗传天赋和特殊能力（如内在素质、音乐和艺术能力）；②环境条件与事件（如劳动法规、技术进步、社会机构变化、家庭资源）；③学习的经验（如各种工具性学习、行为和认知反应、观察学习）；④完成任务的技能（如设定目标、工作习惯、情绪反应方式）。

克朗伯兹提出的决策模式包括 7 个步骤：①界定问题：描述必须要完成的决策，估计完成所需时间并设定确切的时间表；②拟订行动计划：描述决策所需采取的行动，并估计所需时间及完成的期限；③澄清价值：描述个人将采取的标准，以作为评价各种可能选择的依据；④描述可能做出的选择，确认选择方案；⑤依据所定的选择标准、评分标准，逐一评价各种可能选择，找出可能的结果；⑥比较各种可能选择符合价值标准的情况，从中选取最能符合决策者理想的选择；⑦描述将如何采取何种行动以达成选定的目标。

第二节　撰写职业生涯规划书

一、制订职业生涯规划书的原则

（一）匹配性原则

大学生进行职业生涯规划设计时，首先需要建立在“人职匹配”的基本原则之上。“人职匹配”是指个人的职业定位和职业生涯目标的确定，需要将个人的需求特质（性格、兴趣、能力、价值观、理想、气质等）与职业生涯规划目标职业的需要相匹配。

（二）现实性原则

职业生涯规划设计的现实性原则是指在设定职业生涯目标时，不能只看自己适合什么、自己看重什么、自己能胜任什么和自己喜欢什么，还要从目标职业的现实需要进行分析与评价。如果所设定的职业生涯目标所在行业已经进入衰退期，或者所选择的目标职业属于“夕阳职业”，或者目标职业的门槛过高抑或从事该职业的群体过小，都要考虑这些职业的客观现实是否真正能够支撑、实现自己的职业发展目标。大学生在进行职业生涯规划设计时，要充分做好所选择行业、职业的发展现状和前景的调查分析，以使自己的职业生涯规划符合现实需要。在制订职业生涯规划方案时，要充分考虑社会与组织的需要。

（三）辅助性原则

大学生职业生涯规划设计是一种自我管理的理念，是一套辅助自我职业发展管理的方法。要使职业生涯规划设计活动富有成效，就必须发挥个人的主体作用，按照职业生涯规划设计的步骤与方法去行动、去实践。职业生涯规划设计仅仅是一种外因，是一种辅助性的方法，大学生必须通过个人的努力学习与实践，才能把职业生涯意识和就业意识、职业发展规划管理与就业观念及职业素质转化为个人的内在品质。大学生职业生涯规划设计实际上是在职业生涯规划方法与理念的引导帮助下，促进自我认识、自我教育、自我提高的过程。

（四）发展性原则

发展性原则是指大学生个体在设计职业生涯规划时，不仅局限于当前的发展，还要考虑到未来的职业发展空间。职业生涯设计要有超前性和预测性。职业生涯规划设计要将实现现实的自我与发展的自我（或称“未来的自我”）相结合，将实现今天的发展与明天的发展相结合，为个人的可持续发展奠定坚实的基础。只从自身实际出发，完成大学阶段基本的学习任务或发展任务是不够的，还必须拓宽视野，放眼未来，着眼于社会对高素质、高层次人才的需要和适应多种岗位工作需要的多种能力、多种素质的发展，以时代和社会的基本要求为前提，既要立足校园又要超越校园，实现大学生活规划与未来职业生涯规划相衔接。

（五）实践性原则

实践性原则是指大学生职业生涯规划不能仅仅停留在口头上或纸面上，而应该用于指导实践。马克思曾经说过，一步实际行动比一打纲领更重要。规划实际上就是行动的纲领，如果将其束之高阁，不付诸实际的行动，将毫无作用。因此，大学生不仅要规划好大学生活，还要努力将规划落实，做到真正的知行统一，规划与行动相一致。

二、职业生涯规划书的基本内容

职业生涯规划书是对个人职业发展道路进行选择和设计的过程，规划的内容和结果应该在规划过程中及规划后形成文字性的方案，以便理顺规划的思路，提供操作指引，随时评估与修正。一份完整有效的职业生涯规划书应该包括以下 8 项内容。

（一）标题

标题包括姓名、规划年限、年龄跨度、起止时间。规划年限不分长短，视个人的具体情况而定。

（二）目标确定

目标确定是指确立职业方向、阶段目标和总体目标。职业方向即从业方向，是对职业的选择；阶段目标是职业规划中每个时间段的目标；总体目标即当前可预见的最长远目标，也是在规划中的终极目标。在确定总体目标时，如果能适当地看得远一些，定得高一些，将有助于最大限度地激发规划者的潜能。

（三）个人分析结果

个人分析结果包括对自己目前的状况分析和对自己将来的基本展望，同时也包括对自己职业生涯有一定影响的角色的建议。

（四）社会环境分析结果

社会环境分析结果主要是指对政治、经济、文化、法律和职业环境等社会外部环境的分析。

（五）组织（企业）分析结果

组织（企业）分析结果主要是对职业、行业与用人单位的分析，包括对用人单位制度、背景、文化、产品或服务、发展领域等的分析。

（六）目标分解与目标组合

分析制订、实现目标的主要影响因素，通过目标分解和目标组合的方法做出果断、明确的目标选择。

（七）实施方案

首先找出自身观念、知识、能力、心理素质等方面与实现目标要求之间的差距，然后制订具体方案，逐步缩小差距，以实现各阶段目标。

（八）评估标准

设定衡量规划是否成功的标准，如果在实施过程中无法达到制订的目标或要求，应当如何修正和调整。需要注意的是，职业生涯规划书内容的顺序与规划的步骤不是完全一致的。职业生涯规划的第一步就是进行自我评估，其次是进行外部环境分析，然后才是职业目标的确立；而职业生涯规划书内容的顺序是先写出职业方向和总体目标，然后写出自我分析和外部环境分析的结果。其实这并不矛盾，因为职业生涯规划书的形成是建立在按正常步骤进行规划的基础之上的，将职业方向与目标提前，是为了阅读的方便，突出核心主题——规划的目标，并有利于与实施方案进行对照、检查和修订。

三、撰写职业生涯规划书的技巧

（一）资料翔实，步骤齐全

可以通过访谈、报刊图书中摘抄、网上下载等方式获取资料，要尽可能地注明资料的出处，并多运用图表数据来说明问题，以提高资料来源的可信度和说服力。收集资料的步骤包括：①分析需求，分析条件及目标设定；②分析阻碍和可行性研究；③设计方案和提升（改变）计划；④制订详细的实施计划和措施。

（二）论证有据，分析到位

要了解有关的测评理论及知识，认真审视并思考自己的测评报告并对照自我认识与测评结果的异同，分析与测评结果形成差距的原因，从而确定自我评估结果，达到“知己”；要厘清自己所处的环境（包括居住的地方、喜欢的地方、亲朋的意见等），明确自己最大兴趣是什么，最喜欢与什么类型的人共事，最重视的价值与目标，最喜欢的工作条件是什么，再通过目前环境评估和当前社会环境分析来确定自己的职业方向，做到有理有据、层层深入。

（三）言简意赅，结构紧凑，重点突出，逻辑严密

语言简洁，用词准确，行文流畅，条理清楚，这是写作的基本要求。撰写时还应密切注意整篇文章的结构和重心所在。职业生涯规划书一般包含对职业规划的认识、对自我的剖析、对所学专业的认识、对职业方向的探索、确定目标并制订计划这 5 个方面的内容。在对这些内容进行分析阐述时，必须紧密围绕职业目标这条主线来展开，从而体现文章论述的逻辑性和连贯性。要将重点放在自我评估、环境评估、目标实施上。职业生涯规划是对自己将来的规划，这个规划只有建立在对自我和职业的充分认识基础上才能体现出它的科学性和可行性。

（四）目标明确，合理适中

职业生涯规划书应围绕论述的中心展开，职业生涯目标不能过于理想化，应择己所爱、择己所长、择世所需、择己所利。职业生涯规划书撰写是否成功，很大程度上取决于有无正确、适当、切实可行的目标。

（五）分解合理，组合科学，措施具体

目标分解、实现路径选择要有理论依据，而且备用路径之间要有内在联系。目标组合要注意时间上的递进、连续，功能上的因果、互补作用，全方位的组合要涵盖职业生涯、家庭生活、个人事务等方面。

第三节　浙江省大学生职业生涯规划大赛

浙江省大学生职业生涯规划大赛（以下简称大赛）由省教育厅、团省委、省体育局、省经济和信息化委员会、省科技厅、省人力资源和社会保障厅、省农业厅、省商务厅、省社会科学院等 11 家单位共同举办。大赛自 2009 年开始每年举办一次，旨在发挥“以赛促学、以赛促教”的积极作用，通过赛事平台增强大学生职业生涯规划意识，提高大学生的创新精神，从而切实推动浙江省加快实施创新驱动发展战略。

一、大赛分类

大赛设两个类别，分别为职业规划类和创新创意类，每个类别分本研组和高职高专两个组别。职业规划类以培养生涯规划能力为目的，以选择具体职业就业为目标；创新创意类以培养创新意识和创新思维为目的，以科技创新、文化创意为导向。

二、参赛对象

参赛作品（项目）的申报人必须为浙江省普通高校全日制在校学生（含留学生）。职业规划类作品以个人形式申报，创新创意类项目以个人或团队的形式申报（每个团队成员不超过 4 人），每个作品（项目）指导教师不超过 3 人。大赛鼓励参赛者跨院校、跨专业，自行组成学科优势互补、专业配备科学、人员结构合理的团队。跨院校项目只能明确一个申报主体院校。

三、对参赛作品（项目）要求

对参赛作品（项目）的要求主要有以下两点。

1）所有参赛作品（项目）必须符合大赛的主题和范围，不得与国家相关法律、法规和科技伦理相抵触。

2）所有参赛作品（项目）必须是原创作品或获得合法授权，不能侵犯他人知识产权、著作权、肖像权、名誉权、隐私权等，不能存在任何法律纠纷。

四、大赛安排

大赛分校级初赛、省级复赛和省级决赛 3 个阶段。

（一）校级初赛阶段

初赛由高校组织实施。高校设立大赛组委会、评委会等组织机构，在每年上半年做本校赛事的宣传、组织及选拔工作，积极推荐优秀作品（项目）参加省级复赛。同时，按照比赛精神做好参赛作品（项目）的审查把关工作，杜绝弄虚作假等行为。

（二）省级复赛阶段

全省复赛的作品（项目）名额为 640 个，其中职业规划类每组各 200 个，创新创意类每组各 120 个（根据分配的实际情况进行微调）。各高校推荐参加复赛的作品（项目）名额根据学校在校生人数比例确定（独立学院单列）。

（三）省级决赛阶段

大赛评委团根据书面作品评分标准遴选出职业规划类各组 50 件作品和创新创意类各组 30 个项目晋级决赛，参赛选手须在决赛前提交参赛作品电子版和纸质版（黑白打

印，简装，一式 6 份）、PPT 电子版、项目展示板电子版（创新创意类选做）。现场比赛环节按类别不同采用不同的形式进行名次角逐。

职业规划类决赛环节由主题陈述、职业体验感悟、现场答辩 3 部分组成，主题陈述限时 6 分钟，职业体验感悟限时 4 分钟，现场答辩限时 5 分钟。主题陈述主要从自我认知、职业认知、职业决策、发展计划与路径及自我监控等方面进行阐述。职业体验感悟部分要求参赛选手充分了解目标职业，明晰职业要求和展现个人职业能力，表达形式不限。

创新创意类决赛环节由主题陈述、现场答辩两部分组成，主题陈述限时 8 分钟，现场答辩限时 5 分钟。主题陈述主要从项目来源、应用领域认知、项目依据和成果等方面进行阐述。

评委根据决赛评分标准进行现场打分（计分采用去掉一个最高分和一个最低分后取平均分），各类各组按得分高低分别评选出相应奖项。

五、大赛评分标准

浙江省大学生职业生涯规划大赛的具体评分标准，如表 4-1～表 4-4 所示。

表 4-1　书面作品评分标准（职业规划类）

评分要素	评分要点	具体描述
职业生涯规划书内容（60 分）	职业体验感悟	能准确描述目标职业的工作任务，了解目标职业对职业人素质要求，职业感悟真实可信，单位意见具体中肯
	自我认知	自我分析清晰、全面、深入、客观，自身优劣势认识清晰
		综合运用各类人才测评工具评估自己的职业兴趣、个性特征、职业能力和职业价值观
		能从个人兴趣、成长经历、社会实践和周围人的评价中分析自我
	职业认知	了解社会整体就业趋势与大学生就业状况
		对目标职业的行业现状、前景及就业需求有清晰了解
		熟悉目标职业的工作内容、工作环境、典型生活方式，了解目标职业的待遇、未来发展趋势
		清晰了解目标职业的进入途径、胜任标准及对生活的影响
		在探索过程中应用文献检索、访谈、见习、实习等方法
	职业决策	职业目标确定和发展路径设计符合外部环境和个人特质（兴趣、技能、特质、价值观），符合实际、可执行、可实现
		对照自我认知和职业认知的结果，全面分析自己的优劣势及面临的机会和挑战，职业目标的选择过程阐述详尽，合乎逻辑
		备选目标要充分根据个人与环境的评估进行分析确定，备选目标职业发展路径与首选目标发展路径要有一定相关性
		能够正确运用评估理论和决策模型做出决策
	计划与路径	行动计划要发挥本人优势、弥补本人不足，具有可操作性
		近期计划详尽清晰、可操作性强，中期计划清晰、具有灵活性，长期计划具有导向性
		职业发展路径充分考虑进入途径、胜任标准等探索结果，符合逻辑和现实
	自我监控	科学设定行动计划和职业目标的评估方案，标准和评估要素明确
		正确评估行动计划实施过程和风险，制定切实可行的调整方案
		方案调整依据个人与环境评估分析确定，并考虑首选目标与备选目标间的联系和差异，具有可操作性

续表

评分要素	评分要点	具体描述
作品设计 （40分）	作品 完整性	内容完整，对自我和外部环境进行全面分析，明确提出职业目标、发展路径和行动计划
	作品 逻辑性	职业规划设计报告思路清晰、逻辑合理，能准确把握职业规划设计的核心与关键

表 4-2　书面评分标准（创新创意类）

评审要点	评分要点	具体描述
创新创意项目 内容 （80分）	来源分析	能合理描述项目的由来，结合自身分析，真实可信
		应用领域或行业认知分析到位，从现状、竞争对手和发展趋势等方面进行全面分析，具有时效性
	创新 创意点	项目的创新创意点明晰，具有原创性和新颖性
		项目理念、思路、设计方法清晰合理，具有前瞻性
		项目具有可实施性或者技术可实现性，在现有基础上能实现
		项目具有良好发展前景，能解决研发、生产、物流、销售、管理、生活等方面的问题
		能灵活运用所学科学原理、学科知识，解决实际问题，体现专业素养
	成果影响	体现大学生的创新创意思维水准，具有较高的应用价值和较好的发展前景
项目设计 （20分）	完整性	项目内容完整，分析全面，创新创意内容明确
	逻辑性	项目整体设计思路清晰、逻辑合理，能准确描述分析项目的核心与关键

表 4-3　决赛评分标准（职业规划类）

评分要素	评分要点	具体描述
主题陈述 （40分）	基本素养	仪表端庄稳重、朴素，社交礼仪大方得体，表情丰富真诚，有良好的个人气质
		言之有理，谈吐文雅，富于思想内涵
		精神饱满，有信心，有独立见解，能充分展现大学生朝气蓬勃的精神风貌
	陈述内容	对职业规划的自我探索、职业探索、决策应对等环节的要素及分析过程陈述全面、完整、准确
		在陈述中能够正确理解、应用职业规划基本理论及各项辅助工具
		对各探索分析过程及结果表述准确，且与作品吻合
		PPT 设计重点突出，简明扼要，条理清晰，结论明确，能够准确提炼职业规划设计作品的主要内容
	即时效果	按时完成主题陈述，思路清晰，措辞恰当，表达自然、流畅
		有感染力，能吸引评委注意力，调动观众情绪

续表

评分要素	评分要点	具体描述
职业体验感悟（20分）	感悟内容	条理清晰，切合主题，内容完整，语言流畅
		能准确描述目标职业的工作任务
		了解目标职业对职业人的素质和要求
		结合自身条件，明晰就业努力方向
现场答辩（40分）	针对性说服力	能正确理解评委提问，回答有针对性
		回答问题重点突出，真实可信，运用事实论据，论述有说服力
		答题过程流畅、无明显停顿，条理清晰，及时作答，措辞恰当，语言精练
		应变能力强，能够灵活地、创造性地应用职业规划知识作答

表 4-4　决赛评分标准（创新创意类）

评分要素	评分要点	具体描述
主题陈述（70分）	基本素养	仪表端庄稳重、朴素，社交礼仪大方得体，表情丰富真诚，有良好的个人气质
		言之有理，谈吐文雅，富于思想内涵
		精神饱满，有信心，有独立见解，能充分展现大学生朝气蓬勃的精神风貌和创新创意达人的内在形象
	陈述内容	能合理描述项目的由来，结合实际分析，真实可信
		应用领域或行业认知分析到位，从现状、竞争对手和发展趋势等方面进行全面分析，具有时效性
		能准确提炼创新创意点，项目理念、思路、设计方法阐述清晰合理，特色鲜明
		项目具有可实施性或者技术可实现性，在现有基础上能实现
		项目具有良好发展前景，能解决研发、生产、物流、销售、管理、生活等方面的问题
		能灵活运用所学科学原理、学科知识，解决实际问题，体现专业素养
		项目成果可视化，能体现大学生的创新创意思维水准，具有较高的应用价值和较好的发展前景
	即时效果	按时完成主题陈述，思路清晰，措辞恰当，表达自然、流畅
		有感染力，能吸引评委注意力，调动观众情绪
现场答辩（30分）	针对性说服力	能正确理解评委提问，能够有针对性的就提问要点归纳阐述，及时准确
		回答问题重点突出，真实可信，运用事实论据，论述有说服力
		答题过程流畅、无明显停顿，条理清晰，语句通顺，措辞恰当，语言精练
		应变能力强，能灵活运用所学专业知识作答

◈ 实践拓展

毕业出路选择分析

1．我的毕业选择是________________________________。

注：选择主要包括就业、升学、留学、自由职业和创业。

2．选择该出路的理由：

1）________________________________。

2）________________________________。

3）________________________________。

3．选择该出路，支持的资源或优势在于：

1）________________________________。

2）________________________________。

3）________________________________。

4．选择该出路，主要困难或不利条件有：

1）________________________________。

2）________________________________。

3）________________________________。

5．实现该毕业选择的目标，具体要求有：

1）________________________________。

2）________________________________。

3）________________________________。

6．实现该毕业选择的目标，目前的差距在于：

1）________________________________。

2）________________________________。

3）________________________________。

7．为缩短差距，实现目标，现制订以下策略和实施方案：

____

________________________________。

专家视角

职业生涯设计7问

1．我喜欢做什么

从事一项自己喜欢的工作，工作本身就能给你带来一种满足感。兴趣是最好的老师，是成功之母。调查表明：兴趣与成功概率有着明显的正相关关系。在设计自己的职业生涯时，要考虑自己的特点，选择自己喜欢的职业，不要压抑自己的兴趣。一个热爱工作的人往往比不热爱工作的人，愿意多付出一些额外的努力，也因此往往表现得更为卓越。

2．我擅长做什么

任何职业都要求从业者掌握一定的技能，具备一定的能力条件，而一个人一生中不能将所有技能全部掌握。每个人最大的成长空间在于其最终的优势领域。你可以把自己已经证明的能力和自认为还可以开发出来的潜能一一列出来，在进行职业选择时择己所长。

此外，还要分析自己讨厌的事情是什么，自己的弱点是什么。当工作使你感到压抑、不愉快，并且成绩平平时，你做这些事的能力便是你的弱点。管理学大师彼得·德鲁克博士在1999年发表了一篇名为《管理自己》的论文，强调充分发挥自己长处的重要性，指出这是成为杰出人士的必由之路。对于一个集体，需要克服的是“短板定理”，而对于个人，不要想着努力去补齐短板，而是应该去发挥自己的长处。

3．环境支持或允许我做什么

回答这个问题前要分析周边的环境，包括本单位、本市、本省、本国，甚至国际的环境；分析内外环境给自己职业生涯的机遇和阻碍，只要认为是自己有可能借助的环境，都应在考虑范畴之内；分析在这些环境中，自己可能获得什么支持。另外，还要分析目前自己所处的行业、企业和职位有哪些威胁，又有哪些机会。在任何时候、任何地方，机会和威胁都是相互依存，并可互相转化的。

4．社会需要什么

社会的需求不断演化着，旧的需求不断消失，新的需求不断产生。昨天受欢迎的或许今天就会变得无人问津。所以在设计职业生涯时，一定要分析社会需求趋势。

5．我要什么

我要做的事情，即确定自己的人生目标。在自己的理想框架内制订职业生涯目标，并将它分解成阶段目标。职业是个人谋生的手段，其目的在于追求个人幸福。在择业时，首先考虑的是自己的预期收益——个人幸福最大化（马斯洛需求层次理论）。明智选择个人利益最大化的职业取向，从社会角度和个人意向中取舍，从而在由收入、社会地位等变量组成的函数中找出一个最大值。这就是在选择职业生涯中的收益最大化原则。

6．怎样设计职业生涯规划

根据设定的目标，制订整体的职业生涯规划，作为纲领性的长期规划；制订一个3～5年的职业生涯规划，作为一种发展的中期规划；制订一个1年的职业生涯规划，作为一个可操作性强、变化较小的短期规划。职业生涯策略是指为实现职业生涯目标的行动计划，一般较为具体，有很强的可行性，如构建人际关系网、参加组织培训计划、跳槽等。职业生涯策略还包含一些前瞻性的准备，包括进修班，掌握一些额外的技能或专业知识（如获得律师执业资格证、攻读工商管理学位）等。

7．事情的完成情况及调整方法是什么

每过一段时间，要审视内在环境和外在环境的变化，获得反馈，并且及时调整自己既定的职业生涯规划。

专家视角4

第五章 评估修正职业规划

本章导图

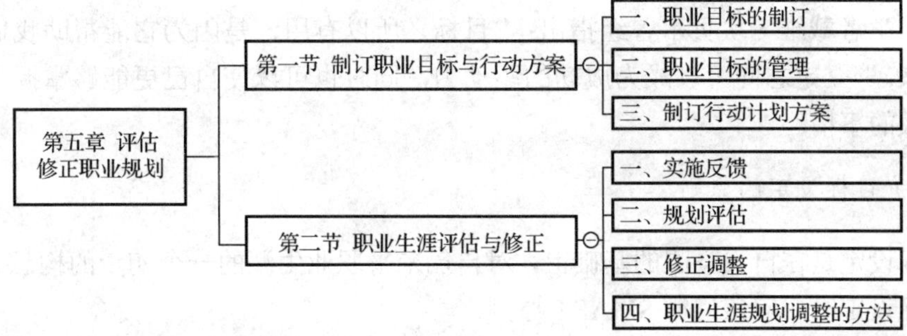

导入活动

自我决策练习

请同学们回想迄今为止自己人生中所做的3个重大决定，按以下几个部分进行描述并写在下面。

1）____。

2）____。

3）____。

当时的目标或情境是什么？

____。

你所拥有的选择是什么？

____。

你做出了什么样的选择？你做出该选择的依据是什么？

____。

现在你对当时的选择如何评价？

____。

当完成对3个重大决定的描述之后，再综合分析一下，上述3个事件中的决策有什么共同之处，从中可以看出你在做决策时，有什么特点？

____。

第一节　制订职业目标与行动方案

一、职业目标的制订

美国学者戴维·坎贝尔曾经指出："目标之所以有用，是因为它能帮助我们从现在走向未来。"立定志向可以成为成功的驱动力，同时也可以使自己更能够掌握方向，明确应该做的事情。

（一）目标设定的原则

目标设定是在自我觉醒的基础上，对自己未来职业生涯的一个初步的构想。在进行职业目标设定时，应该遵循SMART原则。

1. S

S指specific，代表具体，即目标要清晰、明确。明确就是要用具体的语言清楚地说明要达成的行为标准。明确的目标几乎是所有成功人士的一致特点。很多人不成功的重要原因之一就是目标定得模棱两可。要做到目标明确，需要回答以下6个"W"。Who：谁参与；What：要完成什么；Where：确定一个地点；When：确定一个时间期限；Which：确立必要条件和限制；Why：明确原因，实现目标的目的或好处。

心理学家得出了这样的结论：当人们的行动有了明确目标，并能把自己的行动与目标不断地加以对照，进而清楚地知道自己的行进速度和与目标之间的距离，人们行动的动机就会得到维持和加强，就会自觉地克服一切困难，努力达到目标。要达到目标，就要像上楼梯一样，一步一个台阶，把大目标分解为多个易于达到的小目标，脚踏实地向前迈进。每前进一步，达到一个小目标，就会体验到成功的喜悦，这种感觉将推动人们充分调动自己的潜能去达到下一个目标。

2. M

M指measurable，代表可量度，即目标要可量化，是明确的而不是模糊的，要有一组数据，作为衡量是否达成目标的依据。

3. A

A 指 attainable，代表可实现的，即设定的目标要较高，要有挑战性，但又必须是可达成的。目标要通过努力可以实现，不能过低和偏高。一般来说，当设定的目标对自己有很重大的意义时，我们便会尽最大的努力去完成。

4. R

R 指 relevant，代表相关性，即设定的目标要有现实性，要和自己的实际情况相关联。在职业目标的设定上，一定要注意目标的设定要和岗位的职责是有关系的。

5. T

T 指 time bound，代表有时限，即目标要有时限性，要在规定的时间内完成。没有时间限制，就没有紧迫感。

（二）目标设定的方法

在设定职业生涯目标时可以采用时间分解法，将目标分为短期目标、中期目标、长期目标和人生目标。设定正确的目标不难，但要实现目标并不容易。如果目标太过远大，我们会因无法完成而气馁。因此，我们可以将一个大目标科学地分解为若干个小目标，落实到具体的每天的任务上，这正是实现目标的最好方法。

目标分解就是根据观念、知识、能力差距，将职业生涯长期的远大目标分解为有时间规定的长、中、短期分目标，直至将目标分解为某确定日期可以采取的具体步骤。实现一个远大目标很少能够一气呵成，必须分解成若干个易于达到的阶段性目标。

目标分解是将目标清晰化、具体化的过程，是将目标量化成可操作的实施方案的有效手段。目标分解帮助我们在现实环境和美好愿望之间建立起可以拾级而上的途径。目标分解从最远、最高的目标开始，一直分解到最近的目标。在现实中，很多人做事之所以会半途而废，这其中的原因，往往不是因为难度较大，而是觉得离成功较远，即不是因为失败而放弃，而是因为倦怠而失败。

可以按以下两种途径来对目标进行分解。

按时间分解，可分解为最终目标（人生目标）、长期目标、中期目标、短期目标。

按性质分解，可分解为外职业生涯目标、内职业生涯目标。

1. 按时间分解

按时间分解是最常用也最容易掌握的目标分解方法。首先，我们应该区分最终目标与阶段目标。最终目标只有与自己的价值观相符，才是有效的，并且最终目标一经确立就不要再频繁更改。其次，把最终目标分解为若十个长期目标，每一阶段都应有一个具体的目标。

（1）长期目标

长期目标，主要是指时间为5年以上的目标，长期目标主要受自己人生目标的影响。在生活中，人们最容易忽视的就是长期目标。

长期目标的主要特征有：①非常符合自己的价值观；②对自己的目标感兴趣；③目标具有一定的挑战性；④目标是自己能够实现的。

（2）中期目标

中期目标，一般指3～5年的目标。中期目标在长期目标的基础上确立，如毕业找到一份满意的工作；上理想的学校和专业的研究生；到自己梦想的国家去留学；先择业再创业，实现当老板的理想等。

中期目标相对长期目标要具体一些，中期目标的主要特征有：①通常与长期目标保持一致；②结合自己所学专业、能力、兴趣和掌握的社会资源来确定；③用明确的语言来定量说明；④对目标实现的可能性做出评估；⑤有比较明确的时间，且可做适当的调整。

（3）短期目标

短期目标通常是指每日、每周、每月、每季、每年的目标，是中期目标和长期目标的具体化、现实化和可操作化，是最清晰的目标。

短期目标的主要特征主要有：①目标具备可操作性；②明确规定具体的完成时间；③对现实目标有把握；④服从于中期目标；⑤目标需要适应环境；⑥目标要切合实际。

短期目标设定是否合理，决定着中期目标和长期目标是否可以实现。相对而言，短期目标的分类也更为复杂一些，分类方法则不尽相同：①按年级来分，可为一年级目标、二年级目标、三年级目标等；②按照学期来分，可分为上学期目标、下学期目标；③按照假期来分，可分为暑假目标、寒假目标；④按照内容来分，可分为学习目标、生活目标、社团实践目标、兼职目标、实习目标等；⑤按照毕业后的去向来分，可分为就业目标、升学目标、留学目标、创业目标、培训目标。

2. 按性质分解

美国职业心理学家施恩教授最早把职业生涯分为外职业生涯和内职业生涯。他提到外职业生涯指经历一种职业（由教育开始、经工作期、直到退休）的通路，包括职业的各个阶段，如招聘、培训、提拔、解雇、奖罚、退休等。内职业生涯更多地注重于所取得的成功或满足的主观感情及工作事务与家庭义务、个人休闲等其他需要的平衡。

根据外职业生涯和内职业生涯的内容，我们可以把长期目标、中期目标和短期目标分解出各自具体的外职业生涯目标和内职业生涯目标。

（1）外职业生涯目标

外职业生涯目标应包括以下内容。

1）职务目标。职务目标应当具体明确。

2）工作内容目标。在现实生活中，能够升到高层职位的人毕竟是少数。所以，不要只盯着职务目标的晋升，而应把外职业生涯目标规划的重心移到工作内容目标上来。

3）经济目标。我们从事一项工作，获得经济收入是一大目的，在职业生涯规划中列入收入期望无可非议，但要注意切合实际和自己的能力素质。

（2）内职业生涯目标

在分解和组合自己的职业生涯目标时，外职业生涯目标与内职业生涯目标应该是同时进行的，并且内职业生涯目标是应该重点把握的内容。内职业生涯目标包括以下内容。

1）工作能力目标。工作能力是对处理职业生涯中各种工作问题的能力的统称，如策划能力、管理能力、研究创新能力、与领导无障碍沟通的能力、与同事协调合作的能力等。必要的工作能力积累是达到职务目标和经济目标的前提。所以，工作能力目标应当优先于职务目标。

2）工作成果目标。在很多组织里，工作成果都是进行绩效考核的一个重要指标，扎实的工作成果带给我们极大的荣誉感和成就感，也铺砌了通往晋升之途的阶梯。

3）心理素质目标，在职业生涯途中，只有心理素质强大的人才能正视现实，努力去克服困难。

4）观念目标。观念是对人对事的态度、价值观。随时更新自己的观念，让自己总是站在前沿地带，也是我们规划个人职业生涯的重要内容。

二、职业目标的管理

职业目标的管理需注意以下两点。

1. 目标设立的客观性

个人发展目标的确立与团队或企业目标一样，必须具有客观性，否则就只能停留在幻想当中。也就是说，个人目标的设立必须建立在个人兴趣、爱好、知识、能力、身体条件及社会环境等因素的基础之上，应该是通过努力可以达到的，并且是可考核、可评价的，明确、具体的，是可量化、可分解的。不具有客观性的目标是不可能实现的。

当然，个人发展目标一经确立，也不是一成不变的。随着个人的成长，知识与阅历的增加，以及兴趣、爱好的转移，阶段性地调整自己的目标更有助于人生价值的实现，但不能过于频繁地变换目标。频繁地变换目标与没有目标，对于一个人的发展来说是同样危险的。

2. 目标分解的科学性

任何一个人都不可能一步跨入自己的理想世界，都不可能瞬间实现自己的人生目标与价值。一个人的成功之路是由一个个目标铺就而成的，一个目标实现以后，一个新的目标必然出现在前方。这些具体目标也是相互关联的，它们在人生总目标的统领之下，逐渐分解而来。一个人人生价值的实现过程就如同攀登一座高峰，要想顺利到达峰顶就要从山峰的脚下往上攀，每次定个小目标，这每一个小目标也就是我们登顶过程中的一个个分目标，正是这些分目标的不断实现，才促使我们最终能够完成登顶的最大目标。

对于一个人的成长来说，当其实现自身价值的总目标确定之后，也要如登山一样将自己的总目标分成若干分目标，如阶段目标、年目标、月目标、周目标、日目标等，而且在目标分解的过程中一定要坚持科学性的原则，只有这样才能保证我们每走一步都能够距离我们的总目标更近一点，也只有这样，我们人生发展的总目标及人生的价值才能真正实现。

“世上无难事，只要肯登攀”，是对目标及其实现途径的最贴切、最科学的阐述。科学地设立了目标、详细地分解了目标以后，如果不付诸实际的努力，也不会产生任何实际的成果。

三、制订行动计划方案

行动计划分为短期计划、中期计划和长期计划。长期计划一般是职业规划和设计中要达到的最高点或是一个相对较长时间（一般为5～10年）要达到的计划；中期和短期计划是指在实施长期计划的过程中必须要经历的阶段计划，从时间上来讲，中期计划一般为3～5年，具有一定的战略规划价值；短期计划又有日、周、月、年计划之分，一般应该清晰、明确、切实可行。

制订职业生涯规划行动计划，通常遵循以下步骤。

1. 行动计划思考准备

制订职业生涯规划行动计划时须明确：个人发展计划必备的要素；我的职业目标是什么；怎样才能实现职业目标……

2. 制订行动计划书

完整的行动计划书应包含题目、职业方向与总体目标、社会环境分析、学校分析、自身条件及潜力测评、角色及建议、目标分解、成功标准、缩小差距的方案等。

3. 实施行动计划

实施行动计划要做到：实际行动、做好记录、分析行动结果、利用一切资源和机会。

4. 反思改进

反思改进如下问题：发生了什么事？为什么会发生？结果如何？现在怎么办？该如何改进……

第二节 职业生涯评估与修正

一、实施反馈

在职业生涯规划过程中，最后一个步骤是信息反馈。信息反馈就是沟通双方期望得到一种信息的回流。由于现实社会中不确定因素的存在和发展变化，会使贯彻实施的情况与原来制订的职业生涯目标之间存在偏差，这就要求我们不断地反省并对规划的目标和行动方案，进行修正或调整，从而保证最终实现人生理想。从这个意义上说，反馈调整就是一个再认识、再发现的过程。

大学的综合素质自评、互评、班评及综评等评估结果，是最正式的反馈信息，大学生从中可以了解自己的规划目标实现状况，找到差距和改进方向。

大学生的职业生涯规划反馈，也可由大学生在日常学习工作交流中互相提供反馈信息。例如，由教师或同学对自己所存在的缺点或错误提出意见。另外，还可以通过写感谢信、当众表扬或教师当面赞许等方式来传递正面的反馈信息。例如，学习上相互帮助；上课前、寝室卧床会的交流等以便取长补短；在实训课结束后马上进行总结。通过日常交流和非正式反馈，学生可建立起重要的人际交流渠道，为进行职业生涯规划的正式评估做好准备。

绩效考评也是职业生涯规划实施反馈的有效形式。有的同学把考研当作自己近期主要目标，就选择了加强考试科目的学习或参加考研辅导班；有的同学想充分利用在校的时间，获取第二学位成了他们的最好选择；还有的同学准备毕业后直接进入社会，为了给自己积累资本，获取相关的技能证书就成了他们要攻克的难关，如英语等级证书和职业资格证书；有的同学计划将来从事管理相关工作，就选择加入学生组织，并把在学生组织中担当重要角色当作大学阶段必不可少的一门实践课。总之，大学生可以根据自己的职业目标，提供正确的信息反馈，发现成为合格职业人的标准和条件，采取不同的实践方式，提高自身素质。

二、规划评估

为了确保规划的可行性和有效性，需要随时对职业生涯规划的内容和成效加以评估。在实施的过程中，也会发现当初做规划时未曾想到的问题与执行时的困难。为保证职业生涯规划的效果，规划每实施一段时间，就应对计划执行的方法和结果进行一次评估。

（一）评估的内容

1. 职业生涯目标评估（决定是否需要重新选择职业）

假如一直无法找到所希望的学习机会和工作，可以根据现实情况重新选择职业生涯目标；如果一直无法适应或胜任设计的职业生涯目标，在学习工作中得不到应有的发展，导致长期压抑、不愉快，我们将考虑修正和调整职业生涯规划；如果职业给家庭造成极多的不便，或者家人反对所从事的职业，我们将考虑修正和调整职业生涯规划。

2. 职业生涯路径评估（决定是否需要调整发展方向）

当出现更适合自身发展和职业生涯发展的机会或选择，而原定发展方向缺少发展前景的时候，我们可以尝试调整发展方向。

3. 实施策略评估（决定是否需要改变行动策略）

如果在其他地方可以找到一份令自己和家人都十分满意的工作，可以前往该地；如果家人无法在自己工作的地方定居、工作，在征询父母的意见后，可以考虑改变计划，前往他地；如果在已定区域和职业选择上得不到发展，可以考虑改变行动策略。

4. 其他因素评估（身体、家庭、经济状况及机遇、意外情况的及时评估）

如果家庭需要更多的照顾，我们可以把更多的精力放在家庭上，甚至暂时放下工作；如果身体条件不允许，可以放低对自己的职业要求；如果还有其他情况产生，可能会使我们不得不调整职业生涯规划。

（二）评估的方法

1. 反思法

对职业生涯规划实践的回顾，职业生涯规划中计划的学习时间是否达到？学习上有什么收获？还有哪些问题？方法上有何体会……

2. 调查法

在每一近期目标实现后，对下一步的环境、条件进行调查、分析，看看条件是否发生变化。然后，根据变化的情况，适当地修改下一步拟定的计划。

3. 对比法

每个人都有自己追求的方法，所以在进行职业生涯规划时，我们应多比、多思、多

学，吸取他人科学的方法。对他人的职业生涯规划进行分析，往往有助于对自己的职业生涯规划进行修改。

4. 求教法

自己应把职业生涯规划方案告诉身边的人，让他们帮忙监督自己。自我反思十分困难，但他人能从旁观者角度清楚地看到自己的弱点。虚心、主动、积极地征求他人对自己计划的看法及修改意见，往往会受益匪浅。

三、修正调整

（一）职业生涯规划的修正

根据评估的结果进行目标和策略方案的修正。修正即修改使其正确的意思。职业生涯规划修正的内容包括职业的重新选择、职业生涯路线的选择、阶段目标的修正、实施措施与行动计划的变更等。

职业生涯规划修正主要考虑的因素包括以下 3 点。

1）环境因素。包括社会环境、政治环境、经济环境、科技环境、自然环境、法律环境等。从宏观层面认识到职业生涯发展的局限和可能，个人只能适应而不可改变。

2）组织因素。包括组织规模、组织结构、组织文化、组织发展状况、人力资源规划、人力资源管理系统类型、晋升政策、人际关系等一切与职业生涯发展有关的组织因素。要改变组织因素非常困难，但个人可以选择到最适合自己发展的组织中工作。

3）个人因素。包括年龄、性别、学历、工作经历、家庭背景、性格等。

（二）职业生涯规划行动的调整改进

针对职业生涯规划行动，我们可以从以下 6 个方面进行调整和改进。

1. 计划调整

计划受阻的原因，要么是自我认识有了偏差，要么是外界环境发生了变化。一旦发现存在的问题，就应及时分析原因、找出对策，对整个计划进行适当的调整，及时弥补差距和不足。

2. 策略调整

在计划实施过程中，总是不能很好地完成任务，那么可能是指向目标的策略和方法有问题，因此，必须对实现目标的相应措施进行重新认识并做出相应的修正。

3. 目标调整

目标一旦确定，就应该充分地去履行和实现，但是，目标是否适当，也需要客观地评价。适时对目标进行调整，摒弃不切合实际的目标，反而更有利于职业行动的开展。

4. 方向调整

方向的正确与否是职业生涯成功的关键。因此，需要重新对职业发展方向进行审视，重新做出科学的职业选择。

5. 时间调整

通常，行动的目标会被分解和组合，在不同的时间段会被实现。如果在限定的时间内目标完成较为顺利，说明计划合理、目标适当、行动有效、方向正确；如果在限定的时间内目标无法达成，就要仔细考虑到底是行动目标的问题，还是时间的原因，并找到针对性的解决方案。

6. 心态调整

在评估调整过程中，发现职业行动不顺利，还有可能是由不良的心态导致的，因此要善于调整自己的心态，保持最佳状态。

通过反馈评估和修正，应该达到以下目的：对自己的优势充满自信，知道自己的优势是什么；对自己的发展机会有清楚的了解，知道自己什么地方还有待改进；找出关键的有待改进之处；为这些有待改进之处制订详细的行为改变计划；以合适的方式答复那些给予反馈的人并表示感谢；实施自己的行动计划，确保能取得显著的进步和职业成就。

总之，职业生涯规划是一个持续的动态过程，有效的职业生涯规划需要不断地反省和修正职业生涯目标，反省策略方案是否恰当，是否适应环境的改变，同时可以作为下一轮规划的参考依据。

四、职业生涯规划调整的方法

1. 目标度量法

大学生职业生涯目标是生涯规划的核心，它对于大学生职业生涯规划的成功具有直接的帮助。生涯目标中的短期、中期和长期目标一旦确定，就形成了操作性非常强的度量生涯规划实现的标准，调整的方法也就直接锁定在现实目标实现和生涯目标之间纠正偏差的动态过程中。

2. 局部调整法

从大学生职业生涯规划的实施基本步骤和方法来看，每一个环节都可能直接影响生涯规划的实施效果，如果设定的目标不适合自己，长期目标和短期目标相脱节，目标缺

乏弹性，实现目标太容易或太难，确立的志向和自我评估有偏差；对生涯规划机会的把握不准确；对职业的选择把握不好；职业生涯规划路线的选择有问题，制订的具体行动计划方案可操作性较差等，在执行的过程中都需要根据不同的情况进行局部调整。

不过，局部调整的过程往往会“牵一发而动全身”，但更进一步准确把握每一个环节，确保生涯规划向总体目标靠近是大学生生涯规划调整中的一个普遍使用的方法。

3. 重新规划法

有些大学生对生涯规划的基本概念掌握不够，具体的职业生涯规划的步骤和方法应用不熟练，导致所制订出的规划方案完全脱离了自身实际，这时就需要彻底调整规划方案，甚至重新规划。这种方法不建议多次使用，以避免“常立志而不立长志”，为规划而规划的教条主义。

4. 过程评估法

从人生发展的角度来看，大学生职业生涯规划设定的内容，在现实中有时不一定都能够有效实现。这并不意味着生涯规划的失败，在自我职业生涯规划的制订和实施的过程中，要注重结果导向，更应该强调实施过程。

根据职业生涯的理论，定期进行总结评估和反馈调整是做好职业生涯规划不可或缺的一个环节。大学生应该进行周期性的总结和计划调整，重点针对学期计划进行反馈调整。未来的长期计划是以综合考虑各方面的因素做出的决定，具有一定的客观性和科学性；在没有确实发现自己的长期目标有重大偏差的时候，不应该三心二意，随意改变自己的决定。

特别应注意的是，大学生应该尽量将调整的对象放在中短期，改善自己的学习计划和学习方法，使自己的路线与长期目标尽量一致，然后进一步通过评估来分析自身和环境，为未来做出更为科学的打算。

◈ 实践拓展

参加职业生涯规划大赛

积极参加学校举办的职业生涯规划大赛活动，进行观摩反思。

专家视角

职业生涯成功的标准

职业生涯成功被界定为个人在工作经历中，逐渐积累和获得的积极的心理感受及与工作相关的成就，并将其分成客观职业生涯成功和主观职业生涯成功。客观职业生涯成功是指个体在职业生涯中获得的，能由公正的第三方观察、衡量、证实的成果。主观职业生涯成功是指个体从自身认为重要的维度，对自己职业生涯内心的理解和评估。

1．客观标准

职业生涯成功的客观标准，从本质上讲，主要集中在由社会认可的“较高的薪金和职位”上，其他指标可以随薪金和职位的获得而拥有。毋庸置疑，以薪金和职位作为客观成功的标准，使大学生对职业生涯成功的评价，具有了可操作的评价依据，同时也有助于人们明确职业追求的目标。

但片面地追求客观成功，往往会导致职业价值观的扭曲及其他一系列不良后果。另外，客观成功标准的局限性还在于，它忽视了职业生涯成功因个体、民族、社会、时代的差异性，忽视了其评价标准所应具有的多元性和层次性。

2．主观标准

在强调客观成功标准的同时，不能忽视主观成功的标准。事实上，很多人在获得客观成功时，主观心理上却伴有失败感，因为薪金和职位并不能满足人的全部需要。

在大多数时候，主观职业生涯成功可操作化的指标是指工作或职业满意度。成功不仅是一个社会的客观问题，也是一个人的主观问题。有些被社会认可的成功经理人，其实对自己的职业生涯并不满意。如果从主观职业生涯成功的标准来看，他们常常认为自己是失败的。因此，对于衡量职业生涯成功的标准，应当引入个人的自我实现和工作意义内容，具体包含自我认同、工作满意和精神满足等主观成功的评价指标。对职业生涯成功主观标准的重视和提出，弥补了以客观标准片面地衡量职业生涯成功的某些不足。尽管如此，主观成功标准也有其自身的局限性，主观上的工作满意和精神满足只是一种个人化的心理感受，工作或职业满意度并不能真正反映主观成功的本质内涵。

客观职业生涯成功与主观职业生涯成功是职业生涯成功的两个方面，只考察客观成功或只考察主观成功都是片面的，大学生应从主客观统一的角度去评价职业生涯成功，同时兼顾主观、客观两方面，二者缺一不可。

专家视角 5

第六章　提升职业素养与能力

本章导图

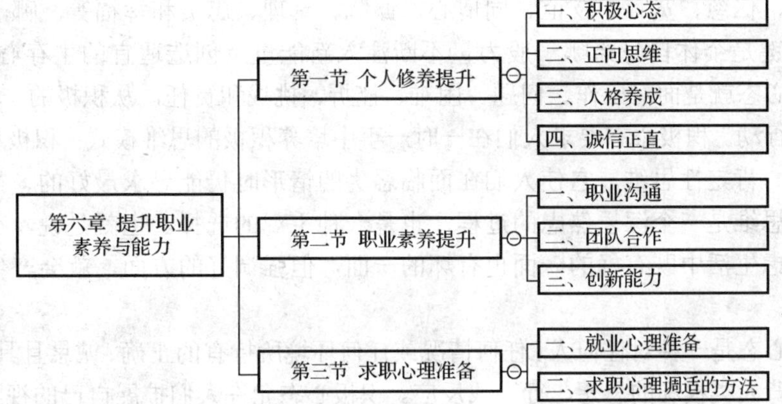

导入活动

我可以……

同学们按照下面的格式写出3件自己能做的事情，并解释为什么能把它们做好。例如，

我可以做研究，因为我很细心，有专业知识。

我可以写出好文章，因为我是一个很好的思想者。

我可以教书，因为我有讲解表达能力。

我可以__________________，因为__________________。

我可以__________________，因为__________________。

我可以__________________，因为__________________。

重新审视你填写的内容，你所能写出的一定远远多于这3件事，试着进行整理和归纳。

第一节　个人修养提升

一、积极心态

心理学相信在每个人的内心深处都存在两股抗争的力量：一股力量是消极的，它代表着压抑、侵犯、恐惧、生气、悲伤、悔恨、贪婪、自卑、怨恨、高傲、妄自尊大、自私和说谎等；另一股力量是积极的，它代表喜悦、快乐、和平、爱、希望、负责任、宁静、谦逊、仁慈、宽容、友谊、同情心、慷慨、真理、忠贞和幸福等。哪一股力量占主导，关键是个体自身给哪一股力量不断注入新能量及创造适宜的生存心理环境。

积极心态就是面对工作、问题、困难、挫折、挑战和责任，从积极的一面去考虑，积极采取行动。积极心态要求人们在一时一事中培养积极的思维模式。积极思维也是可能性思维、肯定性思维，它使人们在面临恶劣的情形时仍能寻求最好的、最有利的结果。积极思维是一个深思熟虑的过程，也是一种主观的选择。也就是说，在看待事物时，应考虑生活中既有好的一面也有坏的一面，但强调好的方面，就会产生良好的愿望与结果。

积极心态是一种对任何人、任何情况或任何环境所持有的正确、诚恳且具有建设性，同时不违背人类权利的思想、行为或反应。积极心态允许人们扩展自己的视野，并克服所有消极心态。积极心态使人们面对任何挑战时应该具备的“我能……而且我会……”的心态。积极心态是迈向成功不可或缺的要素，积极心态是成功理论中最重要的一项原则。

二、正向思维

正向思维使人们的大脑处于开放、积极的激活状态，使人们的情绪处于兴奋、激情状态。这种状态正是大脑指令的表达，并能调动身体各个系统和各个器官有效、良好地朝指令方向发出动作，能力、创造力和潜力被挖掘出来。负向思维恰好相反，它否定自我、轻视自我，并放弃开发自我的努力。

在恶劣的环境中，正向思维的优势能更加凸现出来。拥有正向思维的人首先从内心培养坚强的意志力，不断分析自己的优点，不断强化自己的信念，然后去奋斗和努力。拥有正向思维的人能在追求成功的道路上更多地获得他人的支持，因为他们对他人采取对自己一样的态度，即肯定自我、肯定他人、接受自己、接受他人、热爱自己、热爱他人，将自己的力量扩大到群体力量上。

思维方式的建立，是一个长期调整、强化、反复的过程。这种过程，并非脱离实践的修身养性，而是在追求成功的过程中反复实践和成功循环。不断强化这种思维方式，即正向思维—导向成功—强化正向思维—进一步成功。

一个拥有健康正向思维能力的人，能抵御生活中各种负向的影响。那种怨天尤人、悲风苦雨、灰心丧气、无能为力、无所作为的情绪，很难进入他们的头脑。拥有正向思维的人总处在激情、兴奋的状态，会迸发灵感、思想火花、绝妙的观点和翔实的策略。

三、人格养成

人格是指人的性格、气质、能力等特征的总和，也指个人的道德品质和人作为权利、义务主体的资格。人格魅力则是指一个人在性格、气质、能力、道德品质等方面具有的吸引他人的力量。良好的人格特征包括妥善的为人处世方式、广泛的兴趣爱好、幽默的性格等因素。

大学生完善的人格是指人格构成诸要素如气质、能力、性格等方面的均衡发展。大学生的人格养成要体现在良好的道德素质，综合的文化素养，和谐的人际关系，健康的心理状态，彬彬有礼、温文尔雅的礼仪形象上；同时，还要体现在学会感恩父母，学会承担自己在学校、在家庭的责任和义务，学会感受为他人服务的快乐，学会在乎每一个人，学会尊重每一个人。

四、诚信正直

人有长幼、性别、贫富、地位、性格之别，发展机遇和生存环境也各不相同。但是在言行举止、为人处世之中处处能够反映出一个人的道德品质和修养。在众多的道德操守中，诚信正直堪称做人的基本准则。诚信正直是一个人应有的美德，也是一个人的立身之本。诚实待人、正直处世，可以使人心胸坦荡、正义凛然，可以让人用更多的时间和精力开展一些正当的、有意义的活动，有利于树立自己的信誉，有利于促进自身的发展，有利于社会的进步。

一个人的诚信正直可以在各个方面的行为中得到体现，这是内在品格的外在化表现。诚信正直不是不会犯错误，而是犯了错误之后依然能坦然地以正直的态度承认错误并得到谅解。对人以诚信，人不欺我；对事以诚信，事无不成。诚信正直的人获得的成功才是一种真正的成功，即使是小的成就也总是显得坦荡而自然。可见，做到了诚信正直，才是一个顶天立地的人。

第二节　职业素养提升

一、职业沟通

所谓沟通，就是人们在社会生活中，为了一个预设或已设定的目标/方向，借助共同的符号系统，如语言、文字、图像、记号及手势等，把思想、意见、感情、愿望、观点和兴趣等在个人或群体间进行传递，加强信息交换、拓展思路，从而达成一个共同协议的双向互动过程。

完整的沟通过程（图 6-1）包括发送者将信息进行编码，通过一定的渠道传递给接收者，接收者接收到信息后，对信息进行解码，最后反馈给发送者，在信息传递过程中，由于传递渠道、方式及各种沟通障碍的影响，信息在传递过程中会出现丢失的现象。而一个成功的沟通过程，要达到的就是控制信息传递过程中的障碍，从而使信息传递量达到最大化。

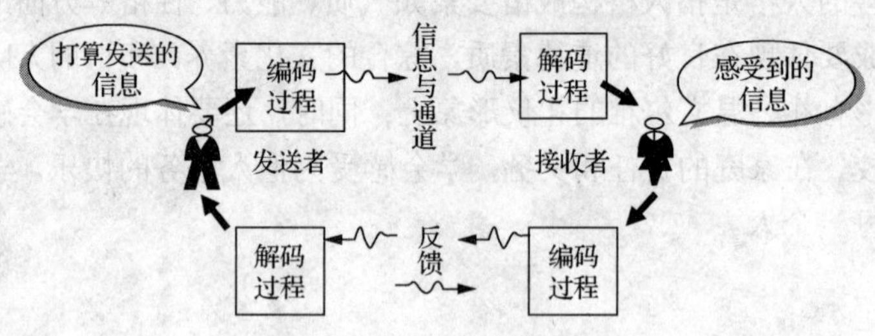

图 6-1　沟通过程图

从沟通的过程可以看出，人与人之间的沟通，不是简单的信息传递，而是通过信息载体使沟通双方获得一致的信息和感受。信息在沟通传递过程中，不能完全为对方所理解和把握，而是受信息接收者的主观因素影响而减少。沟通过程中的信息递减规律，称为沟通漏斗，如图 6-2 所示。

沟通漏斗不但形象地阐明了沟通信息减少的影响因素，也说明了人们有时会不能完全接收甚至曲解对方的信息。因此，要想提高沟通效率，改善沟通效果，除了要提高自我表达能力外，还要重点了解对方及其沟通特点。

关于沟通，有一个著名的“7∶38∶55 法则”：一个人决定要不要接受另一个人所说的话，有 7%来自对方所说的内容，有 38%来自对方说话的声音和语调，有 55%来自对方的外形和肢体语言。也就是说，有效沟通中信息的理解与判断的依据，有 7%是说话的内容，有 38%是说话的语调，有 55%是外形与肢体语言。因此，有效沟通离不开听、看、问、说 4 个方面。在沟通时，应尽量提高内容、声音、肢体动作的一致性，以增强沟通效果。

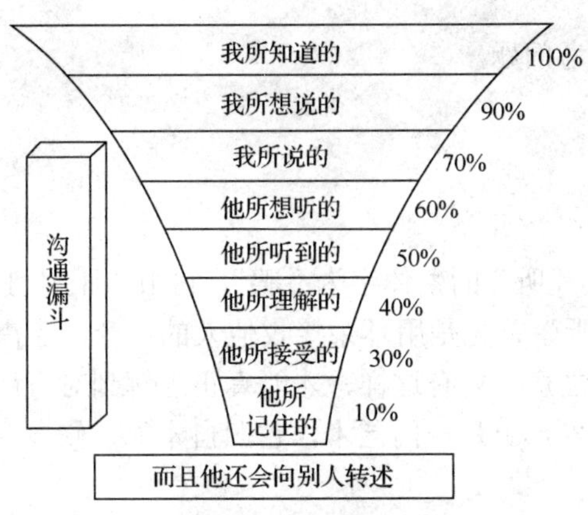

图 6-2　沟通过程中的信息递减规律

（一）沟通的分类

由于沟通主体的性格、态度、行为模式等方面的差异，每个人的沟通类型也不尽相同，大体可分为情绪型、思考型、指导型和支持型 4 类，各类沟通类型的优缺点如表 6-1 所示。

表 6-1　各类沟通类型的优缺点

类型	优点	缺点
情绪型	热情活泼，积极参与	过于兴奋，不够严肃
思考型	冷静理性，观察力强	谨慎刻板，过于敏感
指导型	思考周密，有判断力	咄咄逼人，太爱干预
支持型	自然随和，响应他人	过于迎合，缺少感染力

（二）沟通的原则

沟通能力越来越成为职场成功应聘的首要要素，也越来越成为职场人士成功的必要条件。有效的人际沟通可以实现信息的准确传递，达到与他人建立良好的人际关系、借助外界的力量和信息解决问题的目的。但是由于沟通主客体和外部环境等因素，沟通过程中往往会出现各种各样的沟通障碍。为了达到沟通的目的，我们必须采取适当的措施，从而实现成功的沟通。大量的理论和实践研究表明，有效沟通必须遵守沟通的原则、掌握沟通的技能。

1）正确定位原则。正确地将沟通定位，以便使自己的信息传递准确。

2）信息组织原则。所谓信息组织原则，就是沟通双方在沟通之前应该尽可能地掌握相关的信息，在向对方传递这些信息时应尽可能地简明、清晰、具体。

3）尊重他人原则。尊重他人的人格和价值，承认他人在人际交往中的平等地位。

4）换位思考原则。所谓换位思考，是指在沟通过程中主客体双方在发生矛盾时，能站在对方的立场上思考问题。

（三）沟通的技巧

1. 善于倾听

听，是沟通的前提。“听”的繁体字为“聽”，它由“耳”“王”“十”“目”“一”“心”6部分组成，代表着“听”首先是用耳朵接收他人的声音，还需仔细观察对方说话的神态，用心揣摩对方话中之意。只有这样，才能真正理解到对方所要传递的信息。倾听是一种本能，也是一门技术，更是一门艺术，它源自本能，修自后天。学会倾听，要掌握以下几个原则。

（1）以关心的态度倾听

通过非语言行为，如眼神接触、放松的姿势、友好的脸部表情和适宜的语调，将营造一种积极的交流氛围。如果你表现出留意、专心和放松，对方会感到被重视和安全，从而有勇气试探你的意见和情感，同时认为你是以一种非裁决的、非评判的姿态出现的。恰当地提出问题或插话，表明对对方所谈内容的关心、理解、重视和支持，但不要打断对方的谈话，同时还要表现得像一面镜子，反馈你认为对方当时正在考虑的内容，总结说话者的内容。

（2）避免先入为主

当有人向你诉说的时候，调整好心态很重要。以个人立场考虑一个问题时往往会使你过早地下结论，显得武断。所以，在倾听时最好持第三者的立场，以理智和接纳的心态帮对方分析和解决问题。

（3）对对方的需要表示有兴趣

以理解和相互尊重的心态进行倾听，把自己的知觉、情感、态度全部调动起来，投入地听，用心去体验对方谈话所及的情景，才能表现出对对方的需要感兴趣。

（4）学会倾听逆耳之言

人无完人，金无足赤，每个人都存在缺点，每个人的工作方法与思路也不是完美的，这就需要他人来批评指正。倾听者要以虚心的态度接受。发自内心的逆耳之言是一种关心，更是一种爱护和帮助。

（5）创造良好的倾听环境

即使倾听者掌握了以上原则，如果缺乏一个良好的倾听环境，还是无法达到倾听效果。良好的倾听环境包括场所、时间、距离等因素。要选择安静、舒适的场所和恰当的时间，同时说话者与倾听者之间要保持合适的距离，尤其是在正式场合，无论亲疏，都应保持一定的距离。

2. 沟通中的肯定与反馈

如果说话者一个人在那里“唱独角戏”，那么他一定会觉得特别无聊，所以倾听者应该给予一定的反馈。反馈的方式包括语言与非语言。通过语言符号，倾听者可以阐述自己的观点，同时也可以通过适时适度的提问来获得更多的信息，倾听中的提问要做到数量要少而精，太多的问题会打断说话者的思路和情绪，恰当的提问往往有助于双方的交流，要紧紧围绕谈话内容，不应提一些随意而不相关的话题，浪费彼此的时间。可以通过重复对方沟通中的关键词，甚至把关键词语经过修饰后，再反馈给对方。这会让对方觉得沟通得到了认可与肯定。同时，可以使用简单的语句，如“呃”“哦”“我明白”“是的”“有意思”等，来认同对方的陈述。通过用“说来听听”“我们讨论讨论”“我想听听你的想法”“我对你说的很感兴趣”等，鼓励说话者谈论更多内容。另外，可以使用一些非语言符号以达到反馈的目的。例如，可以通过一些动作、姿势、表情等让说话者感受到你的心情，最基本的就是目光注视，让他感觉到你正在专注地倾听。

3. 关注对方的反应

配合对方的关注点并及时调整表达的方式和内容，应避免灌输式和自我陶醉式的表达方式。表达时用词要准确，并尽量使用中性词语，消除对方可能抱有的防卫、警惕甚至敌对情绪，从而对所表达的意愿产生共识。

4. 沟通中的“先跟后带”

“先跟后带”是指即使双方的观点是相对立的，在沟通中也应该先让对方感觉到认可和理解，然后通过语言和内容的引导抛出你的观点。职场新人要充分意识到自己是团队中的后来者，也是资历最浅的新手。在这种情况下，新人在表达自己的想法时，应该尽量采用低调、迂回的方式，特别是当你的观点与其他同事有冲突时，要充分考虑到对方的权威性。

二、团队合作

“三个臭皮匠，能胜诸葛亮。”然而，三个臭皮匠到底凭什么能够取胜足智多谋的诸葛亮呢？难道仅仅是由于臭皮匠的人数多吗？其实，只要我们认真探究其原因，就会明白三个臭皮匠能胜过诸葛亮，主要是因为他们的相互协作和共同努力。

（一）团队合作的概念

所谓团队合作精神，简单来说就是大局意识、协作精神和服务精神的集中体现。团队精神的基础是尊重个人的兴趣和成就，核心是协同合作，最高境界是全体成员的向心力、凝聚力，反映的是个体利益和整体利益的统一，并进而保证组织的高效率运转。团队精神的形成并不要求团队成员牺牲自我；相反，挥洒个性、表现特长保证了成员们共同完成任务目标，而明确的协作意愿和协作方式则产生了真正的内心动力。

团队合作是指一群有能力、有信念的人在特定的团队中，为了一个共同的目标相互支持、合作奋斗的过程。它可以调动团队成员的所有资源和才智，并且自动驱除所有不和谐和不公正现象，同时会给予那些诚心、大公无私的奉献者适当的回报。如果团队合作是出于自觉自愿，它必将会产生一股强大而且持久的力量。

（二）团队合作能力的等级

团队合作能力大体可分为以下 4 个等级。

1. 初级团队合作能力

1）尊重其他团队成员，努力使自己融入团队之中。

2）将个人努力与实现团队目标结合起来，完成自己在团队中的任务，以实际工作支持团队的决定，成为可靠的团队成员。

3）为完成工作和团队成员进行非正式的讨论，在团队决策时提出自己的建议及理由，尊重、认同上级认为是重要的事情并执行其相关决策。

4）作为团队一员，随时告知其他成员有关团队活动、个人行动和重要的事件，共享有关的信息。

5）认识到团队成员的不同特点，并且把它作为可以接触、学习知识与获取信息的机会。

2. 中级团队合作能力

1）根据工作需要组建小型团队，营造开放、包容和互相支持的气氛，加强集体向心力。

2）为团队成员示范所期望的行为，并采用各种方式提高团队的士气和改进团队的工作效率，确保团队任务的及时完成。

3）明确有碍于达成团队目标的因素，并试图排除这些障碍。

4）鼓励团队成员参加团队讨论与团队决定，倡导团队内部的沟通和合作，以推进团队目标设定与问题的解决。

5）指导其他成员的工作，对其他团队成员的能力和贡献持积极态度，用积极的态度评价团队成员。

6）能够利用正式或非正式的沟通渠道及现有的信息系统在团队内部进行知识和信息的交流与共享。

3. 中高级团队合作能力

1）根据组织的战略目标来确定团队建设的目标、规模及责任，在全体团队成员中促成理解、达成共识，并得以贯彻实施。

2）确保团队的需要得到满足，为团队争取所需要的各种资源，如人力、财力、物力或有关信息等。

3）确保团队成员之间能力和知识的互补，在分配团队任务的时候，既照顾到员工的发展，又能实现团队的目标。

4）化解团队中的冲突，维护和加强团队的名誉。

5）通过团队内有效合作及适当的竞争提高团队的整体绩效。

4. 高级团队合作能力

1）具有个人魅力和领导气质，能够引领组织或团队的发展方向和目标，使团队成员充满工作激情，愿意为团队目标的实现竭尽全力。

2）对团队成员有全面的认识，有效地应用群体运作机制，从而引导一个群体实现团队目标。

3）有目的地创建互相依赖的团体，在团队间合理有效地调配资源，加强不同目标和背景的团队之间的配合，以促成组织整体业务目标的实现。

4）采取行动，在组织中营造精诚合作与公平竞争的氛围。

5）通过各种手段，如设计团队标志等，塑造优秀的团队形象，组织或团队能被外界或有关组织认同和推崇。

（三）提高团队合作能力的途径

个人的发展离不开团队的发展，个人的追求只有与团队的追求紧密结合起来，并树立与团队风雨同舟的信念，才能与团队一起得到真正的发展。那么，该如何加强与他人的合作，提高团队合作能力呢？

1. 尊重

尊重没有高低之分、地位之差和资历之别，尊重只是团队成员在交往时的一种平等的态度。平等待人、有礼有节，既尊重他人，又尽量保持自我个性，这是团队合作能力之一——尊重的最高境界。团队由不同的人组成，每个团队成员首先是追求自我发展和实现的个体，然后才是从事工作、有着职业分工的职业人。虽然团队中的每一个人都有着在一定的生长环境、教育环境、工作环境中逐渐形成的与他人不同的自身价值观，但每一个人同样都有渴望尊重的要求，都有一种被尊重的需要，而不论其资历深浅、能力强弱。

尊重，意味着尊重他人的个性和人格，尊重他人的兴趣和爱好，尊重他人的感受和需求，尊重他人的态度和意见，尊重他人的权利和义务，尊重他人的成就和发展。尊重，还意味着不要求别人做自己不愿意做或没有做到过的事情。只有团队中的每一个成员都尊重彼此的意见和观点，尊重彼此的技术和能力，尊重彼此对团队的全部贡献，这个团队才会得到的发展，而这个团队中的成员也才会赢得最大的成功。尊重能为一个团队营造出和谐融洽的气氛，使团队资源形成最大程度的共享。

2. 欣赏

欣赏就是主动去寻找团队成员的积极品质，尤其是你的“敌人”，然后，向他学习这些品质，并努力克服和改正自身的缺点和消极品质，这是培养团队合作能力的第一步。“三人行，必有我师焉”，每一个人的身上都会有闪光点，都值得我们挖掘并学习。要想成功地融入团队，善于发现每个合作伙伴的优点是第一步。适度的谦虚并不会让你失去自信，只会让你正视自己的短处，看到他人的长处。每个人都可能会觉得自己在某个方面比其他人强，但你更应该将自己的注意力放在他人的强项上，因为团队中的任何一位成员都可能是某个领域的专家。因此，你必须保持足够的谦虚，在这种压力下会不断进步，并真正看清自己的肤浅、缺憾和无知。

总之，团队的协作效率在于每个成员配合的默契，而这种默契来自团队成员的互相欣赏和熟悉——欣赏长处、熟悉短处，最主要的是扬长避短。

3. 宽容

雨果曾经说过：“世界上最宽阔的是海洋，比海洋更宽阔的是天空，比天空更宽阔的则是人的心灵。”这句话无论何时何地都是适用的，即使是在角逐竞技的职场之上，宽容仍是能让你尽快融入团队之中的捷径。宽容是团队合作中最好的润滑剂，它能消除分歧和战争，使团队成员能够互敬互重、彼此包容、和谐相处，从而安心工作，体会到合作的快乐。

宽容，并不代表软弱，它在团队合作中体现出的是一种坚强的精神。首先，团队成员要有较强的相容度，即要求其能够宽厚容忍、心胸宽广、忍耐力强；其次，要注意将心比心，即应尽量站在他人的立场上，考虑他人的意见、建议和感受，反思自己的态度和方法。

4. 信任

团队是一个相互协作的群体，它需要团队成员之间建立信任的关系。信任是合作的基石，没有信任，就没有合作。信任是一种激励，更是一种力量。团队成员在承受压力和困惑时，要相互信赖。团队成员在面临危机与挑战时，也要相互信任，就像合作猎捕猛兽的猎人一样，必须不存私心，共同行动。否则，团队及成员只会一事无成、毫无

建树。

高效团队的一个重要特征就是团队成员之间相互信任。也就是说，团队成员彼此相信各自的品格、个性、特点和工作能力。这种信任可以在团队内部创造高度互信的互动能量，这种信任将使团队成员乐于付出，相信团队的目标并为之付出自己的责任与激情。

5. 沟通

良好的沟通是一种必备的能力。成员间的沟通能力是保持团队有效沟通和旺盛生命力的必要条件；个体要想在团队中获得成功，沟通是最基本的要求。沟通是团队成员获得职位、有效管理、工作成功的必备技能之一。

有效的沟通是使团队成员能够更好地发扬团队精神的重要能力。团队成员唯有从自身做起，秉持对话精神，有方法、有层次地发表意见并探讨问题，汇集经验和知识，才能凝聚团队共识，激发自身和团队的力量。

6. 负责

负责即敢于担当，对自己负责，对团队负责、对团队成员负责，并将这种负责精神落实到每一个工作的细节之中。团队在运作过程中难免出现失误，若是每次出现错误都互相推卸责任，那么这个团队就没有存在的价值。一个对团队工作不负责任的人，往往是一个缺乏自信的人，也是一个无法体会快乐真谛的人。任何有利于团队荣誉和利益的事情，与每一个团队成员都是息息相关的，所有人都拥有不可推卸的责任。

7. 诚信

古人说：人无信则不立。意思是为人处世若不诚实，不讲信用，就不能在社会上立足和建功立业。个体如果不讲诚信，那么他在团队之中也无法立足，最终会被淘汰出局。诚信，是做人的基本准则，也是作为一名团队成员所应具备的基本价值理念——它是高于一切的。没有合格的诚信精神，就不可能塑造出一个良好的个人形象，也就无法得到上司和团队伙伴的信赖，也就失去了与他人竞争的资本。唯有诚信，才是让你在竞争中得到多助的重要条件。团队精神应该建立在团队成员之间相互信任的基础上。而只有做到了“言必信，行必果”时，才能真正赢得同事的广泛信赖，也为自己事业注入了活力。

8. 热心

职场之内，人们一致认定的竞争法则是，强者有强者的游戏规则，弱者有弱者的生存法则。一个团队成员必须记住的是，只有一个完全发挥作用的团队，才是一个最具竞争力的团队；而只有身处一个最具竞争力的团队之中，个体的价值才能最大限度地得到体现。当你是团队中的那块“短木板”时，应该虚心接受“长木板”的帮助，尽一切努力提高自己的能力，不要让自己拖整个团队的后腿。当你是团队中的那块“长木板”时，你不能只顾自己前进，而忽略了“短木板”的存在，否则你收获的终将是与“短木板”一样的成就。当我们身处于一个团队中时，只有想方设法让“短木板”达到“长木板”的高度，或者让所有的“板子”维持一样的高度，才能完全发挥团队的作用。

9. 个性

团队精神不是泯灭个性、扼杀独立思考。一个好的团队，应该鼓励和正确引导员工个人能力最大限度地发挥。团队不仅是人的集合，更是能量的结合。作为团队成员，不要因为身处团队之中就抹杀自己的个性特质。

10. 团队利益

皮之不存，毛将焉附。个人的聪明才智只有与团队的共同目标一致时，其价值才能得到最大化的体现。团队精神不反对个性张扬，但个性必须与团队的行动一致，要有整体意识、全局观念，要考虑整个团队的需要，并不遗余力地为整个团队的目标而共同努力。对上司和公司的决定需要保持高度的认同感，这也是全局意识的一种体现。因为上司或公司高层正是一支团队的指挥中枢，每位下属或员工都必须与他们精诚合作，这个团队才能保持旺盛而持久的战斗力，企业才能发展壮大。在团队之中，个人与整个团队相比是渺小的，太过计较个人得失的人，永远不会真正融入团队之中，而拥有极强全局意识的人，最终会是最大的受益者。

三、创新能力

（一）认识创新

创新是指以现有的思维模式提出有别于常规或常人思路的见解为导向，利用现有的知识和物质，在特定的环境中，本着理想化需要或为满足社会需求，改进或创造新的事物、方法、元素、路径、环境，并能获得一定有益效果的行为。“创新”有 3 层含义：一是抛开旧的、创造新的；二是在现有的基础上改进更新；三是指创造性、新意。国际社会认同的特指“创新”的英文是“innovation”，有别于“creation”（创造）和“invention”（发明）。

创新的本质是突破，即突破旧的思维定式、旧的常规。创新活动的核心是“新”，它或者是产品的结构、性能和外部特征的变革，或者是造型设计、内容的表现形式和手段的创造，或者是内容的丰富和完善。

创新根据标准不同，分类也不同。例如，根据创新的表现形式可分为知识创新、技术创新、服务创新、制度创新、组织创新、管理创新等；根据创新的领域可分为教育创新、金融创新、工业创新、农业创新、国防创新、社会创新、文化创新等；根据创新的意义大小可分为渐进性创新、突破性创新、革命性创新等；根据创新的效果可分为有价

值的创新、无价值的创新和负效应创新等；根据创新的层次可分为首创型创新、改进型创新和应用型创新。

（二）训练创新能力

创新能力的训练，主要通过发现问题、构思创意和解决问题 3 个维度进行能力提升。

1. 发现问题的能力

提出一个问题往往比解决一个问题更重要，解决一个问题也许仅是一个数学或实验上的技能，而提出新的问题、新的可能性，从新的角度去看旧的问题，需要创造性的想象力，并标志着科学的真正进步。发现问题是解决问题的前提。只有发现问题和认真分析问题的关键所在，才能很好地解决问题。“提出一个问题比解决一个问题更重要。”问题不仅是创新活动的开端，而且是创新活动的主线。提出问题是找到方向，解决问题仅仅是沿着方向前行。如果提出的问题不好不对，解决也是徒劳。创新人才很重要的能力是会充分发挥自己的智慧，努力发现问题。

没有问题，就没有创新。以问题为导向，首先就要发现和了解存在的问题，而这通常以意见或建议的形式表现出来，其中所包含的怀疑和创新精神，尤为可贵。

（1）发现问题主要的基本方法

1）突破常规而发现问题。事物中除了存在一般规律性，还有特殊性。这种特殊性发展到极点，就成为例外。面对例外，不受一般规律性约束，紧抓例外不放，甚至还要主动发现例外和创造例外，这就会暴露出许多问题。

2）通过主动改变情景而发现问题。变换情景，就是指变换环境条件。客观的环境条件是经常变化的。主动变换情景，是指客观环境条件没有变或没有大变，就要主动思考，一旦环境条件变化了，将会导致什么结果。在思考问题时，可大胆假设，当某一情况发生后，其发展趋势会是怎样。

3）通过主动变换思考角度而发现问题。有些问题，站在原来的角度上不是问题，或者没有问题，而站在新的角度上来看，则可以发现问题并解决问题。角度之一是现有的东西可否由别的东西代替。角度之二是调换排序，例如通过改变不同企业的作息时间来缓解交通拥堵。角度之三是从相反方向思考问题，即倒过来会怎么样。角度之四是从综合与聚拢的角度考虑问题，即组合起来会怎么样。例如，衣柜等组合在一起变成组合家具。

（2）从问题到创新一般要注意的问题

问题的出现预示着一个新的发展契机，从问题走向创新是解决问题和矛盾的一种思路。

1）了解并把握创新的方向。方向决定着开始，也决定了结果。首先对未来的发展趋势和创新的发展趋势有所了解，然后在此基础上发现新的需求，明确创新的目的及创新成果的效率和要求，这个过程决定着创新的方向。

2）选择并解决新问题。问题的选择非常重要，结合自身优势挑选一个或若干个与“创新方向”一致并可能解决的问题才是有意义的。因为一个人的优势往往决定创新的实现。善于发现问题的同时，找到解决问题的办法与方案，是问题走向创新的关键。解决问题本身就是一个创新的过程。

3）使用新视角，善用新思路。发现问题并创造性地解决问题需要改变视角。一方面，考虑问题时，需要改变视角，从更深层次来发现问题和解决问题。另一方面，发现和解决问题需要群体新思路。

4）选择好方法。创新是持续改进、不断提高，较好地解决新问题，或者用新而好的方法解决旧问题，绝不是“标新立异”。找到新问题时，使用新视角、新思路分析问题之后必然会产生很多的新方法。有利于创新的好方法应具以下特征。

① 在所有方法中能够最大限度地解决当前问题的主要矛盾。

② 能够平衡各方面冲突，使利益最大化。

③ 安全可靠、容易操作。

④ 对于解决当前主要矛盾，此方法比其他方法更趋向于一劳永逸。

选择一个合理而科学的方法去解决新问题或者问题的新矛盾就是一种创新。创新的结果带来的是更高的效率、更高的质量和更大的收益。创新之路就沿着“选择方向→发现新问题→分析新问题→解决新问题”的道路不断循环。

2. 构思创意的能力

设计思考也称为设计思维。IDEO 设计公司总裁布朗在《哈佛商业评论》中定义：“设计思考是以人为本的设计精神与方法，考虑人的需求、行为，也考量科技或商业的可行性。”

设计思考是一个创意与设计的方法论，为各种问题寻求创新解决方案，并创造更多的可能性。设计思考作为一套解决问题的方法，可以让人们从不同的角度看这个世界，用过去不知道的方法来思考问题。

设计思考也是一种结构完整的思维模式，任何行业、任何组织、任何领域都可采用，而且是可以产生许多有意义与建设性产品或服务的创新设计思维模式。设计思考已发展成一个可以学习的创新设计思维模式，它依靠的不是设计师个人的创意，而是要透过不同专业的人，以不同的角度，共同产生创意，然后设计出一个创新的产品或服务。

设计思考不同于分析式思考，它是一种“发想”“构思”“执行”的过程，发想本质“生活化”，构思过程“专业化”，执行成果“普遍化”。其中，思考过程包含“洞见”“观察”“同理心”三大要素，以及“可行性”“存续性”“需求性”三大准则。

提高设计创意能力，要注意以下两个方面。

（1）记忆梳理

产生一个好的创意可能只是一瞬间，为了让设计更好地延伸下去，要从以下几方面着手。

1）记录。“好记性不如烂笔头”。灵感的闪现只是一瞬间的事情，用笔及时记录下来是非常有必要的。产生一个想法后，通常会接着思考这个想法是否合理，从而形成一系列的逻辑类推，如果没有记录便很难回到事物的起点，更无法记录中间的交叉点和闪光点。

2）观察。生活中到处都存在着没有被仔细观察的世界，要养成用心去观察的习惯，发现设计中的不足、问题及需要改进的地方。

3）感受。一个好的创意，需要给使用者视觉和触觉的感受，触摸、观察、体验、体会使用者的感受，才能领略创意的真正价值。

4）设计。一个好的创意必须是可以设计的。通过用心设计，把创意表达出来才是有用的创意。

（2）脑的训练

同学们可以通过一系列的培训来提高创意能力。培训包括脑的训练、心的训练和手的训练 3 个环节。关于脑的训练，主要是右脑开发。

右脑是人的“本能脑和潜意识脑”，功能主要有：图像化机能（企划力、创造力、想象力）；与宇宙共振共鸣机能（第六感、透视力、直觉力、灵感、梦境等）。

想要有更好的创造力，就要控制右脑尽量产生有利于创作的活力，让身体在良性的状态下运转，适时放松，产生对创造有帮助的脑电波；兴趣化工作，不要疲劳化工作。合理地转化压力，把压力化为动力，从而转化为更强的创造力。

3. 解决问题的能力

（1）进行问题分析

发现问题后，要解决问题，首先要进行问题分析。问题分析是指解决问题的过程，寻找出问题所在，并确定问题发生原因的系统方法。根据解决问题的程序，进行问题分析的一般步骤如下。

1）定义并描述问题。

首先，要理清问题的实质，准确、完整、真实地表达问题。描述问题时要注意：一是确定问题的影响范围和程度；二是要确定问题发生的频次；三是要确定问题的主体，即发生的主体是什么，要描述这些主体的详细信息。

其次，弄清楚为什么要解决这个问题。

最后，解决这个问题的意义是什么？是必须解决还是无关紧要，或是需要马上解决还是不太急促。

2）收集整理信息。收集、整理关于要解决问题的历史资料、类似情况和现状。例如，从现有的资料中能够看到当前问题的数据情况或者一段时间的趋势。

3）查找问题根源，验证根因。在查找问题根源方面，常用的方法为鱼骨图和 5-WHY 等。在寻找问题根本原因时，必须进行多次的原因逐层深入剖析，才能找到真正的根源，否则只能找到问题的浅层次原因。要避免分析问题时找到的并不是原因，而只是现象。

4）选取分析方法。分析问题所涉及的主要维度，为后面提取数据需求做准备。然后，选取问题分析的方法、模型与工具。

5）数据整理与分析。根据问题分析的内容和方法，提出问题分析所需的数据需求。对于问题分析反馈回来的数据，进行加工整理，以便更能反映所要分析的问题。根据问题分析的数据结果，得出一些问题分析的初步结论。这里要注意问题分析的方法以及维度，结果的展示方式等。

（2）解决问题所需具备的能力

只有具备以下 7 种关键问题的解决能力，才能成功地解决问题。

1）目标关注能力。一个能够解决问题的人，首先是能够迅速确定解决问题的目标并集中精力关注目标的人。人们在做任何事情的时候要首先想到做这件事的目标。

2）计划管理能力。一个人的工作效率首先来自出色的计划管理能力。计划就像梯子上的横档，既是立足之地也是前进的目标。计划阶段是成功的真正关键阶段。

3）观察预见能力。良好的观察预见能力让人们能够寻找到很好的解决问题的办法，可以预见一些即将或者未来可能发生的对于问题解决有阻碍的事情。

4）系统思考能力。面对任何问题，都要善于从整体上进行考虑，而不仅仅就事论事。只有这样，才能从根本上解决问题。

5）深度沟通能力。大量问题没有彻底解决，是因为沟通不畅。具备强大的沟通能力是解决问题的前提。

6）适应矛盾的能力。问题解决过程中有大量相互矛盾的事情，很少存在唯一的最佳答案。如果总是用“非此即彼”的思维方式，问题往往难以得到解决，甚至可能把问题引向“死胡同”。因此，要善于适应矛盾，避免绝对化地看问题，拥有开阔的思维，不固守成功经验，追求解决问题方案的开放性，不钻牛角尖。

7）执行到位能力。执行到位能力就是将事情做到位的能力，这是解决问题的基本能力。如果不能执行到位，很多问题仍然会是问题，甚至成为更加严重的问题。

具备上述 7 种能力，是成功解决问题的前提和基础。在平时的学习工作过程中，应该努力地去培养这些能力。

第三节　求职心理准备

一、就业心理准备

就业心理准备，是指求职者在就业前对求职择业过程中可能发生的各种情况进行估计和评价，并为解决这些问题建立某种思想观念和强化某些心理品质的心理活动过程。良好的心理准备能够使求职者在面对各种择业机会时充分发挥自己的聪明才智和能力，在面对各种挫折时能平衡心理并迅速帮自己找回信心，保持沉着冷静。可以说，健康的心理准备是求职成功的基石。

面对严峻的就业形势，大学毕业生需要做好心理准备，一是增强自信，二是敢于竞争。

（一）增强自信

自信是个体对自身的积极肯定和确认，是对自身能力、价值等做出正向认知与评价的一种相对稳定的人格特征。它是个体自我意识的重要组成部分。自信的人具有积极的自我意识，能够不断进行自我激励、克服消极情绪，保持情绪的相对稳定，建立良好的人际关系。只有自信的人才能充分发挥自身潜力，更有效地学习和工作，战胜挫折，创造成功人生。自信是大学生走向成功的基石，也是成功者必备的重要心理素质。

增强自信是择业成功的重要因素。自信是对自己的实力有充分的估计和坚定的信心，是发自内心的自我肯定与相信。“天生我材必有用”就是诗人李白的自信。对大学毕业生而言，相信“我一定行”，坚信自己有能力胜任某项工作，才能表现出坚定的态度和从容不迫的态度，才能赢得用人单位的赏识和信任。哈佛大学著名行为策划学家皮鲁克斯有一段精彩的论述：“认识自己的人，必须要有自信与自尊，才能让我们感觉到自己的能力。其作用是其他任何东西都无法替代的。而那些软弱无力、犹豫不决，凡事总是指望别人的人，正如莎士比亚所说，他们体会不到也永远不能体会到，自立者身上焕发出的那种荣光，因为认识自己的目的就是自信和自立。”

树立自信的最根本途径是提高自己的能力，根据自己的职业定位有目的地提升自己的能力，通过多种渠道和机会锻炼自己。只有搞好学业、发展特长，全面提高自己的综合素质，面对招聘面试时才可能信心十足。

当然，信心不是万能的。但是，信心可以帮助我们藐视困难，以最旺盛、最活跃的精神状态去克服困难，以足够的忍耐力面对挫折，以足够的勇气迎接挑战，这是一个人成功的重要精神支柱。“自信人生二百年，会当水击三千里。”每一个求职者都要先问问自己，是否充分相信自己？有没有信心求职成功？信心会给求职者带来希望和成功。

（二）敢于竞争

竞争是通过一定的活动来施展自己的能力，为达到目的而各自所作的努力。“物竞天择，适者生存”是生物界生存和发展的普遍法则。毕业生就业制度的改革，为毕业生提供了公开、平等参与竞争的环境和机会。鲁迅先生有一句话很切合大学毕业生的实际，他说：“我们目下的当务之急是：一要生存，二要温饱，三要发展。”而这三者都与竞争有关。百舸争流勇者胜，毕业生应该正视现实，抓住机遇，扬起理想的风帆，在竞争的激流中奋力拼搏。

面对供大于求的就业形势，一些毕业生缺乏竞争意识，缺乏就业竞争力，从而导致就业困难，无法就业。即将毕业或已经毕业的大学生，必须强化竞争意识，崇尚竞争、敢于竞争，为自己争得生存权利和发展优势。

大学生提升就业竞争力，就要提升自我认知、提升专业技能、提升就业技能。大学生要根据现代社会的发展需要，塑造自己、发展自己。一进校门就要自觉地把自己的专业学习与以后的就业联系起来，建立合理的知识结构，培养自己的实践操作能力、组织协调能力等，以便在未来的竞争中获得成功。

二、求职心理调适的方法

大学生在求职择业中，难免遇到困难、挫折和冲突。这些挫折和冲突有可能引起心理问题或心理疾病。心理问题或心理疾病既不利于择业，也不利于身体健康，甚至会影响整个人生。心理调适作用，就在于帮助大学生在遇到挫折和冲突时，能够客观地分析自我与现实，有效排除心理问题，从而使自己保持一种稳定而积极的心态，以便总结经验，克服困难，达到如愿择业的目的，不至于灰心丧气，一蹶不振。因此大学生积极有效地进行心理调节是十分必要的。

（一）自我调适，释放心理压力

大学毕业生对自己未来的职业常常抱有较高的期望，然而，现实和理想的落差、求职过程中的冷遇，都可能增加心理压力，并陷入紧张、苦闷、焦虑、失望等不良情绪状态中。只要进行主动、及时的调整，这种不良情绪就能得到及时有效的缓解。因此，了解和掌握一定的心理调适方法，对于释放心理压力，走出情绪低谷是很有帮助的。下面介绍几种方法，大学生可以根据自己的实际情况，有选择地使用。

1. 宣泄法

宣泄法也叫倾诉法，即在就业中碰到挫折，将自己内心的痛苦倾诉、表达出来，以达到缓解心理压力的一种方法。求职过程中碰壁、情绪恶劣，此时过分压抑自己的情感

反而不妥，不妨把心中的委屈和不平尽情倾诉出来。采用的具体方式如下。

1）与家长、老师或朋友交流，及时说出心中的感受。第三者的倾听、劝慰、分析、忠告对当事人情绪的改善能起到立竿见影的效果，并能获得求职择业的新认识、新办法。

2）可以用日记的方式把积压在心头的苦恼发泄出来，也可以写信的方式向好友谈谈自己的压力。

3）找一个没有他人的场所，通过自言自语的方式讲述心中一直压抑的想法。

4）运动宣泄，如通过打球、爬山、游泳等激烈运动，释放心理压力和消极情绪，恢复心理平衡。

2. 转移法

求职碰壁，暂时的失利是痛苦的。此时，减轻痛苦有效的方法就是转移注意力，尽量把注意力集中在自己感兴趣、较自信的其他活动中。如果长时间沉浸在择业失败的消极情绪状态中，对身心健康不利。

1）参加体育活动，跑步、游泳或约几个同学一起打篮球、踢足球，让人产生一种轻松的心理感受，将烦恼抛到脑后。

2）听音乐。轻松舒缓的音乐可以消除疲劳、调节情绪。

3）看书、看电影、看电视、睡觉或其他休闲方式，以达到放松身心的目的。

3. 补偿法

当大学生在就业过程中不能达到确定目标而受到挫折时，可以通过其他活动来弥补心理的创伤，驱散内心的忧愁和痛苦，增强前进的信心和勇气。例如，没有考上公务员，可以提醒自己还有其他的选择，如进企业、进学校等。挫折给人们提供了反思的机会，使人们能够重新认识自己、评价自己，从不利中看到自己的有利因素，扬长避短，走向成功。具体做法如下。

1）求职失败后，以另一目标来代替原来尝试失败的目标。在职业选择时，确定的具体职位目标不要太狭窄，要像填志愿一样，有第一、第二、第三志愿，这样在碰壁后马上能投身于下一步应聘计划上。

2）发掘自己的潜能，克服自身的薄弱点，实现自己的目标。希腊有一名政治家因发音微弱和轻度口吃，演讲受到影响，他下决心练习口才，把小卵石放在嘴里练习讲话，面对大海高声呼喊。最终，他成为闻名的大演说家。求职者对自己的不足，应当及时弥补，以提高就业竞争力，早日实现就业目标。

4. 松弛练习法

求职面试前出现焦虑反应的大学生要学会放松身心、对抗紧张情绪。松弛的方法很多，主要如下。

1）呼吸放松法。呼吸放松法又叫调息放松法，简单易学，也非常有效。关键是将“胸呼吸”变成“腹式慢呼吸”。具体方法：在座位上舒服地坐好，身体后靠并伸直。将右掌轻轻置于肚脐上，掌心向下，五指并拢。然后开始长长地、慢慢地吸气。吸气时要胀腹，气沉丹田时，保持两秒钟，再轻轻地、慢慢地将气呼出。每天 2 次，每次 4～10 分钟。

2）想象放松。想象放松是通过对一些安宁、舒缓、愉悦的情景的想象以达到身心放松的目的，例如，可以想象独自在森林中漫步，踩在柔软的草地上，阵阵花香扑面而来，舒展全身、慢慢地做深呼吸，感到无比的轻松舒坦。每天可用 5～10 分钟进行练习。

此外，还有一些音乐放松法、肌肉放松法等。值得注意的是，大学生在求职过程中一旦自我调节不能发挥作用时，应及时去寻求心理咨询和专业咨询人员的帮助，及时排解心理的矛盾和冲突。

5. 角色扮演法

目前，角色扮演已成为心理学领域公认的应用广泛而有效的方法。它是将自己暂时置身于他人的社会位置并以其要求的态度和方式行事，以增进人们对他人社会角色和自身原有社会角色的理解的一种方法。

角色扮演是培养耐挫折能力的一种好方法。大学生在面临就业挫折时，在老师的指导下可以扮演一些知名人士，体验他们在求职中曾经遇到过的挫折，就能更好地理解他人面对挫折时采取的积极态度，体验他人在挫折情境中内心情感的转换。通过角色扮演活动，大学生可以不知不觉地在生动活泼的活动中掌握抗挫折的行为技能，并且增强承受挫折的能力。

6. 自我激励法

自我激励法主要是指用生活中的哲理、榜样的事迹或明智的思想观念来激励自己，同各种消极情绪进行斗争，坚信未来是美好的，勇敢地面对下一次机会。

据调查表明，有些大学生投出的求职简历多达百份，参加的面试次数平均每人 5 次以上，能一次性成功者很少。因此，失败在求职中很常见，对大学生来说是一种普遍现象。大学生在面试失败后，不要惊慌失措，而是要开动脑筋，冷静思考，寻找对策，尽可能地把每一次的失败看作经验的积累。同时要不断地激励自己，相信“功夫不负有心人”“失败乃成功之母”。在求职过程中，不断地用这些格言来给自己打气。

（二）对症下药，分析失败原因

1. 外部原因

具体而言，毕业生求职失败主要有以下外部原因。

1）工作职位有限与毕业生数量不断增多的现实，导致就业竞争的出现。近年来，国家出台了一系列措施，为毕业生提供更多的职位和机会，但大学毕业生的数量也在增多，职位增加的速度赶不上毕业生人数的增长速度。

2）地域、行业的就业差异加剧了求职竞争的激烈程度。地区间、行业间的经济发展不平衡，导致提供的就业机会也不均等。

3）招聘单位的一些特殊要求也在一定程度上影响了毕业生的求职择业。例如，用人单位对工作经验的要求、性别的偏好等，都在一定程度上限制了毕业生的择业范围，有些用人单位明显把应届毕业生拒之门外。

2. 内部原因

毕业生求职失败也有其自身主观的内部原因。

1）对工作职位不切实际的高期望值。现在绝大多数毕业生将物质待遇作为择业时考虑的首要条件，对自己素质、能力缺乏合理的评价，一味追求好单位、高薪的职位。每一位毕业生都希望自己能找到一份理想的工作。然而，在就业形势并不乐观的情况下，如何确立自己的就业观，究竟是先就业还是先择业呢？先就业就是先步入社会的过程，是了解社会、体验社会的开端。通过就业的尝试不仅磨炼了人的意志，而且增加了工作经验，提高了自身的综合素质，这对进一步发展无疑是一笔财富。此外，当前就业压力不断增加，先就业后择业也是在稳定中求发展，撑起属于自己的一份事业。在当前的就业形势下，“先就业后择业”或“先就业后发展”均可，这样做相对“一步到位”的择业要求来说更切合实际。

2）个人素质尚待提高。有的毕业生尽管专业对口，但本人在校学习成绩、外语水平、应聘成绩达不到用人单位的要求。用人单位愿意找具有真才实学高素质的大学生。

3）对面试应聘缺乏充分的准备。大学生缺乏社会锻炼，与用人单位接触和了解的机会又不多，对员工聘用程序、行业发展状况和具体岗位信息深入了解不够，加之不懂求职的相关技巧，造成求职难度较大。

4）缺乏主动参与竞争的心理品质。不少人还习惯于学校老师推荐的求职模式，不善于向用人单位主动推销自己，或是不能承受暂时的就业挫折。

3. 正确归因，积极行动

个人将失败归因于何种因素，对其下一步求职活动的积极性有重要影响。根据韦纳的归因理论，如果个人将失败归因于外在环境，则容易产生气愤和敌意，降低以后行动的积极性；如果个人习惯于只从主观方面寻找失败的原因，又很容易自卑，产生一些消极的想法。所以，求职者一定要从内部和外部两个方面进行归因，避免对社会、对他人的无谓抱怨，也不要把求职失败完全归为自身方面。合理分析内外部的原因，找出外部的有利因素，及早发现自己的不足，及时加以弥补，才有助于合理职业定位，成功就业。

◈ 实践拓展

1）利用假期参观、调研相关单位，开展对未来工作岗位职责与胜任素质能力进行调查研究。

2）找一份兼职或实习工作，或积极参加学校组织的专业实习活动。

专家视角

注重实际行动，落实规划，实现目标

没有行动，职业目标只能是一种梦想。要制订周详的行动方案，更要注意去落实这一行动方案。

德国寓言大师克雷洛夫说："现实是此岸，理想是彼岸，中间隔着湍急的河流，行动则是架在河上的桥梁。"

"说一尺不如行一寸。"任何希望、任何计划，最终必然要落实到行动上。只有行动才能缩短自己与目标之间的距离，只有行动才能把理想变为现实。做好每件事，既要心动，也要行动。只会感动、羡慕，不去流汗行动，成功就是一句空话。哲人说："想得好是聪明，计划得好是更聪明，做得好是最聪明又是最好。"

做得好就是行动。同学们从许多杰出的成功者身上都可以找到某些成功的偶然性，这是因为他们每个人能做得好，又体现了成功的必然性。如果他们没有付出比常人更多的行动，是不可能取得一个又一个成功的。爱迪生 75 岁时，每天准时到实验室签到上班。有个记者问他："你打算什么时候退休？"爱迪生装出一副十分为难的样子说："糟糕，这个问题我活到现在还没来得及考虑呢！"他活了 84 岁，一生的发明有很多，对自己成功的原因，他说："有些人以为我之所以在许多事情上有成就，是因为我有什么'天才'，这是不正确的。无论哪个头脑清楚的人，如果他肯努力行动，都能像我一样有成就。"爱迪生的名言是："天才是百分之一的灵感，百分之九十九的汗水。"

专家视角 6

第七章　调查目标岗位

本章导图

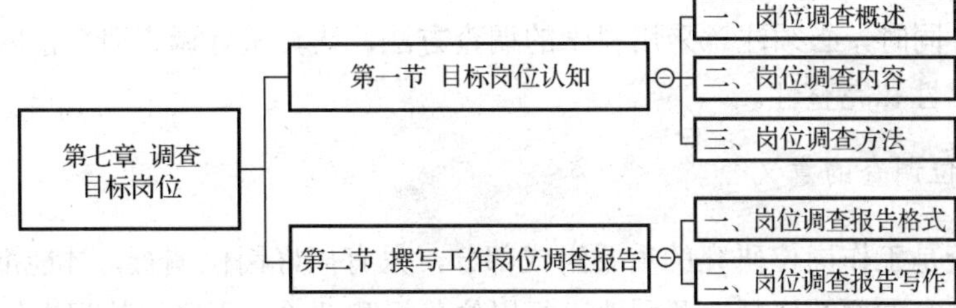

导入活动

填写岗位调查表

你是否做过岗位调查工作？如果有，请回忆其中一次经历，并完成表7-1的填写。在这次调查完成过后，你是否发现有某项调查内容在调查中被遗漏了？

表7-1　岗位调查表

与岗位有关的信息		详细内容
工作的性质、内容、程序、地点、时间	性质	
	内容	
	程序	
	地点	
	时间	
要求的学历、经验、年龄及其他资格和条件	学历	
	经验	
	年龄	
	其他	
与公司内部和外部的关系	内部	
	外部	
工作的应知应会的技能		
本岗位的责任		
工作环境条件		

第一节　目标岗位认知

一、岗位调查概述

（一）岗位调查的概念

岗位调查是以工作岗位为对象，采用科学的调查方法，收集各种与岗位有关的信息和资料的过程。岗位调查不同于一般了解情况。它是要通过调查，取得说明工作岗位的第一手材料。同时，必须注意采用科学的调查方法，认真做好调查研究，以确保材料的真实性、可靠性和完整性。

（二）岗位调查的意义

岗位调查是工作岗位研究的重要组成部分，只有搞好岗位调查，才能准确、全面、系统地掌握丰富的原始资料，顺利地进行岗位分析和评价，正确地认识岗位的性质和特征，达到岗位调查的目的。总之，面向生产实践，深入进行岗位调查，是实现岗位研究的各种任务，提高岗位分析、评价的首要环节和重要保证。

二、岗位调查内容

1）岗位工作的性质、内容、程序。例如，是做什么工作的，是部门领导还是某一方面的主管，是做研发的还是做销售的；工作经过哪些程序，是怎么做的；等等。

2）岗位的责任。某些岗位承担哪些责任，哪些是主要责任，哪些是次要责任。

3）承担岗位的资格、条件。岗位要求什么样的任职条件，如对学历、经验、年龄有什么要求。例如，某些岗位要求是男性；有些工作一定要求本科以上学历，或者5年以上的工作经验等。

4）工作应知应会的技能。负责某项工作必须要懂相关方面的知识。例如，化工企业的员工应该懂得化工方面的专业知识；机械厂加工车间的工人必须具备安全操作机床的能力，具备车、铣、刨、磨等基本的专业技能；从事管理工作的人员应该具备管理学的知识；等等。

5）与公司内部和外部的关系。例如，某部门的职员，对内，其首先要与部门经理打交道，其次是与分管这方面工作的总监或者副总打交道，还可能要与营销部、技术部打交道。对外，要和工商局、技术监督局打交道。这些情况在岗位调查的时候都要调查清楚。

6）工作条件和环境。工作处在一种什么条件下，特别是对于劳动密集型的企业，如建筑行业、化工行业，可能涉及野外、高空作业或接触有毒气体等。

三、岗位调查方法

在组织岗位调查时，可以根据被调查对象所处的环境和条件，选择具体的岗位信息采集的方法。岗位调查的方法有以下几种。

（一）个人写实法

由一名岗位调查人员在与操作者保持适当距离的位置上，对一名操作者的劳动活动进行全面观察、记录分析的信息采集方法。

（二）工作写实法

由一名岗位调查人员在同一时间内对工作地两名以上从事同一工种的操作者进行全面观察记录分析的信息采集方法。

（三）技术会议法

技术会议法也称专家讨论法，是召集对被调查岗位有深入了解和研究的专家（包括技术设计、工艺施工、一线主管及具有本岗位长期实践经验的操作者）参加专题研讨会，请与会者围绕岗位调查项目分别发表自己的意见，经过深入讨论，取得专家共识，以获得岗位信息的一种方法。

（四）结构调查表法

结构调查表法是根据岗位调查的具体内容和要求，预先设计出结构完整项目齐全的岗位调查表，由被调查岗位的员工及其相关人员填写调查表，通过对调查表的整理汇总采集岗位信息的方法。

（五）日志法

日志法是由操作者对其一天或连续几天内工作活动的情况进行登记记录的信息采集方法。操作者所使用的“日志”没有固定的格式，但一般应包括本岗位各种具体活动的事项，每项活动所要耗费的时间，涉及人员、物品、器件等。日志的登记必须当日完成，不能在第二天以后再补记。

（六）关键事件法

关键事件法是由岗位调查人员针对承担本岗位工作的操作者的劳动行为进行观察，将其“最好”或者“最差”（或者有效和无效）行为进行登记记录的方法。通过反复比较，以掌握本岗位的关键信息。采用关键事件法，有助于鉴别本岗位工作的中心内容和重要项目。

（七）设计信息法

设计信息法是在调查岗位过程中，根据岗位原有的设计文件、蓝图和设计参数，对人-机系统进行全面深入调查分析，掌握劳动者与劳动资料、劳动对象之间的配置关系，采集有关信息的方法。通过该方法，不但有助于掌握现有人-机总体系统的性质和特征，也有利于对岗位进行再设计、再改进。

（八）活动记录法

活动记录法是采用现代数字技术如摄像机、录音机等设备装置记录岗位有关信息的方法。采用这个方法记录的资料真实可靠，但投入费用很高。

（九）档案资料法

一般来说，现存的各种有关岗位活动的档案资料为岗位调查的信息采集提供了重要的依据。例如，有关员工岗位操作训练的记录，生产中安全事故的记录，设备故障率的记录，班组工时统计记录，员工劳动纪律执行情况的记录，员工定员定额完成程度的统计，等等。

第二节　撰写工作岗位调查报告

一、岗位调查报告格式

岗位调查报告的写作格式包括标题和正文。

（一）标题

岗位调查报告要用高度概括、简明扼要的语言表现报告的主题。标题应具备两个特点：一要醒目，二要高度概括。一般来说，岗位调查报告采用公文式标题，这类标题可以直接标明调查的对象和主要问题，如“关于××××的调查报告”“职业岗位调查报告”“××××岗位调查报告”等，此类标题比较规范、严肃和直观。

（二）正文

岗位调查报告的正文包括前言、主体和结尾三个部分。

1. 前言

前言又称作导语或引言，主要用以概述情况，简明扼要地说明调查岗位、调查对象、调查范围和调查方式等基本情况即可。前言的写作方法有很多，可根据自身情况进行调

整，以便于自己查阅为主。需要注意的是前言篇幅不宜过长，文字要精练，概括性要强。

2. 主体

主体是调查报告的中心部分，集中表述了调查报告的结果。一篇调查报告写得好坏，作用发挥得大小，主要决定于这一部分。这一部分的写作，一要考虑主题，二要考虑布局。主体部分的内容包括：岗位性质、岗位职责、岗位环境、岗位素质要求、岗位专业要求、岗位需求、谋职途径、发展前景和职业规划等。主体内容要翔实充分、客观真实，为结尾的分析结论提供有力的支撑。

3. 结尾

结尾的内容是对调查报告全文做出的总结概括，通过由表及里的研究得出调查分析的结果，提出调查过程中发现的问题和获得的启示。结尾的写法也是灵活多样的，如果主体部分已经把结论阐释清楚，可用简短的一两句话进行概括，或不再另行增加结尾部分。

二、岗位调查报告写作

（一）充分占有材料

充分占有翔实的材料，是撰写工作调查报告的前提，对材料的占有要尽量详尽、全面，对获得的材料，必须随时加以核实，做“去伪存真”的工作，不能使用似是而非的“大概”“可能”“差不多”字眼。准确、真实的材料才有价值。

（二）精心研究

在充分占有材料的基础上，要开动脑筋，做分析、综合、归纳、研究的工作。实际上，调查和研究是不可分割的有机部分，研究应贯穿调查的全过程，边调查、边分析、边研究。这样，不仅可以对材料本身进行初步鉴别，而且可以对材料进行一些粗加工，为以后的研究工作做好准备。

（三）提炼观点

观点是一篇调查报告的宗旨，对材料起着统帅作用，这是写好调查报告的核心。调查报告观点的确定，要依据 3 个因素：一是调查研究的最初目的：二是调查研究中得到的基本材料；三是迫切需要回答的问题。

（四）合理布局

写调查报告，材料是基础，研究是灵魂，主题是核心，结构是骨架，要为表现、突出主题而合理布局，安排结构。

◈ 实践拓展

目标岗位调查

根据目标岗位调查，将对自己最重要的信息填写在表 7-2 中。

表 7-2　对个人最重要的目标岗位信息

目标岗位信息	具体内容				
	1	2	3	4	5
招聘岗位					
信息来源					
发布时间					
单位名称					
单位性质					
工作地点					
工作环境					
企业文化					
发展前景					
用人制度					
工作职责					
专业要求					
学历要求					
生源要求					
性别要求					
外语水平要求					
计算机能力要求					
专业知识要求					
专业技能要求					
薪酬待遇					
应聘流程					
应聘联络方式					
其他信息					

专家视角

职业分析清单

1．工作性质

1）工作为什么会存在；这一职业所满足的需要；此工作的目的是什么。

2）所履行的工作职能，工作中主要的职责和责任。

3）该职业所生产的产品或提供的服务。

4）该职业中的专业细分。

5）该职业中所使用设备、工具、机器和其他辅助物品。

6）该职业的定义。

2．所需的教育、培训和经验

1）准备进入该职业所要求的（或有用的）大学或高中课程。

2）进入该职业所需的工作经验。

3）教育、培训或工作地点。

4）获得必要教育背景所需的时间和经费。

5）由雇主所提供的在职培训。

3．要求的个人资历、技能和能力

1）一个人要进入该职业所需的能力、技能或能力倾向。

2）职业所要求的体力（举起重物、长时间站立）。

3）其他身体要求（良好的视力或听力、非色盲、能攀爬、跪下、弯腰、搬运物体等）。

4）特殊的品质或气质（能在压力下工作、精确、敢于冒险、有逻辑、能做重复的任务），需要达到的标准。

5）执照、证书或其他法律上的要求。

6）必须的或有益的特殊要求（懂一门外语）。

4．收入、薪酬范围或福利

1）所赚的钱（起薪、平均工资和最高工资；所在地区不同而有所不同）。

2）所提供的福利（退休金、保险、假期、病假）。

5．工作条件

1）物质条件和安全（办公室、户外、噪声、温度）。

2）工作时间安排（白天或夜晚、加班、季节性工作）。

3）发挥主动性、创造性、自我管理和得到学习的机会。

4）需要工作者自备的设备、物品和工具。

5）作为参加工作的条件之一，要求具备职业协会的会员资格。

6）该职业的监督和管理类型。

7）雇主对着装的要求和偏好。

8）出差方面的要求。

9）该职业工作者可能受到的歧视。

6．工作地点

1）工作组织的类型（公司、社会公共机构、代理机构、企业、雇用此类工作者的行业；自我雇用的机会）。

2）职业存在的地理位置（全国性的或只存在某个特定的区域或城市）。

7．该职业中典型人群的人格特征

1）支配该职业环境的人或该行业中大多数人的人格特征。

2）年龄范围、男性和女性的比例、少数民族工作者的数量。

8．就业和发展前景

1）进入该行业的通常方法。

2）在地方和全国的就业趋势。

3）提升机会、职业阶梯（从哪个岗位开始、能达到什么职位）。

4）在完成培训和教育之后得到雇用所需的平均时间。

5）被提升到较高职位所需的平均时间。

6）该行业中工作的稳定性。

9．个人满意度

1）该职业所体现的价值（高收入、成就、安全感、独立性、休闲和家庭生活的时间、变化性、帮助他人、社会声望、认可）。这些工作价值中哪些符合你的价值观呢？

2）他人和社会对于该职业的看法：关于该职业他们喜欢什么、不喜欢什么？

专家视角 7

第八章　激发创业意识

本章导图

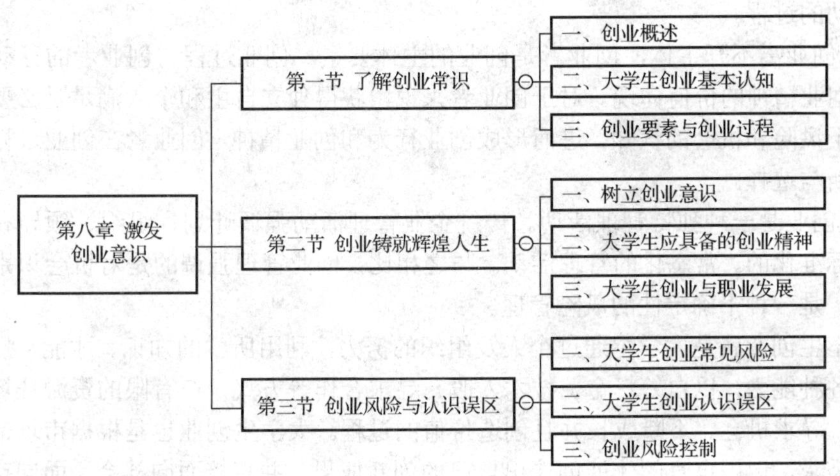

导入活动

从《中国合伙人》看创业的价值

回忆电影《中国合伙人》中的有关情节，思考并分析在创办“新梦想”事业的过程中，创业对于电影主人公成东青、孟晓骏和王阳3人，在创业的不同阶段有哪些意义和价值。然后进一步分析“新梦想”事业对于他人和社会有哪些影响和价值。

第一节　了解创业常识

一、创业概述

（一）创业的含义

创业有广义、狭义之分。广义的创业，泛指人类一切带有开拓意义的变革。无论是政治、经济、军事、文化、艺术，只要是人们以前没有做过的，对社会产生积极影响的事业，都可以称为创业。狭义的创业，是一个发现和捕获机会并由此创造出新颖的产品、服务或实现其潜在价值的过程。简单来说，创业就是用创业精神来创造未来的事业。

1）创业是一个创造的过程，是创造某种有价值的新事物。这种新事物必须有价值，不仅对创业者本身有价值，而且要对其服务的特定目标对象有价值。

2）创业是一个动态过程，创业机会是创业的核心要素。其中，创业机会的识别是创业驱动力。创业机会开发是创业者通过组织创业资源旨在创造出新颖的产品、服务或实现其潜在价值。创业机会识别和开发过程，也是创业者、创业资源和创业机会三者的平衡互动的过程。

3）创业离不开主体，创业者是创业的主体要素。创业过程与创业者的行动高度相关，是创业精神的价值体现。对于创业者来说，获得独立自主和个人满足是必要的。创业是基于风险和机会的认知，进而形成创业行为和创业精神，创业者在创业过程中不断经历判断与选择。

4）创业是一种独特管理活动。传统企业管理活动强调计划、组织、领导和控制，是一种标准化的、常态化的管理活动。与之相比，创业管理强调的是对机会识别和开发的管理，是一种不确定性的风险管理。

大学生创业就是大学生通过个人及组织的努力，利用所学的知识、才能、技术和所形成的各种能力，以自筹资金、技术入股、寻求合作等方式，在有限的资源环境中，努力创新、寻求机会、不断成长并且创造价值的过程。大学生创业也是根据市场前景，结合社会需求，运用自身的才能创造出自己的创新成果，并直接面向社会、面向市场，将成果转化为产业，创造可观的经济效益。

（二）大学生创业的意义

大学生创业对个人的成长、社会的贡献和为社会创造更多的就业机会等方面来说都具有积极意义。

1）能够实现自身价值的最大化。实现自身价值的最大化，追求成功的自我，是大学生渴望实现的最终目标。自主创业有利于大学生积极学习、开动脑筋、不断创新，将聪明才智最大限度地转化为社会的需要。同时，自主创业将促进符合现代社会的全新的成才观的形成。

2）能够实现社会贡献的最大化。人的智慧一旦与一定的社会需要、社会资本相结合，必将会赢得巨大的经济效益和社会效益，为社会带来巨大的财富和价值。大学生创业不但能为社会营造出一种鼓励创新的氛围，还能直接推动科技成果的产业化，增强经济发展活力，扩大就业。

3）有利于激活人力资源和科技资源。通过大学生自主创业，许多新创意、新科技

能够迅速地转化为现实的产业，为人类造福，为国家、为社会做出贡献，也能够使人力资源得到更合理的利用，从而促进科技和人力资源的进一步发展。

4）通过实现就业渠道的多元化，为社会创造更多的就业机会。随着高校招生就业制度的改革，高校招生的规模不断扩大，大学毕业生的就业竞争将越来越激烈。大学生自主创业开辟了新的就业渠道，有利于缓解国家的就业压力，在解决自己就业的同时也为社会创造了新的就业机会。

二、大学生创业基本认知

（一）大学生创业背景

近年来，人才市场竞争日益激烈，我国大学生就业形势严峻，就业难成为当前大学生面对的重要问题之一。

国家对大学生创业高度重视，相继出台了一系列鼓励创业的政策，把“以创业带动就业”看作“实施扩大就业发展战略”的重要内容，作为新时代实施积极就业政策的重要任务。教育部、人力资源和社会保障部及地方政府陆续出台了相关政策，鼓励和帮助大学生自主创业。

1. 政策支持，学校鼓励

近几年，国家实行了创新工程，进行了体制创新和技术创新。教育部门出台了政策和措施，支持和鼓励在校大学生创业，欢迎留学生回国创业。很多高校相继开展大学生创业活动，举办创业计划大赛，这些措施都为大学生投身创业创造了前所未有的有利条件。

2. 思想进步，敢为人先

近年来，随着我国经济发展和社会进步，人们的创新意识和能力得到了彰显。大学生作为新时代的弄潮儿，思想十分活跃，创业热情十分高涨，敢想敢干，敢为人先，大胆创新已成为大学校园里的一道风景线。尤其值得一提的是，目前的大学生创业更加理智、更加务实，创业的途径更加多种多样。

3. 实践训练，奠定基础

很多大学生参加勤工俭学、到高新技术企业实习，在实践中积累了初步经验，为创业奠定了良好的基础。各高校经常举办的创业计划大赛、课外科技发明大赛等为大学生创业活动的开展注入了生机和活力。

（二）大学生创业政策解读

为了帮助大学生更好地创业，国家针对大学生创业推出了很多优惠政策，鼓励和支持大学生自主创业。例如，各地政府部门推出了针对大学生的创业园区、创业教育培训中心等。部分高校开设创业教育课程，设立创业孵化园，为学生创业提供支持。

1）《国务院办公厅转发人力资源和社会保障部等部门关于促进以创业带动就业工作指导意见的通知》对促进以创业带动就业提出明确的指导意见。

2）《国务院办公厅关于加强普通高等学校毕业生就业工作的通知》鼓励和支持高校毕业生自主创业，鼓励高校积极开展创业教育和实践活动。

3）教育部要求：全面加大创业支持力度，大力推动毕业生自主创业。在创业教育、创业实践、创业政策等方面加大工作力度：高校积极整合学校教务、科研、就业、学生工作、学生社团等多部门的优势，为毕业生提供形式多样、内容生动的创业教育；各地教育行政部门和高校积极利用经济技术开发区、高新技术开发区、工业园区和大学科技园区，为毕业生创业实践构建创业孵化基地；各地教育行政部门还将积极争取有关部门在政策、经费、项目等方面为毕业生创业提供更大的支持力度。

4）人力资源和社会保障部要求：积极推动以创业带动就业工作，为劳动者创业创造更好条件，完善支持创业的财税、金融、工商、场地等政策体系，改善创业环境，强化创业培训，提高创业的稳定性。

三、创业要素与创业过程

（一）创业要素

人才、技术、资本与市场是构成创业的核心要素，创业活动的开展必须在四者兼备的情况下进行。

1. 人才

人才对企业的创立和日后的发展都至关重要，是首要的创业要素。发现并利用人才是创业者进行创业的关键环节。

2. 技术

技术是将知识运用到实践中的手段、途径方法或工具。在某种程度上，创业就是要寻找能够满足社会需要的技术，而将之付之应用，不断地满足社会的需要。

对于创业者来说，追求科学技术上的卓越非常困难。因此，应该以市场需要为选择技术的依据，选择在市场中已经显现出应用前景但还没有应用，或在市场上刚刚出现，超前市场半步的技术。具有独特性、创新性、竞争力的技术才能带来高利润，是技术型

创业者的首选。

3. 资本

俗话说“巧妇难为无米之炊”，资本之于创业，就像谷米之于为炊。离开了资本，创业就是空想。一家咨询公司总结了近千家企业创业失败的原因后得出，创业资本匮乏是失败的重要原因。即使有好的技术和创意，一旦资本出现问题，创业就非常艰难。

4. 市场

企业应市场需求而生，没有市场的需求，企业就没有生存的价值。在竞争激烈的市场环境下，创业者如果不能适应、不开拓市场，即便拥有再好的技术或再丰厚的资金，都很有可能夭折。优秀的创业者不仅能适应市场，更能开拓市场、创造市场。创业之前必须明确认定并充分考证市场容量、相同产品间的竞争力、潜在市场生长力和市场的持续发展力。

（二）创业过程

创业过程，一般可分为以下 7 个步骤。

（1）市场调研，选准项目

要想创业成功，事前准备不可缺少，做好市场调研、选准行业是创业的第一步。

创业前的市场调研可以概括分为以下 4 个方面。

1）行业状况：主要研究所关注行业的现状、发展趋势及行业生存条件等方面的内容，需要密切注意新技术在行业的应用，也要关注与本行业相关的行业动向。

2）消费者：主要了解消费者的需求、消费者的消费习惯与态度、消费者的满意度、消费者的媒体接触习惯与方式、消费者的生活形态与价值观、产品概念测试、广告及媒体研究等。

3）竞争对手：主要了解行业内主要竞争品牌的知名度、市场占有率、竞争品牌市场行为（包括主要经营者的变动及其他动向）。竞争不仅来自同行业同类的产品，还来自替代品、新加入的竞争者等多方面的威胁。

4）营销网络信息收集：主要了解营销代理成员的地区、数量、规模、性质、营销能力、信用等级，代理竞争品牌产品情况、合作情况等。营销网络调查需做动态的调查，定期进行更新。

（2）撰写创业企划书

一份企划书既是开办一个新公司的发展计划，也是风险资本评估一个新公司的主要依据。通过企划书，不仅可以让自己清楚地知道计划是否完整周到，同时也是融资、资产评估等方面的主要工具。

企划书的框架一般分为以下几个部分。

1）公司摘要。概括介绍公司的主营产业、产品或服务的独特所在，以及公司的成立地点、时间、所处阶段、竞争优势等基本情况。

2）公司业务描述。介绍公司的宗旨和目标，以及公司的长远发展规划和经营策略。

3）产品或服务。介绍公司产品或服务的用途和优点，提供有关的专利、著作权、鉴定材料等。

4）收入情况。总结公司的收入来源，预测一段时间内的收入增长情况。

5）竞争情况。认真分析现有和潜在的竞争对手，了解自身优势和劣势，研究战胜对手的方法和策略。

6）市场营销。对目标市场及客户分类，并针对每个细分的目标市场，列出相应的营销计划方案，以保持并提高本公司产品或服务的市场占有率。

7）管理团队。对公司管理层的重要人物进行详细介绍，包括他们的职务、工作经验、能力、专长、受教育的程度等；并简要列出本公司所有员工，包括兼职人员的数量，大体进行概况分类。

8）财务预测。介绍公司目前的营业收入、成本费用、现金流量等，预测 5 年之后的财务情况。

9）附录。支持上述信息的材料，如管理层简历、销售手册、产品图纸等。

（3）建立合作团队

企业的创办者不可能万事皆通，他可能精通技术，但对管理、财务和销售可能是外行；他也可能是管理方面的专家，对技术却不太精通。因此，建立一个由各方面的人才组成的合作团队，对创办企业是十分必要的。一个平衡的、有能力的创业团队，应当包括具有管理和技术经验的人才。

（4）筹集资金

创业者在公司正式营运前，需要募集充足的资金。公司在初创期一般很难赚到钱，要做好面对困难的准备。常见的融资方式如图 8-1 所示。

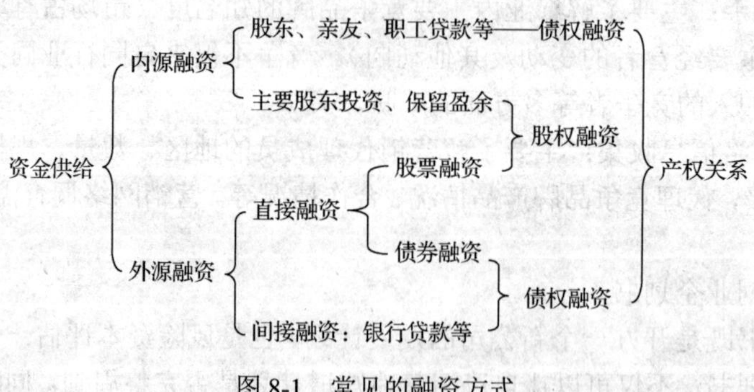

图 8-1　常见的融资方式

（5）选择地址

选择一个合适的经营场地很重要，尤其是以门店为主的零售、餐饮等类型的企业，这往往是成败的关键。

在选择经营场地时，各行业的考虑重点各不相同，其中有两项因素是不容忽略的，即租金给付能力和租约的条件。经营场地租金是固定的运营成本之一，即使不营业也得支出。有些货品流通迅速、空间要求不大的行业，如精品店、时装店、餐厅等，负担得起高房租，可选择高租金区域；而家具店、旧货店等，因为需要较大的空间，最好选择低租金区域。

（6）申请营业证照

公司营业执照由工商行政管理局[①]核发；注册商品商标或服务商标还须向商标局申请办理。

（7）准备生产器具及设备

无论是创办企业还是开店，生产器具和设备都必不可少。以门店为例，从收款机、空调、计算机、刷卡机到桌椅、音响，乃至名片、印章等要一应俱全。

第二节　创业铸就辉煌人生

一、树立创业意识

创业意识是指在创业实践活动中对创业者起动力作用的意识倾向。创业意识是人们从事创业活动的出发点与内驱力，是创业思维和创业行为的前提。创业意识是创业的先导，它构成创业者的创业动力，由创业需要、动机、意志、志愿、抱负、信念、价值观、世界观等组成，是创业者进行创业活动的能动性源泉，激励着创业者以某种方式进行活动，向自己提出的目标前进。

当今社会，随着科学技术的进步和劳动生产效率的提高，就业岗位也会不断减少。鼓励大学生自主创业，既能解决就业难的问题，还能为社会拓展就业渠道，更重要的是能满足大学生自我实现的需要。因此，大学生应强化创业意识，主动适应社会与时代发展的现实需要。

目前，对大学生创业意识的培养主要有以下 4 个方面：一是培养风险意识，这是培养创业意识的关键；二是培养创新意识，这是培养创业意识的核心；三是培养职业规划意识，这是培养创业意识的保障；四是培养大学生吃苦耐劳的意识，这是培养创业意识的前提。

① 现为市场监督管理局。

二、大学生应具备的创业精神

（一）坚定的创业信念

首先，要有创业成功的自信。一个人如果自己都不相信能创业成功，那么他是不可能去争取和追求创业成功的。其次，要有创业的责任感。当代大学生应担当创业重任，上为国家做贡献，下为自己谋出路。最后，要有逆境中永不言败的创业精神。虽然身处逆境，却能拼力抗争，不断追求。这样，才能造就壮丽的创业人生。

（二）积极的创业心态

积极的创业心态能发现潜能、激发潜能、拓展潜能和实现潜能，进而帮助创业者获得事业上的成就和巨大的财富。积极的创业心态有：一要拥有巨大的创业热情；二要清除内心障碍；三要努力克服困难、创造条件，变不可能为可能。

（三）顽强的创业意志

创业意志是指创业者能百折不挠地把创业行动坚持到底，以达到目的的心理品质。创业意志包括创业目的明确、决断果敢、具有恒心和毅力。

（四）鲜明的创业个性

大凡创业成功者，一般具有鲜明独特的个性品质：一是敢于冒风险。创业的价值就在于创造出自己独特的东西，要敢于冒风险，敢于走前人和别人没有走过的路。二是专注。对目标专注，全身心地投入到创业行动之中。三是独立自主。独立自主地解决困难和问题，不受各种外来因素的干扰。

三、大学生创业与职业发展

对于立志创业的人来说，创业规划和职业发展规划在本质上是一致的。创业者在确定自己的创业方向时，创业的目标须与自己的职业发展定位及人生目标相一致。若急功近利地把创业简单地等同于谋业、谋生或谋财，而不考虑长远的职业生涯和人生目标，不把创业真正当作自己的事业，其结果必然是失败的。

知识经济时代，通过知识的生产、交换获取社会财富将成为财富积累的主要方式，新的产业部门将取代传统的产业部门，新的就业方式和财富增长方式也必将出现，随之而来的是社会转型和产业结构调整日益加快，经济成分日趋多样化。在这种形势下，一方面现有行业和能吸纳的就业人口无法满足就业需求，更多的大学毕业生需要自行创业、自谋职业；另一方面，随着职业转换频率不断加快，个人主动或被动转换职业的情况将越来越普遍，很多人在一生中将面临不止一次的职业选择。

这就意味着，时代对创业素质和能力的要求并不限于自主创业者，而是对未来劳动者的共同要求，因为即使就业也会面临原有企业的内部创业及职业转换。因而，当代大学生必须具有从业和创业的双重能力，具备多方位的职业转换能力和自主创业能力，才能适应未来的社会经济环境。这既是社会进步对人的要求，也是人们自身发展的必然趋势。

1999 年，联合国教育、科学及文化组织指出，创业教育，从广义上来说是指培养具有开创性的个人，它对于拿薪水的人同样重要，因为用人机构或个人除了要求受雇者在事业上有所成就之外，也越来越重视受雇者的首创、冒险精神、创业和独立工作能力以及技术、社交、管理等综合的技能。

从这个意义上讲，创业的决策虽然是职业生涯规划的结果，但创业意识的树立、创业素质和能力的培养，则可以作为职业发展规划的第一步。

第三节　创业风险与认识误区

一、大学生创业常见风险

对于一个即将走入社会的大学生来讲，其创业活动所面临的风险很大。原因主要是，大学生在行业经验、管理技能等方面存在短板。因此，创业的大学生必须具有风险意识和一定的抗风险能力。大学生创业的风险主要有以下 7 个方面。

（一）管理风险

失败的创业者，很多是管理方面出了问题，其中包括决策随意、信息不通、理念不清、患得患失、用人不当、忽视创新、急功近利、盲目跟风、意志薄弱等。大学生知识单一、经验不足、资金实力和心理素质明显不足，更会增加在管理上的风险。

（二）资金风险

资金风险在创业初期会一直伴随着创业者。是否有足够的资金创办企业是创业者面临的第一个问题。企业创办起来后，就必须考虑是否有足够的资金支持企业的日常运作。对于初创企业来说，如果连续几个月入不敷出或者企业的现金流中断，都会给企业带来极大的威胁。相当多的企业会在创办初期因资金紧缺而严重影响业务的拓展，甚至错失商机。

（三）竞争风险

寻找蓝海[①]是创业的良好开端，但并非所有的新创企业都能找到蓝海。更何况，蓝海也只是暂时的，所以，竞争是必然的。如何应对竞争是每个企业都要随时考虑的事，

① 蓝海指未知的市场空间。

对于新创企业更是如此。如果创业者选择的是一个竞争非常激烈的领域，那么在创业之初极有可能受到同行的强烈排挤。一些大企业为了把小企业吞并或挤垮，常会采用低价销售的手段。对于大企业来说，由于规模效益或实力雄厚，短时间的降价并不会对它造成致命的伤害，对初创企业来说则可能意味着彻底毁灭。因此，如何应对来自同行的残酷竞争是创业企业生存的必要准备。

（四）团队风险

现代企业越来越重视团队的力量。创业企业在初创或成长过程中最主要的力量来源一般都是创业团队，一个优秀的创业团队能使创业企业迅速发展起来。但同时，风险也就蕴含其中，团队的力量越大，产生的风险也就越大。一旦创业团队的核心成员在某些问题上产生分歧，极有可能对企业造成强烈的冲击。

（五）缺乏核心竞争力的风险

对于具有长远发展目标的创业者来说，他们的目标是不断发展壮大企业，因此，企业是否具有自己的核心竞争力就是主要的风险。一个依赖他人的产品或市场的企业是不会成长为优秀企业的。核心竞争力在创业之初可能不是重要的问题，但要谋求长远的发展，就是最不可忽视的问题。没有核心竞争力的企业终究会被淘汰。

（六）人力资源流失风险

一些研发、生产或经营性企业需要面向市场，大量的高素质专业人才或业务队伍是这类企业成长的基础。如何防止专业人才及业务骨干流失，是创业者应时刻注意的问题。在那些依靠某种技术或专利创业的企业中，拥有或掌握关键技术的业务骨干的流失是创业的主要风险。

（七）创业意识风险

意识上的风险是创业团队最内在的风险。这种风险来自无形，却有着强大的毁灭力。

二、大学生创业认识误区

（1）什么赚钱做什么

做企业像做人一样，时时刻刻都会面临各种利益的诱惑。千万不要过分贪心，只看到眼前利益而忽略自身的情况和其背后所要付出的代价，否则很可能抓到的不是“馅饼”而是“陷阱”。

（2）自己的事自己做

自己擅长的事自己做，自己不擅长的事应该交给擅长的人去做，这样才能组成优势互补的创业团队，降低成本，减少风险，资本运营效率自然会高得多。

（3）小马拉大车

做事情要眼光长远，但不能好高骛远。创业者往往最易犯这个错误。创业者最好从某个细分市场切入，或者利用技术的先进性为大公司做外包，获得收入以支持自己的快速成长。

（4）心急想吃热豆腐

很多创业者恨不得三五天就发财，因而在处理问题时容易考虑不够周全或者在做出决策时对风险评估不足，结果可想而知。

（5）技术优势=创业成功

大学生创业时很可能拥有技术优势，有的甚至拥有专利，但是创业是一种商业行为，技术的先进性不等于成熟性。技术型创业有投入周期，技术转变为产品，再成为盈利产品，是需要时间的。在技术创业之前，必须有周密的市场调研和论证，以及对商业和管理知识的学习与运用。

（6）复制成功的商业模式就一定成功

有的人在选择项目时，看到此类项目在国外或其他省份有运行成功的商业模式便原版复制过来，忽略了本地具体的创业条件和市场发育状况。但在国外成功并不意味着国内也能取得成功，别人成功也并不意味着自己也能成功。

（7）创业大赛成功=创业成功

各类创业大赛层出不穷，为大学生了解创业、尝试创业提供了很好的渠道，但是创业大赛不同于真正的创业，仍然只是纸上谈兵。真实的创业过程中，最终的评委是客户。在时机成熟之前，不妨先到行业领先公司或其他创业型公司中历练，培养自己的综合素质和对市场和商业的理解力。

（8）好朋友=好团队

好友共同创业成功的案例不少，但并不意味着只要是朋友就一定成为创业的好伙伴。价值观一致、能力和经验互补、明确的决策模式是好团队的必要条件。技术型创业要特别注意吸收理解技术而擅长商业运作的团队伙伴，而且应当在实际的合作中磨合以达到默契。

（9）拿到投资=创业成功

第一笔投资对于创业团队来说无疑是一剂强心针。获得投资，意味着投资人对项目和团队的认可，但是创业团队更应该关注第一笔投资如何发挥其最大的效益，否则项目很有可能草草收场。

三、创业风险控制

（一）风险回避

创业企业在既不能有效降低风险发生的概率，又无法降低风险损失，更无法直接承担该风险时，则应采取回避的策略主动放弃、中止或者调整创业方案，如将经营方向从高科技领域转向常规技术领域，或采取迂回的策略等。

（二）风险预防

风险预防指的是事先采取相应的措施以预防和阻止风险损失的发生，防患于未然。例如，重视信息收集，减少信息不对称性；实行民主化决策；等等。

（三）风险转移

风险转移是指创业企业将自己不能承担的或不愿承担的，以及超过自身财务能力的风险损失或损失的经济补偿责任以某种方式转移给其他单位或个人。它可以通过如下 3 种途径实现转移：一是以合同的形式向其他主体转移，如业务外包和工程承包等；二是以投保的形式把风险全部或部分转移给保险公司；三是利用各种风险交易工具转嫁风险，如利用外汇期货、期权或利率期货及期权工具转嫁汇率风险和利率风险等金融风险。

（四）风险分散

创业主体通过多元化经营，使风险在不同经营活动中分散化。主要策略如下：一是多项目投资，这是风险分散通常采用的方法；二是产品多样化；三是策略组合，即同时采取多种创业策略，如联合投资、合资合营和兼并扩张等。

（五）风险利用

在风险已经出现、风险损失已经发生的情况下，积极采取措施，抑制风险的进一步扩大，变被动为主动；或者当风险后果较严重时，尽量通过各种手段减少风险所造成的损失。

◈ 实践拓展

寻找创业风云人物

对佩服的偶像进行分析，总结其个人有哪些比较突出的方面，并用事实或数据加以佐证。与小组同学互相分享，看看他们的反应与反馈是怎样的。与此同时，深入思考其他同学分享的案例并表达自己的看法，仔细思考给自己带来的启发有哪些。

结合自身实际，思考要成功创业，自己还需要做哪些努力？然后，有针对性地制订一份属于自己的创业能力提升计划。

专家视角

做出理性的创业决策

创业前，大学生要对自己的情况进行评估，认识自己的优势和不足。如果做好充分的准备，可以通过以下几个问题来判断自己是否可以进行创业。

1．是否适合创业

创业者在如何扩展业务、如何定位市场、财务管理和管理员工及其他方面，经常需要做出决策，而这些决策都是在压力环境下迅速、独立进行的。创业需要热情与理念，更需要能力。因此，创业者需要经常自问以下几个问题：自己的策划和组织能力如何？自己的团队组建和管理能力如何？自己的决策和综合管理能力如何？自己的创业风险（资金风险、竞争风险、团队分歧风险、缺乏核心竞争力风险等）规避能力如何？

2．能否长时间保持创业激情

经营企业有时会耗尽自己的意志。因为在很长一段时间内，企业没有发展，团队成员或员工发生冲突，不被理解、不受支持的现象会经常发生，这将使创业者感到沮丧和孤独，创业者如何应对？是否能承受？创业者有强烈的创业激情和坚强的意志，使他们能够成功，帮助他们在逆境中生存。创业者需要思考选择创业的原因，确认这些原因是使创业者在遇到困境时坚持下去的动力。

3．身体和精神状态是否适合创业

创业过程充满了挑战，意味着长期而艰苦的工作。同时，创业意味着创业者需要更努力、更认真地工作，并且会失去很多休息时间。身体健康是承受创业高强度体力和精神压力的基础。创业者自己的身体健康状况是否允许自己从事这样高强度的工作？在创业过程中，有时会令人非常愉悦，有时会很沮丧，自己是否有这样的心理准备？

4．家庭是否支持自己创业

一个和谐、稳定的家庭是事业成功的基础。企业初创时对家庭生活的影响是巨大的，对创业者来说，创业能否成功，家庭支持同样重要。

5．是否准备好承受创业初期的风险

创业总是伴随着风险。在确定创业目标之后，创业者面临几个重要问题：创业的风险是什么？创业最糟糕的结果是什么？自己能否接受最糟糕的结果？困境时能否实现逆转？

专家视角 8

第九章　明晰企业创办常识

本章导图

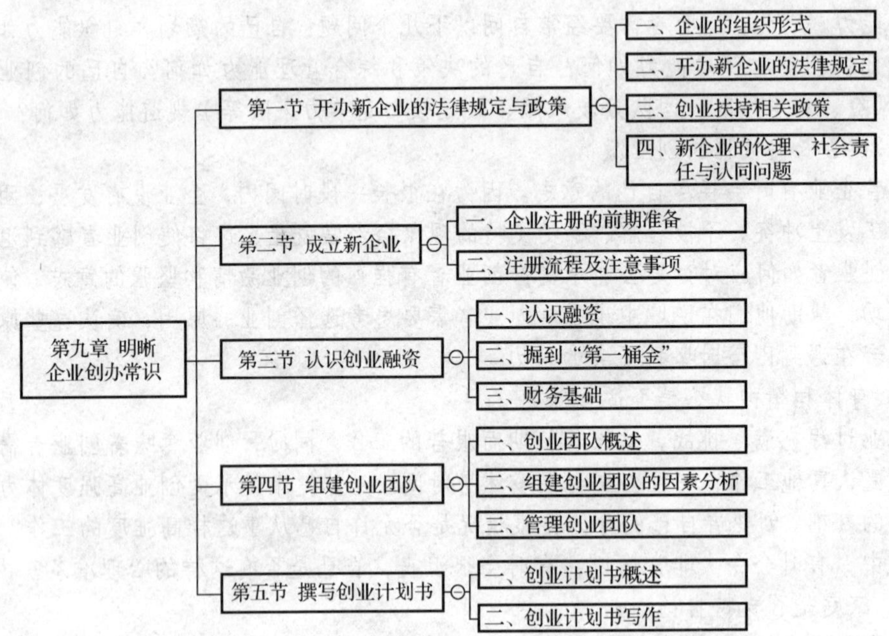

导入活动

学会沟通和团队协作

活动过程如下。

1）小组成员到一个空场地围成一个圆圈站好。

2）指导老师宣布：开始 1 分钟的小组沟通（不能透露任何任务信息）。

3）沟通结束后，提醒戴眼镜的成员可摘下眼镜，然后给每位成员分发眼罩。

4）要求每位成员戴上眼罩，原地转 2 圈。

5）指导老师分别给小组成员发放号码牌（事先准备好），并让成员确认自己的号码，然后检查眼罩佩戴情况，防止作弊。

6）宣布任务：请小组成员在 3 分钟时间内，按号码牌的大小依次排成一队，在排队过程中不允许发出任何声音。

7）其他学员观察排队结果。

8）换另一个小组，重复以上步骤，对比两组的过程和结果。

9）参与活动者与观察者代表做总结发言。

第一节　开办新企业的法律规定与政策

一、企业的组织形式

在创立企业的时候，创业者必须解决的一个重要问题是，企业应选择什么样的法律组织形式。这个决策主要取决于创业者和公司投资者的目标，并考虑纳税地位、承担的法律责任及在企业经营和融资活动中的灵活性。

新创企业可以选择不同组织形式，但无论选择怎样的形式，都必须根据国家法律法规要求和新创企业的实际，科学衡量各种组织形式的利弊，选择合适的组织形式。

（一）不同形式企业中创业者的权利与义务比较

个人独资企业、合伙企业和有限责任公司的创业者的权利与义务对比，如表 9-1 所示。

表 9-1　不同形式企业中创业者的权利与义务对比

企业组织形式	权利	义务
个人独资企业	所有权属于投资者个人，投资者对该企业拥有绝对的管理、处分和收益权	债务承担无限连带责任：当企业的财产不够偿还企业债务时，所有者必须以个人的其他财产承担偿还债务的责任
合伙企业	亲自或选举代表管理企业事务的权利、决定企业重大事务的权利、了解企业财务和经营状况的权利、对企业事务提出异议的权利、分配企业利润的权利、退出合伙企业的权利	合伙人不得自营或者同他人合作经营与本合伙企业相竞争的业务；各合伙人承担连带责任的清偿比例应当按照合伙协定对利润和损失的分配比例来计算
有限责任公司	股东有权查阅股东大会的会议记录和公司财务会计报告。股东按照出资比例分取红利。公司新增资本时，股东可以优先认缴出资，但股东在公司登记后，不得抽回出资，股东之间可以相互转让其全部出资或者部分出资。股东向股东以外的人转让其出资时，必须经全体股东的半数以上同意；不同意转让的股东应当购买该转让的出资，如果不购买该转让的出资，视为同意转让。经股东同意转让的出资，在同等条件下，其他股东对该出资有优先购买权	公司股东只就其出资额为限对公司承担责任

（二）不同法律形式企业的利弊比较分析

不同的企业制度不仅在法律形式与规定上有着较大差别，而且其适用程度随创业者选择的新企业的法律制度的不同而有很大的变化。因此，有必要对创业者所选择的各种法律形式进行利弊比较分析。

1. 从新企业启动成本方面进行比较分析

对于创业者而言，启动成本无疑是他们创建企业的第一道屏障。越复杂的组织，创办成本越高。相较来讲，费用最少的是个人独资企业，只需花费注册企业或商品名的费用。在合伙企业中，除注册外还要订立合伙协议，这就涉及专业中介机构的咨询成本及谈判成本。有限责任公司和股份有限公司相对来讲比较“昂贵”，因为其在成立前需要履行一系列法律所规定的程序，这就不可避免地会产生相关费用。

2. 从新企业的稳定性方面进行比较分析

无论创业者、投资者还是消费者，企业能否长久的存续、稳定的发展都是他们最关心的问题之一。个人独资企业完全基于创业者个人能力、资金等因素而建立起来，如果创业者个人情况发生改变，企业就会发生动摇。在合伙企业中，合伙人之间的信任是建立合伙企业的基础，合伙人之一的死亡、退出或信赖基础的丧失都可能导致合伙企业结束。《中华人民共和国合伙企业法》（以下简称《合伙企业法》）对入伙和退伙作了具体的规定，退伙包括正常退伙、当然退伙和强制退伙。有限责任公司与股份有限公司在各种企业形式中拥有最好的稳定性，由于董事会在公司治理中起到了十分重要的督导作用，股东的死亡或退出对企业的连续性基本上无太大影响。

3. 从权益的可转让性方面进行比较分析

所有者对于企业的权益是否容易转让决定着所有者财产的流动程度。当利润一定时，创业者会努力持有流动性高的资产，反之亦然。在个人独资企业中，创业者有权随时出售或转让企业的任何资产。在合伙企业中，除非合伙协议允许或其他合伙人同意，合伙人一般不能出售企业的任何权益。在有限责任公司与股份有限公司中，股东在出售企业的权益方面有很大的自由，特别是股份有限公司，股东可以在任何时间不经其他股东同意就转让自己的股份。当然，由于股权分置等历史原因，《中华人民共和国公司法》（以下简称《公司法》）对股份有限公司的股份转让规定了某些限制，如发起人持有的本公司股份，自公司成立之日起一年内不得转让。

4. 从获得增加资金的方面比较分析

一般而言，新创企业获得增加资金的机会和能力依据企业形式的不同而有很大的区别。对个人独资企业而言，增加资金只能来自贷款和创业者个人的追加投资。合伙企业可以从银行借贷，也可以要求每个合伙人追加投资或者吸收新的合伙人。在有限责任公司与股份有限公司中，则有很多途径可以增加资金，比企业的其他法律形式有更多的选择渠道。股份有限公司可以发行股票、发行债券、发行可转债或者直接向银行贷款。

5. 从管理控制方面比较分析

在许多新创企业中，创业者希望尽可能多地保留对公司的控制权。每种企业形式都给管理控制和决策责任带来不同的机会和问题。在个人独资企业中，创业者有最大的控制权，可以灵活制定企业决策。在合伙企业中，一般由合伙人根据合伙协议协商解决日常及关键性问题。有限责任公司与股份有限公司的日常业务控制权由职业经理掌握，但大股东有权投票决定公司较重要的长期决策，按照公司制的设计要求，管理权和控制权进行了适当的分离。

6. 从利润与损失的分配方面比较分析

毋庸置疑，利润最大化和损失最小化是创业者的目标，利润与损失分配问题也是创业者选择企业法律形式时需要着重考虑的问题。个人独资企业的业主取得企业经营中的所有利润，同时他们要为经营中的所有损失承担无限责任；在合伙企业中，利润与损失的分配取决于合伙人出资的份额或合伙协议。有限责任公司与股份有限公司一般严格按照股东的出资比例分配利润和承担损失。

7. 从筹资吸引力方面比较分析

由于个人独资企业和合伙企业中创业者对企业的债务承担无限责任，因此任何债务性融资对他们来讲都是一件需要慎重考虑的决策。相比而言，股份有限公司和有限责任公司中创业者仅对企业的债务承担有限责任，因此，无论是债务性融资还是权益性融资都对公司的吸引力要强许多。当然，公司实力越优越，筹资就越容易。

二、开办新企业的法律规定

企业必须在法律法规允许的范围内合法运营，以保证企业的长久发展。本小节将与创业相关的法律进行简单梳理，让创业者对比有个初步了解，涉及相关法律时可再详细查阅或咨询法律顾问。

（一）企业设立的相关法律

企业设立的相关法律主要有《公司法》《合伙企业法》《中华人民共和国个人独资企业法》《中华人民共和国公司登记管理条例》《中华人民共和国企业破产法》等。这些法律法规包括企业创办的条件、企业组织要求和相关法律关系的规范等方面，规范的是企业设立期间的商业行为活动。

（二）劳动关系的相关法律

与劳动关系相关的法律主要包括《中华人民共和国劳动合同法》（以下简称《劳动合同法》）、《中华人民共和国就业促进法》（以下简称《就业促进法》）、《中华人民共和国社会保险法》、《工伤保险条例》、《最低工资规定》等。这些法律法规规范的是劳动关系，在企业人员聘用与管理等方面需要注意遵守和合理利用。

（三）知识产权的相关法律

与知识产权相关的法律主要有《中华人民共和国专利法》《中华人民共和国商标法》《信息网络传播权保护条例》《计算机软件保护条例》等。知识产权对企业经营与发展有着重要影响，熟悉这些法律法规，一方面可有效保护自身的知识产权权益，另一方面可有效避免侵犯他人相关权益，以免给企业经营造成不必要的麻烦。

（四）商业活动的相关法律

有关市场交易等商业活动的法律主要有《中华人民共和国合同法》（以下简称《合同法》）、《中华人民共和国担保法》、《中华人民共和国产品质量法》、《中华人民共和国反不正当竞争法》、《中华人民共和国反垄断法》、《中华人民共和国广告法》、《中华人民共和国消费者权益保护法》等。这类法律法规主要规范与调整了经营者之间、经营者与消费者之间的法律关系。了解这些法律，可有效规避企业经营过程中的法律风险，保障各方之间的权益，促进商业活动的顺利开展。

（五）政府宏观调控的相关法律

为保证经济平稳运行和社会和谐发展，政府在宏观上通过相关法律法规进行规范与调控。这类法律法规主要有《中华人民共和国环境保护法》《中华人民共和国对外贸易法》及税法、金融法和投资法等。这类法律主要调整政府与经营者之间的关系，是政府规范与调整经营者行为的相关法律要求与规范。

（六）纠纷诉讼的相关法律

解决纠纷的法律主要有《中华人民共和国民事诉讼法》、《中华人民共和国刑事诉讼

法》、《中华人民共和国行政诉讼法》、《中华人民共和国仲裁法》、《中华人民共和国劳动争议调解仲裁法》（以下简称《劳动争议调解仲裁法》）等。熟悉这些法律法规，有助于在遇到纠纷时，利用法律武器保护自身合法权益。

三、创业扶持相关政策

近年来，国家大力倡导创新创业，各级政府出台了一系列相应的创业扶持政策，特别是针对大学生的创业扶持政策。从放宽市场准入条件、享受资金扶持政策、实行税收减免优惠、提供培训指导服务等方面对大学生创业给予了指导意见。例如，各省、各地区均专门成立大学生创业扶持基金。

（一）国家有关创业扶持政策概述

1. 创业担保贴息贷款政策

（1）贷款对象及条件

处于自主创业状态，在法定劳动年龄内，且不在机关企事业单位上班的下列人员：

1）持《就业失业登记证》或《就业创业证》的自主创业人员（包括就业困难人员、复员转业退役军人、刑满释放人员等）。

2）持有毕业证书，5 年内毕业的高校毕业生（含到村任职的大学生和留学回国学生）。

3）持有《返乡创业农民工证明》的农民工。

4）符合上述 1）～3）的人员合伙创办企业，持有《合伙企业营业执照》或在工商部门备案的合伙协议，合伙成员可分别申请。

5）申请人及其家庭成员（以户为单位）除助学贷款、扶贫贷款、首套住房贷款、购车贷款以外，自提交创业担保贷款申请之日起向前追溯 5 年内，没有商业银行其他贷款记录（商业银行贷款记录包括创业担保贷款）的，可申请国家扶持的贴息贷款。

（2）反担保方式

一是行政机关或财政全供事业单位在编人员；

二是财政差供、自收自支事业单位在编人员。

（3）额度和期限

1）个人创业担保贷款最高额度不超过 10 万元。

2）合伙创业贷款最高总额度不超过 50 万元，人均贷款额度不超过 10 万元。

3）贷款期限可自行选择，最高不超过 3 年，第一年全额贴息，第二年贴息 2/3，第三年贴息 1/3。

2. 初始创业（开业）补贴

为进一步鼓励大学生和困难人员自主创业，对初始创业的大中专学生、就业困难人员和建档立卡贫困人员，进行工商登记，正常经营 3 个月以上的，给予 5000 元的一次性开业补贴。

1）补贴对象：初始创业的大中专学生（含毕业 5 年内的普通高校、职业学校、技工院校毕业生，毕业 5 年内留学回国人员）、困难就业人员和建档立卡的贫困人员。

2）补贴标准：一次性补贴 5000 元。

3）申报条件：申报人为创业企业的实际控制人或法定代表人，取得工商登记 3 个月以上，有固定的经营场所，吸纳就业 3 人（含）以上，在本年度内进行申报。

4）申报资料：①身份证和户口本原件及复印件；②毕业证、困难就业人员证明或建档立卡贫困人员证明；③《就业创业证》及复印件；④企业法人或个体工商户的营业执照副本及复印件；⑤员工花名册、工资支付凭证等。

（二）浙江省主要创业政策清单

1. 高校毕业生求职创业补贴

毕业年度高校毕业生中的低保家庭、孤儿、残疾人、获得国家助学贷款、建档立卡贫困家庭和贫困残疾人家庭成员，可享受 3000 元求职创业补贴。

政策依据：《浙江省人民政府关于做好当前和今后一段时期就业创业工作的实施意见》（浙政发〔2017〕41 号）、《中共浙江省委办公厅浙江省人民政府办公厅印发〈关于进一步引导和鼓励高校毕业生到基层工作的实施意见〉的通知》（浙委办发〔2017〕46 号）。

2. 一次性创业社保补贴

重点人群（在校大学生和毕业 5 年以内的高校毕业生、登记失业半年以上人员、就业困难人员、持证残疾人、自主择业军转干部和自主就业退役士兵，下同）初次创办个体工商户或企业，正常经营并依法缴纳社会保险费 1 年以上的，给予不超过 5000 元的一次性创业社保补贴。

政策依据：《浙江省人民政府关于支持大众创业促进就业的意见》（浙政发〔2015〕21 号）、《浙江省人民政府关于做好当前和今后一段时期就业创业工作的实施意见》（浙政发〔2017〕41 号）。

3. 一次性创业补贴

重点人群初次创业的，经认定可给予一次性创业补贴。其中，在校大学生和毕业 5 年以内的高校毕业生初次创办养老、家政服务和现代农业企业，并担任法定代表人或主要负责人的，给予企业连续 3 年的创业补贴，补贴标准为第一年 5 万元、第二年 3 万元、第三年 2 万元。

政策依据：《中共浙江省委办公厅浙江省人民政府办公厅印发〈关于进一步引导和

鼓励高校毕业生到基层工作的实施意见〉的通知》(浙委办发〔2017〕46 号)、《浙江省人民政府关于做好当前和今后一段时期就业创业工作的实施意见》(浙政发〔2017〕41 号)。

4. 创业带动就业补贴

重点人群初次创办个体工商户或企业带动 3 人以上就业的，给予不超过 3 年每年总额不超过 2 万元的创业带动就业补贴。

政策依据：《浙江省人民政府关于支持大众创业促进就业的意见》(浙政发〔2015〕21 号)、《浙江省人民政府关于做好当前和今后一段时期就业创业工作的实施意见》(浙政发〔2017〕41 号)。

5. 个人创业担保贷款及贴息

在校大学生、城乡劳动者初次创业的，可申请不超过 50 万元的创业担保贷款。其中，重点人群可享受全额贴息，其他人员可享受 50%贴息。

政策依据：《浙江省人民政府关于支持大众创业促进就业的意见》(浙政发〔2015〕21 号)、《浙江省人民政府关于做好当前和今后一段时期就业创业工作的实施意见》(浙政发〔2017〕41 号)、《浙江省人民政府关于做好当前和今后一个时期促进就业工作的实施意见》(浙政发〔2018〕50 号)、《中国人民银行杭州中心支行、浙江省人力资源和社会保障厅、浙江省财政厅关于印发〈浙江省创业担保贷款实施办法(试行)〉的通知》(杭银发〔2016〕6 号)。

6. 企业吸纳就业创业担保贷款及贴息

小微企业招用重点人群达到企业现有在职职工总数 20%以上(超过 100 人的企业达到 10%以上)，与之签订 1 年以上劳动合同并依法缴纳社会保险费的，可按每人不超过 20 万元的标准发放创业担保贷款，贷款总额不超过 300 万元，并按规定给予贴息。

政策依据：《浙江省人民政府关于支持大众创业促进就业的意见》(浙政发〔2015〕21 号)、《浙江省人民政府关于做好当前和今后一段时期就业创业工作的实施意见》(浙政发〔2017〕41 号)、《中国人民银行杭州中心支行、浙江省人力资源和社会保障厅、浙江省财政厅关于印发〈浙江省创业担保贷款实施办法(试行)〉的通知》(杭银发〔2016〕6 号)。

四、新企业的伦理、社会责任与认同问题

树立企业伦理的观念，体现了企业经营活动中以人为本和主动承担社会责任的理念。创业企业在创立初期及今后的创业过程中都要重视企业伦理建设，这对创业企业持续发展有着重要意义。

（一）企业伦理概念

所谓企业伦理，是企业在处理企业内部员工之间、企业与顾客、企业与其他利益相关者之间、企业与社会之间等关系的行为规范的总和。企业伦理观念是美国于 20 世纪 70 年代提出的。我国对企业伦理的认识与研究尚处于起步阶段。有人认为，企业是以盈利为主要目标的，伦理则是企业追求的道德规范，企业的经营目标与企业社会责任没有必然联系，甚至是水火不相容的。其实这不过是表面现象，追求利润为唯一目标的思维方式是落后的。当前，如果企业只追求利润而不考虑企业伦理，则企业的经营活动会越来越为社会所不容，最终必定被时代淘汰。

（二）企业伦理范围和要求

1）企业与股东之间：企业最根本的任务是追求利润，企业必须积极经营、谋求更多的利润，借以给股东创造更多的权益。

2）企业团队成员之间：清楚严格地划分企业的经营权和所有权，明确责、权、利，让企业经理人能顺利履行职责，充分发挥应有的作用，确保企业高效运营。

3）企业与员工之间：劳资双方要互相信任，劳资双方要拥有和谐关系，加强职业训练，提升员工素质。

4）企业与客户之间：满足顾客需求是企业生存的基础，是企业存在的重要价值。企业满足顾客的需求，追求客户价值最大化，同时实现企业自身价值。

5）企业与同业之间：不恶性竞争、不散播不实谣言、不恶意挖墙脚、不窃取商业机密等。

6）企业与社会之间：一是主动承担社会责任、为社会多做贡献；二是谋求企业发展与环境保护之间的平衡；三是重视社会公益，提升企业形象。

7）企业与政府之间：企业不但要遵守政府相关法规，还要贯彻落实政府的相关政策。

（三）讲伦理是企业赖以生存的基石

在竞争激烈的市场经济社会，利润关系到每一个企业的命运。因此，有的经营者为了追求利润，不把经营事业着眼于持续发展，而过分关注眼前利益，为了实现利润的最大化不惜采取各种非法途径，如假冒仿制、商业贿赂、行业垄断、欺诈行骗等不正当竞争行为。这些行为扰乱了市场秩序，最终也毁灭了企业自身。

无视伦理准则，违反法律法规，不讲职业道德的不正当竞争，不仅损害了诚实经营者和广大消费者的权益，企业本身也失去了公众的信任。从这个意义来讲，不正当的市场竞争永远没有赢家。从 20 世纪 70 年代起，美国、西欧各国的一些优秀企业，就已经在组织内部建立起严格的伦理制度和监管制度，企业不再认为企业之间的竞争是赤裸裸

的斗争。这些认识，促使企业改变旧有的经营观念，把企业定位在追求利润与推动良性的社会变迁上，追求企业的长久生存。

（四）企业要获得社会认同

企业完成登记注册，并不意味就得到了社会认同。

成功的企业，应该是一个合乎高标准伦理的企业。当年，张瑞敏抡起铁锤砸掉了 76 台冰箱，在家电行业里以“挥大锤的企业家”著称，也正是这把大锤，为海尔走向世界奠定基础。如今，“精细化，零缺陷”变成海尔全体员工的心愿和行动，那把大锤依然摆在展厅里，让每一位新员工参观时都能记住它。

创业企业要想获得持久的发展，得到社会认同，其追求的经济目标应该包含伦理道德的要求，应该是经济目标与伦理目标的统一。实践证明，企业经济目标和伦理目标相辅相成，只有同时并举，创业企业才能真正兴旺发达。

创业企业可以从以下 4 个方面入手，推动企业伦理建设：一是确立伦理目标；二是制定并执行企业伦理守则；三是加强员工企业伦理教育；四是由团队成员开始推动伦理建设。

目前，我国企业处于公平开放的国际化竞争中，这更要求企业以诚信为本，在创造经济效益的同时，将企业伦理作为创业企业发展的一个重要组成部分，在企业组织内建立一套行之有效的伦理监督机制，肩负起应尽的社会责任，共创和谐社会，实现企业的可持续发展。只有这样，创业企业才能获得社会认同。

第二节　成立新企业

一、企业注册的前期准备

创业者注册新企业之前，需要做好以下几个方面的准备。

（一）确定公司的股东（投资人）

股东是公司的出资人，即投资者，注册公司前首先要确定股东。有权代表国家投资的政府部门或机构、企业法人、具有法人资格的事业单位和社会团体、自然人都可以成为公司的股东。

根据现行法律、法规及相关规定，以下组织或个人不能成为企业的投资人（股东）。

1）各级党政机关（含政法机关）、军队和武警部队。

2）各级党政机关及所属事业单位，除非其属于新闻、出版、科研、设计、医药、院校、图书馆、博物馆、公园、影剧院和演出团体类性质的，或各区县所设乡镇集体资产运营中心可以成为企业投资者。国务院各委办所属机关后勤服务中心可作为本系统提供相关后勤服务类企业的投资者，但其所办企业不得再投资兴办企业。

3）党政机关（含政法机关）主办的社会团体，除非符合以下情形才可以作为企业投资者：市或区县社团管理部门登记的社会团体，经市民政局出具非党政机关主办证明的；国务院社团管理部门登记的社会团体，设立时出资人为会员的。不能提供社会团体设立时出资人性质材料的，该社团章程中明确规定资金来源包含会员提供的，可以作为企业投资者。

4）合伙企业、个人独资企业不能成为一人有限公司股东。

5）自然人在全国范围内只能投资设立一个一人有限公司。

6）法律法规禁止从事营利性活动的人（如公务员、现役军人等）。

7）律师事务所。

8）法律、行政法规规定的其他情形。

（二）确定公司的名称

申请企业名称预先核准（即核名），是办理企业登记注册的第一步。提交核名前，创业者需要按照法律法规对企业名称的相关规定，预先取好 3～5 个企业名称待审核。在提交名称时，需要确定好优先级顺序。

给企业起名时，要注意企业只能使用一个名称，在登记主管机关辖区内不得与已登记注册的同行业企业名称相同或近似。企业名称一般由 4 个部分构成：行政区划（也可以不使用）+字号+行业（经营特点）+组织形式。其中，行政区划一般放在名称最前面，也可以放在名称中间，但应加上括号，如中青创想教育科技（北京）有限责任公司；字号，一般应当由两个以上汉字组成，行政区划不得用作字号，但县以上行政区划地名具有其他含义的除外，可以使用投资人的姓名作字号；行业，是指所要从事的主要经营项目，如以经营服装为主的，可表述为“商业”“服装”“贸易”等，以技术开发为主的，可表述为“科技”“技术”“科技开发”等；组织形式，是企业组织结构或责任形式的体现，公司制企业一般应表述为“有限（责任）公司”“股份（有限）公司”。

注册企业名称的规定如下。

1）企业名称不得含有下列内容和文字：有损于国家、社会公共利益的；可能对公众造成欺骗或者误解的；外国国家（地区）名称、国际组织名称；政党名称、党政军机关名称、群众组织名称、社会团体名称及部队番号；其他法律、行政法规规定禁止的。

2）企业名称应当使用符合国家规范的汉字，不得使用外国文字、汉语拼音字母、阿拉伯数字。

3）在名称中间使用“国际”字样的，“国际”不能作字号或经营特点，只能作为经营特点的修饰语，并应符合行业用语的习惯，如国际贸易、国际货运代理等。

4）使用自然人姓名作字号的，该自然人应是企业的投资人或股东。需要注意的是，所用投资人姓名与党和国家领导人或老一辈革命家的姓名相同的，不得使用。

5）以商标作字号应提交商标所有权人出具的同意函，以及国家有关部门对该商标的认定证明。

6）企业名称有下列情形之一的，不予核准：①与同一工商行政管理机关核准或者登记注册的同行业企业名称字号相同，有投资关系的除外；②与其他企业变更名称未满1年的原名称相同；③与注销登记或者被吊销营业执照未满3年的企业名称相同；④其他违反法律、行政法规的。

企业名称需译成外文使用的，由企业依据文字翻译原则自行翻译使用，无须报工商行政管理机关核准登记。

现在一般只需到所在地的工商局网站直接办理“企业名称预先核准”。具体流程见图9-1所示（以北京为例）。

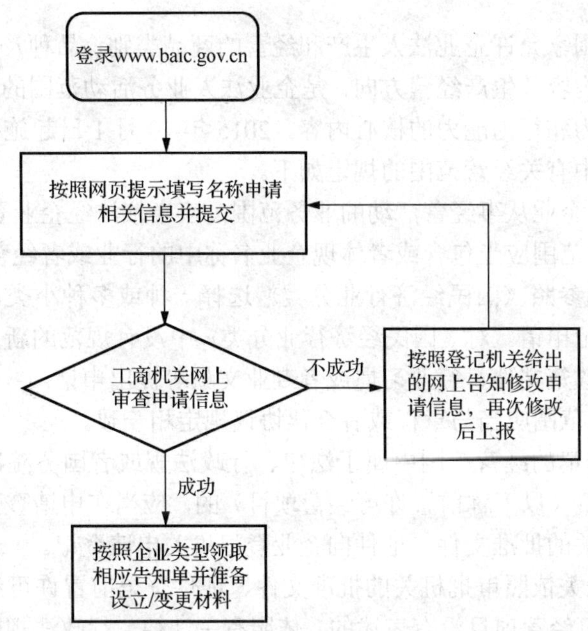

图9-1　网上申请“企业名称预先核准”流程

为简化名称登记手续，工商局在该环节无须提交投资人资格证明文件，也不对投资人的资格进行审查，为避免因投资人资格不符合规定而产生的后期调整，应认真阅读《投资办照通用指南及风险提示》的相关内容。

（三）确定公司的地址

创业者企业注册与经营地址的选择包括两个方面：一是选择地区，指不同地理区域或城市；二是选择具体地址。影响地区选择的因素主要有政治、经济、技术、社会和自然5个因素。影响具体地址选择的因素主要有交通、资源、消费群体、社区环境和商业环境等。

一般来说，生产性质的创业企业选址要考虑生产条件，如原材料的供应地距离与价格，交通运输是否便利，是否具备生产水电与环保条件，有无优惠政策等；商业性质的创业企业选址应考虑客流量、租金、人群消费能力等；服务性质的创业企业选址要根据具体的经营对象灵活选址，但对客流量要求较高；知识技术的创业企业，如网络技术、电子科技、媒体制作和广告等，可考虑在行业聚集区或成熟商务区以及相应产业园区选址。

确定公司注册地址后，按规定需要准备注册经营地的相关产权证明或租赁合同。

（四）预定公司的经营范围

经营范围是指国家允许企业法人生产和经营的商品类别、品种及服务项目，反映企业法人业务活动的内容和生产经营方向，是企业法人业务活动范围的法律界限，体现企业法人民事权利能力和行为能力的核心内容。2015年10月1日起施行的《企业经营范围登记管理规定》中有关经营范围的规定如下。

1）经营范围是企业从事经营活动的业务范围，应当依法经企业登记机关登记。

2）企业的经营范围应当包含或者体现企业名称中的行业或者经营特征。

3）申请人应当参照《国民经济行业分类》选择一种或多种小类、中类或者大类自主提出经营范围登记申请。对《国民经济行业分类》中没有规范的新兴行业或者具体经营项目，可以参照政策文件、行业习惯或者专业文献等提出申请。

4）企业的经营范围应当与章程或者合伙协议规定相一致。

5）企业申请登记的经营范围中属于法律、行政法规或者国务院决定规定在登记前须经批准的经营项目（以下称前置许可经营项目）的，应当在申请登记前报经有关部门批准后，凭审批机关的批准文件、证件向企业登记机关申请登记。

6）企业登记机关依照审批机关的批准文件、证件登记前置许可经营项目。批准文件、证件对前置许可经营项目没有表述的，依照有关法律、行政法规或者国务院决定的规定和《国民经济行业分类》登记。

（五）确定股东的出资

《公司法》中，关于有限责任公司股东出资的规定如下。

1）有限责任公司的注册资本为在公司登记机关登记的全体股东认缴的出资额。法律、行政法规以及国务院决定对有限责任公司注册资本实缴、注册资本最低限额另有规定的，从其规定。

2）股东可以用货币出资，也可以用实物、知识产权、土地使用权等可以用货币估价并可以依法转让的非货币财产作价出资；但是，法律、行政法规规定不得作为出资的

财产除外。对作为出资的非货币财产应当评估作价，核实财产，不得高估或者低估作价。法律、行政法规对评估作价有规定的，从其规定。

3）股东应当按期足额缴纳公司章程中规定的各自所认缴的出资额。股东以货币出资的，应当将货币出资足额存入有限责任公司在银行开设的账户；以非货币财产出资的，应当依法办理其财产权的转移手续。股东不按照前款规定缴纳出资的，除应当向公司足额缴纳外，还应当向已按期足额缴纳出资的股东承担违约责任。

根据《公司法》，注册资本登记制度由实缴登记制变为认缴登记制。工商机关只登记股东（发起人）认缴的注册资本总额，实收资本不再作为登记事项，公司登记也无须提交验资报告。除法律、行政法规以及国务院决定有规定的外，取消了对公司最低注册资本限额的要求。股东（发起人）可以自主约定出资比例、出资方式和出资期限。

在确定公司注册资本时，需要注意以下问题。

1）注册资本认缴不等于不缴。如未按约定实际缴付出资，公司和已按时缴足出资的股东可以追究其违约责任。如果公司发生债务纠纷导致破产清算，股东即使未缴足出资，也必须根据其认缴的出资数额承担责任。

2）认缴数额越大承担责任越大。公司认缴的出资金额及出资期限将通过“企业信用信息网”向社会披露，如果超出股东经济实力盲目认缴巨额资本，超过合理期限随意约定过长的出资时间，不仅加大了股东责任，也影响公司的公信度和竞争力。

3）门槛降低不代表不需要注册资本。公司设立时，注册资本是公司投资创业的启动资金，在公司运营过程中转换为公司责任、财产的构成部分，“一元钱办公司”只是一个形象的比喻。投资者还是应该根据公司从事的生产经营活动，合理选择相符的注册资本规模，以取得交易对象的信任。

（六）确定公司的组织机构

《公司法》对公司组织机构进行了专门阐述，详情可查阅相应法律条文。现简要摘录介绍如下。

1）公司组织结构主要由股东会、董事会和监事会组成。

2）有限责任公司股东会由全体股东组成。股东会是公司的权力机构，依照《公司法》行使职权。

3）有限责任公司设立董事会的，股东会会议由董事会召集。有限责任公司不设董事会的，股东会会议由执行董事召集和主持。

董事会设董事长一人，可以设副董事长。董事长、副董事长的产生办法由公司章程规定。股东人数较少或者规模较小的有限责任公司，可以设一名执行董事，不设董事会。执行董事可以兼任公司经理。有限责任公司可以设经理，由董事会决定聘任或者解聘。经理对董事会负责。

4）有限责任公司设监事会，其成员不得少于三人。股东人数较少或者规模较小的有限责任公司，可以设一至二名监事，不设监事会。董事、高级管理人员不得兼任监事。

《公司法》第一百四十六条规定："有下列情形之一的，不得担任公司的董事、监事、高级管理人员：（一）无民事行为能力或者限制民事行为能力；（二）因贪污、贿赂、侵占财产、挪用财产或者破坏社会主义市场经济秩序，被判处刑罚，执行期满未逾五年，或者因犯罪被剥夺政治权利，执行期满未逾五年；（三）担任破产清算的公司、企业的董事或者厂长、经理，对该公司、企业的破产负有个人责任的，自该公司、企业破产清算完结之日起未逾三年；（四）担任因违法被吊销营业执照、责令关闭的公司、企业的法定代表人，并负有个人责任的，自该公司、企业被吊销营业执照之日起未逾三年；（五）个人所负数额较大的债务到期未清偿。"

需要注意的是，公司法定代表人是指依据章程确定的董事长（执行董事或经理），高级管理人员是指公司的经理、副经理、财务负责人。控股股东是指其出资额占有限责任公司资本总额百分之五十以上或者其持有的股份占股份有限公司股本总额百分之五十以上的股东，以及出资额或者持有股份的比例虽然不足百分之五十，但依其出资额或者持有的股份所享有的表决权已足以对股东会、股东大会的决议产生重大影响的股东。

（七）制定公司章程

公司章程是股东共同一致的意思表示，载明了公司组织和活动的基本准则，是公司的宪章。公司章程对公司、股东、董事、监事、经理具有法律约束力。作为公司组织与行为的基本准则，公司章程对公司的成立及运营具有十分重要的意义，它既是公司成立的基础，也是公司赖以生存的灵魂。

公司章程是注册公司最主要的文件之一，它由股东共同制定，经全体股东一致同意，由股东在公司章程上签名盖章。各工商局网站上都可以找到公司章程的范本，创业者可参考制订自己的公司章程。

二、注册流程及注意事项

公司注册的一般步骤如下。

（1）核名

注册公司第一步就是公司名称审核，即核名。创业者需要通过所在地工商行政管理局进行公司名称注册申请，由工商行政管理局 3 名工商查名科注册官进行综合审定，给予注册核准，并发放盖有市工商行政管理局名称登记专用章的"企业名称预先核准通知书"。

（2）租房

根据《公司法》和《中华人民共和国物权法》的规定，公司注册的商业产权证上的办公地址最好是写字楼。对于大学生创业者来说，有很多经济园区或孵化机构可以免费或优惠提供公司住所。租房后要签订租房合同，并让产权所有者提供其产权证明的复印件。

（3）编写公司章程

可以在工商局网站下载“公司章程”的样本，参照进行修改。章程的最后由所有股东签名。

（4）特殊经营范围审批

如新创企业的经营范围中涉及特种行业许可经营项目，则需报送相关部门报审盖章。特种许可项目涉及旅馆、印铸刻字、旧货、典当、拍卖、信托寄卖等行业，需要消防、治安、环保、科委等行政部门审批。办理《特种行业许可证》，根据行业情况及相应部门规定的不同，分为前置审批和后置审批。

（5）办理公司营业执照

工商局经过企业提交材料进行审查，确定符合企业登记申请，经工商行政管理局核定，即发放工商企业营业执照，并公告企业成立。

相关材料包括公司章程、名称预先核准通知书、法人和全体股东的身份证、公司住所证明复印件（房产证及租赁合同）、前置审批文件或证件、生产性企业的环境评估报告等。

予以核准的，工商局会在核准登记之日起 15 日内发《企业法人营业执照》，公司法定代表人按规定的时间到登记机关办理领照手续、缴纳登记费及有关费用后，公司法定代表人持缴纳费用的凭证、《公司登记受理通知书》和身份证在领照窗口领取《企业法人营业执照》。法定代表人因事不能前来办理领照手续的，可委托专人持法定代表人亲笔签名的委托书、领照人身份证（原件）代领。

（6）办理公章、财务章等

凭工商局审核通过后颁发的营业执照，到公安局指定的刻章社去刻公章、财务章（后面步骤中均需要用到公章或财务章）。印章主要包括公司公章、财务专用章、法定代表人私章、合同专用章、发票专用章。

（7）去银行开立账户

领取营业执照后，需去银行开立基本账户，各个银行开户的要求略有不同。开立基本账户需提前准备好各种材料，一般包括《企业法人营业执照》正本原件、身份证、公司公章、财务专用章、法人章等。

（8）办理税务登记并申领发票

税务是公司注册涉及比较重要的事务，一般要求在申领营业执照后的 30 天内到税务局办理税务报到程序、核定税种税率、办理《税务登记证》等。另外，每个月要按时申报税，即使没有开展业务不需要缴税，也应进行零申报。

办理税务登记必须准备以下材料。

1）《企业法人营业执照》（一般是副本）原件及复印件。

2）法定代表人身份证原件及复印件。

3）公司财务人员的会计证。

4）办税人员身份证原件及复印件。

5）《银行开户许可证》复印件。

6）银行账户证明文件。

7）公司章程复印件。

8）公司住所的产权证明。

9）填写税务登记表，并加盖公司公章。税务局收到以上材料后，进行审核，审核通过后发放《税务登记证》。

办理完税务登记手续后，就可以申领相应发票。

第三节　认识创业融资

一、认识融资

（一）融资概念和融资方式

1. 融资的概念

融资主要是指资金的融入，也就是通常意义的资金来源，具体是指通过一定的渠道、采用一定的方法、以一定的经济利益付出为代价，从资金持有者手中筹集资金，满足资金使用者在经济活动中对资金需要的一种经济行为。

创业融资有狭义和广义之分。狭义的融资仅指不同资金所有者之间的资金融通，即资金从资金供给方流向需求方。广义的融资不仅包括前者，还包括某一经济主体通过一定方式在自己内部进行资金融通。

2. 融资方式

从融资主体角度，创业融资的方式可以作 3 个层次的划分：第一层次为外源融资和内源融资；第二层次将外源融资划分为直接融资和间接融资；第三层次则是对直接融资和间接融资再进行进一步的细分。

创业企业内源融资，是指创业企业依靠其内部积累进行的融资，具体包括如下几种形式：资本金（除股本）、折旧基金转化为重置投资和留存收益转化为新增投资。创业企业外源融资，则是指企业通过一定方式从外部融入资金用于投资。

相对于外源融资，内源融资可以减少信息不对称的问题及与此相关的激励问题，节约企业的交易费用，降低融资成本，也可以增强企业的剩余控制权。内源融资在企业的生产经营和发展壮大中的作用是相当重要的。但是，内源融资能力及其增长，要受到企业的盈利能力、净资产规模和未来收益预期等方面的制约。现实中的资金供求矛盾总是存在的，并推动着外源融资的发展。任何企业在创业发展过程中，都会遇到确定内源融资与外源融资合理比例的问题。

直接融资，是指企业作为资金需求者向资金供给者直接融通资金的方式，一般是指发行股票和债券等；间接融资方式，则是企业通过金融中介机构间接向资金供给者融通资金的方式，一般是指银行或非银行金融机构的贷款等。

从融资方式来看，内部融资不需要实际对外支付利息或股息，不会减少企业的现金流量；同时，由于资金来源于企业内部，不发生融资费用，内部融资的成本远低于外部融资。因此，它是企业首选的融资方式。

但企业内部融资能力的大小取决于企业利润水平、净资产规模和投资者的预期等因素。当内部融资不能满足企业的资金需求时，企业可以考虑转向外部融资，但外部融资方式中的股权融资会使企业股东股权稀释，收益减少，并且造成的影响时间较长；债务融资的成本较高，但影响时间较短。

（二）融资成本

融资成本包括融资的显性成本和隐含成本。显性成本是指创业企业的加权平均资本（包括资金筹措和资金占用费）。隐含成本包括创业者融资时所出让的所有权份额、融资不成功所错失商机的机会成本和创业企业融资契约安排下的代理成本。

首先，创业企业的风险较大导致投资者和债权人所要求的报酬率较高，如果是权益融资，投资者所要求的所有权份额也较高；其次，没有贷款抵押和担保、风险大且营利能力弱的企业，无法从诸如内部积累、股票市场、债券市场和银行这些传统渠道获得资金，资金筹措费用也较高；最后，创业融资是一种资金、管理与创意相结合的融资，创业者拥有创意和技术，而资金基本上由投资者和债权人提供，因此创业融资的代理成本较高。

（三）融资动机与偏好

创业企业融资有不同的动机，根本动机是促进企业的发展。创业企业融资的内在动机有提高核心能力，扩大市场规模和份额，提高企业营利能力。

融资资源有各种偏好和方式，包括投资者将提供多少资金、在创业企业生命周期的哪个阶段投资、资本的成本或投资者寻求的预期年回收率。要确定真实的融资资源并制定相应的融资战略，需要了解投资者或贷款人正在寻求的投资类型。创业者可事先对特定投资者或贷款人的偏好进行适当研究，以避免盲目寻找，并节省个人资金，同时可以大大增加按可接受条件成功筹集资金的可能性。

创业者融资偏好，应与投资者偏好、融资成本、融资风险及创业企业的投资性等匹配。投资者根据对风险的偏好程度可以分为风险偏好者、风险厌恶者与风险中性者。创业企业由于成立的时间不长，未来的成长不确定性很高，潜伏的失败风险极大。一般来说，风险偏好者愿意投资高成长性企业，以期获得高的收益，如创业投资者。银行等中介机构出于安全性原则，一般不愿意贷款给新兴企业，因为新兴企业的风险较高，产生不良贷款的可能性更大。投资者或贷款人的实践方式因人而异，即使同一类投资，贷款人也会随市场条件、时间、地点的不同而采取不同的行为。

二、掘到“第一桶金”

“第一桶金”是一个与创业有关的概念，它是人们在创业过程中获得的第一笔财富。或许对于部分创业起点高的人而言，能够通过各种渠道迅速找到创业的突破口，挣得第一桶金，但对于普通创业者来说，赚取第一桶金不是那么容易的事情。

赚取第一桶金有以下 5 种模式。

1）时时刻刻紧盯市场。利用信息创业，是指持有少量资金的创业者，通过对市场的分析和对信息或政策的敏锐嗅觉，参与或开发某些项目而获取的大量资金，即第一桶金。捕捉信息的能力，实际上只取决于个人对社会和市场的综合判断，与智力无关，是一种后天累积起来的资本。

2）分分厘厘凝聚血汗。顾名思义，这类创业者全凭时间、精力和体力去完成原始积累，然后赚得第一桶金。他们能够坚持、盯准时机，厚积薄发。

3）一技在身走遍天下。靠技术创业，是一种稳妥的创业方式之一。而对技术的选取，取决于创业者对市场的判断能力。但技术的选取并非创业成功与否的主要因素，更重要的是技术的精湛水平，技术越精，成功的概率越大；反之，成功的概率越小。

4）一个点子奠定基业。智慧创业是指凭借个人的眼光和智力赚取第一桶金，或为人出谋划策、参与某个项目赚得第一桶金。智慧创业与信息创业的区别在于，智慧创业着重于创业者在经营一个项目时所采取的一系列经营策略，包括对项目的包装、营销推广等；信息创业则着重于创业者对大环境和政策的把握，从中开辟出营利的渠道。

5）掘金高招层出不穷。每个人都可以努力挖掘自己在某方面的天赋，如公关能力、观察力和判断力；或通过对某个行业进行深入研究，以找到一种适合自己累积原始资金的方式。

三、财务基础

（一）资产负债表

资产负债表是反映企业在某一特定日期（如月末、季末、年末）全部资产、负债和所有者权益情况的会计报表，是企业经营活动的静态体现，根据“资产=负债+所有者权益”这一平衡公式，依照一定的分类标准和一定的次序，将某一特定日期的资产、负债、所有者权益的具体项目予以适当的排列编制而成。它表明权益在某一特定日期所拥有或控制的经济资源、所承担的现有义务和所有者对净资产的要求权。它是一张揭示企业在一定时点财务状况的静态报表。资产负债表根据会计平衡原则，将合乎会计原则的资产、负债、股东权益交易科目分为资产、负债和所有者权益（或股东权益）两大区块，在经过分录、转账、分类账、试算、调整等会计程序后，以特定日期的静态企业情况为基准，浓缩成一张报表。其报表功用除了企业内部除错、明确经营方向、防止弊端外，也可让阅读者在最短时间内了解企业经营状况。

资产负债表是相当重要的财务报表，最重要的功能在于表现企业的经营状况。就程序而言，资产负债表处于簿记记账程序的末端，是集合登录分录、过账及试算调整后的最后结果的报表。就性质而言，资产负债表则可表现企业或公司资产、负债与股东权益的对比关系，确切反映公司营运状况。就报表的基本组成而言，资产负债表主要包含报表左边算式的资产部分，与右边算式的负债与股东权益部分。而如果作业前端完全依照会计原则记载，并经由正确的分录或转账试算过程后，必然会使资产负债表的左右两边算式的总金额完全相同。而这个算式为资产金额总计=负债金额合计+股东权益金额合计。

资产负债表必须定期对外公布和报送外部与企业有经济利害关系的各个集团（包括股票持有者，长、短期债权人，政府有关机构）。当资产负债表列有上期期末数时，称为“比较资产负债表”，它通过前后期资产负债的比较，可以反映企业财务变动状况。根据股权有密切联系的几个独立企业的资产负债表汇总编制的资产负债表，称为“合并资产负债表”。它可以综合反映本企业及与其在股权上有联系的企业的全部财务状况。

（二）损益表

损益表是指反映企业在一定会计期的经营成果及其分配情况的会计报表，是一段时间内公司经营业绩的财务记录，反映了这段时间的销售收入、销售成本、经营费用及税收状况，报表结果为公司的利润或亏损。

损益表（利润表、损益平衡表）是用以反映公司在一定期间利润实现（或发生亏损）的财务报表，是一张动态报表。损益表可以为报表的阅读者提供做出合理经济决策所需要的有关资料，可用来分析利润增减变化的原因，明确公司的经营成本，做出投资价值评价等。损益表的项目按利润构成和分配分为两个部分。其利润构成部分先列示销售收入，然后减去销售成本得出销售利润；再减去各种费用后得出营业利润（或亏损）；加减营业外收入和支出后，即为利润（亏损）总额。利润分配部分先将利润总额减去应交所得税后得出税后利润；其下即为按分配方案提取的公积金和应付利润；如有余额，即为未分配利润。损益表中的利润分配部分如单独划出列示，则为“利润分配表”。

损益表上所反映的会计信息，可以用来评价一个企业的经营效率和经营成果，评估投资的价值和报酬，进而衡量一个企业在经营管理上的成功程度。具体来说，有以下几个方面的作用。

1）损益表可作为经营成果的分配依据。损益表反映企业在一定期间的营业收入、营业成本、营业费用，以及营业税金、各项期间费用和营业外收支等项目，最终计算出利润综合指标。损益表上的数据直接影响相关集团的利益，如国家的税收收入、管理人员的奖金、职工的工资与其他报酬、股东的股利等。

2）损益表能综合反映生产经营活动的各个方面，有助于考核企业经营管理人员的工作业绩。企业在生产、经营、投资、筹资等各项活动中的管理效率和效益都可以从利润数额的增减变化中综合表现出来。通过对比收入、成本费用、利润与企业的生产经营计划，可以考核生产经营计划的完成情况，进而评价企业管理当局的经营业绩和效率。

3）损益表可用来分析企业的获利能力、预测企业未来的现金流量。损益表揭示了经营利润、投资净收益和营业外的收支净额的详细资料，可据此分析企业的盈利水平，评估企业的获利能力。同时，报表使用者所关注的各种预期的现金来源、金额、时间和不确定性，如股利或利息、出售证券的所得及借款的清偿，都与企业的获利能力密切相关。因此，收益水平在预测未来现金流量方面具有重要作用。

（三）现金流量表

现金流量表是反映一定时期内（如月度、季度或年度）企业经营活动、投资活动和筹资活动对其现金及现金等价物所产生影响的财务报表。现金流量表是原先财务状况变动表或者资金流动状况表的替代物。它详细描述了由公司的经营、投资与筹资活动所产生的现金流。这份报告显示，资产负债表及损益表如何影响现金和等同现金，以及根据公司的经营，从投资和融资角度进行分析。

作为一个分析的工具，现金流量表的主要作用是反映公司短期生存能力，特别是缴付账单的能力。它是反映一家公司在一定时期现金流入和现金流出动态状况的报表。其组成内容与资产负债表和损益表相一致。通过现金流量表，可以概括反映经营活动、投资活动和筹资活动对企业现金流入流出的影响，能够为评价企业的实际利润、财务状况及财务管理提供更好的基础。

现金流量表提供了一家公司经营是否健康的证据。如果一家公司经营活动产生的现金流无法支付股利与保持股本的生产能力，而需要借款，那么这就意味着这家公司无法

维持正常情况下的支出。现金流量表通过显示经营中产生的现金流量的不足和不得不用借款来支付无法永久支撑的股利水平，从而揭示了公司内在的发展问题。

正常经营的企业在创造利润的同时，还应创造现金收益，通过对现金流入来源进行分析，对创造现金能力做出评价，并对企业未来获取现金能力做出预测。现金流量表所揭示的现金流量信息，可以从现金角度对企业偿债能力和支付能力做出更可靠、更稳健的评价。企业的净利润以权责发生制为基础计算出来，而现金流量表中的现金流量以收付实现制为基础。通过对现金流量和净利润的比较分析，可以对收益的质量进行评价。投资活动是企业将一部分财力投入某一对象，以谋取更多收益的一种行为；筹资活动是企业根据财力的需求，进行直接或间接融资的一种行为，企业的投资活动和筹资活动与企业的经营活动密切相关。因此，对现金流量中所揭示的投资活动和筹资活动所产生的现金流入和现金流出信息，可以结合经营活动所产生的现金流量信息和企业净收益进行具体分析，从而对企业的投资活动和筹资活动做出评价。

第四节　组建创业团队

一、创业团队概述

（一）创业团队及其对创业的重要性

1．创业团队的定义与要素

创业团队，是指由有技能互补、责任共担、目标共同、能做到利益让渡的人组成的特殊群体。

创业团队需要具备 5 个重要的团队组成要素，分别如下。

1）目标。创业团队要有共同的目标，为团队成员明确创业的方向，指引创业道路。没有目标，创业团队就失去了存在的价值。

2）人。在创业团队中，人是核心要素，人力资源是所有创业资源中最活跃、最重要的资源。应充分整合创业者的各种资源和提升创业者的能力，从而将人力资源转化为人力资本。

3）定位。创业团队的定位包含两层含义：①创业团队的定位。创业团队在企业中处于什么位置，由谁选择和确定团队的成员，谁是创业团队的最高领导，创业团队以什么方式激励员工。②个体（创业者）的定位。作为成员在创业团队中的职责，是宏观指导还是具体执行？是大家共同出资委派某个成员参与管理，还是大家共同出资共同参与管理，或是共同出资，聘请第三方（职业经理人）管理？在创业实体的组织形式上，是合伙企业还是股份制企业？

4）权限。创业团队中，领导者权力大小与其团队的发展阶段和创业实体所在行业相关。一般来说，创业团队越成熟，领导者所拥有的权力相应越小，在创业团队发展的初期阶段，领导权相对比较集中。

5）计划。计划有两层含义：①目标最终的实现，需要落地的行动方案，可以把计划看作达到创业目标的具体工作流程。②按计划进行可以保证创业团队的顺利运行。只有有效实施计划，创业团队才会逐步接近目标。

一般来说，创业团队构成的要素之间相互影响、相互作用，缺一不可。它包括以下4个方面的含义。

1）创业团队有共同的价值观、统一的目标和标准。这是组成创业团队的基础，创业团队必须为共同的目标而奋斗，并有共同或相近的价值观，这样组成的创业团队才有凝聚力、战斗力。缺乏一致的目标和共同的价值观，即使能组建创业团队，也形不成凝聚力，缺乏战斗力。

2）创业团队成员负有共同的责任。有了统一的目标和价值观后，创业团队成员还必须共同努力、共同负责逐步实现创业目标。

3）创业团队成员的才能互补。这是组建创业团队的必要条件。当创业团队成员之间的知识、能力可以互补时，团队才能达到“1+1>2”的效果。如果创业团队成员的知识、能力趋同，组建团队就失去了意义。即使组成了团队，也无法形成互补效应，甚至限制了某些有能力的人发挥作用。

4）创业团队成员愿为共同的目标做出奉献。这是创业团队能否取得成功的关键。创业团队成员除了有责任心以外，还要有甘于奉献的精神和行动，这样才能成为企业的核心，逐步实现创业目标。

2. 创业团队的重要性

共同创业有利于分散创业失败的风险；通过团队成员之间的技能互补可提高对创业环境的驾驭能力，从而降低新创企业的经营风险。更为重要的是，共同创业能有效整合资源，拓宽创业资金的融资渠道，增强合力，提高创业企业成功的概率。调查显示，团队创业成功的概率要远远高于个人独自创业。

1）团队把互补的技能和经验组织到一起，超过个人效能。这种技能和技巧在更大范围内的组合使团队能应对创业过程中的挑战，如质量、创新、客户服务，并形成一种协同作战的整体优势。

2）团队对待变化是灵活而敏感的。在共同形成明确目标和方法的过程中，团队可以建立起能立即解决问题和提出倡议的交流方式。因此，团队能以比个人更为快速、准确和有效的方法融入相关资源网络，根据新的信息和挑战调整自己的行为方式。

3）团队可加强组织发展和管理实现价值深化。团队成员通过加强沟通、相互鼓励，达到互相信任，并共同追求高于和超乎个人和职能工作之上的团队业绩。工作的意义和成员的努力都进一步增加团队成员之间价值观的趋同，从而使团队的业绩最终成为对团

队自身的激励。

4）团队有利于营造更轻松愉快的心理环境。团队氛围与团队业绩相辅相成，它能够使成员愿意为了实现团队的目标而一起担负责任，并且为了效益而充分信任。良好的氛围、愉悦的心情能使团队成员保持积极的心态，努力工作，从而提升了团队的业绩。

没有团队的创业企业不一定失败（事实上也不乏个人创业成功的案例），但是要建立一个没有团队仍具有高成长潜力的企业是十分困难的。一般而言，个人创业的资源和能力有限，新企业成长较慢，风险投资者会将团队因素列为重要的评估指标。

（二）成功创业团队的基本特征

成功的创业团队，需要在目标、理想、理念、文化、价值观等方面有共同的语言，并能取得默契，从而形成一个利益共同体。一般而言，一个成功的创业团队运作应该具备以下特征。

1. 具有坚强的凝聚力

团队并非几个人简单的集合，它由一群有共同理想、能同甘共苦的人组合在一起。在这个组合中，成败属于整体而非个人，成员不但同甘共苦，而且公开合理地分享经营成果，整个团队具有坚强的凝聚力。

2. 团队利益至上

每位团队成员都能充分认识到个人利益与团队利益的关系，自觉将团队利益置于个人利益之上。团队中每位成员的价值，表现为其对团队整体价值的贡献。

3. 坚持正确的经营原则

一个成功的创业团队必须坚守顾客第一、质量至上、保障工作安全与员工福利、诚信无欺等正确经营原则，并以此作为组建团队的基本理念纳入企业的各项规章制度之中。

4. 切实做到对企业的长期承诺

每位成员均了解企业在成功之前将会面临一段艰苦的挑战，因此承诺不会因为一时利益或困难而退出，并同意将股票集中管理。有特殊原因而提前退出团队者，必须以票面价值将股权出售给原公司团队。

二、组建创业团队的因素分析

（一）组建创业团队的基本因素分析

影响创业团队组建的因素很多，可以区分为基本因素和其他因素。其中，基本因素包括创始人、商业机会、外部资源供给、机会成本、失败的底线；其他因素则包括与个人目标的契合程度、个人偏好等。

1. 创始人

团队的类型取决于创业机会的性质和带头人的能力与作用。对创业战略进行准确的评价是创业带头人建立团队的关键步骤。创业者需要考虑建立团队是值得的还是必需的，以及是否打算把企业发展成一个更具潜力的企业；然后具体评价拥有的人才、专业技术、接纳功能、实战业绩、关系网络和其他资源，即已经获得的“资源组合”。一切准就绪后，创业者就要进一步考虑企业必须具备什么样条件才能获得成功，以及在什么时候需要什么样的人才与自己形成优势互补。创始人需要考虑的问题如下。

1）需要哪些行业、技术、营销、管理等的知识和经验？

2）是否拥有所必需的社会资源（以及已有的关系资源能否为企业带来竞争优势），是否需要在这方面寻找合适的合伙人？

3）是否能够吸引这些社会资源的加入？怎么进行有效协调？

4）是否知道将来要做出的牺牲和贡献？是否为此做好准备吗？

2. 商业机会

团队的类型取决于创业者与创业机会之间的匹配程度，以及怎样推进创业。尽管大多数新兴企业打算依靠自身的资源以求得发展，而且在公司负担得起的情况下才会招募新团队成员。然而如果打算寻找风险资本或者私人投资者支持，团队越早地组建，其价值就越高。这方面要考虑的问题如下。

1）这项业务的附加值和经济利益如何？与谁共同获利？

2）能够影响拟建企业成功与否的关键变量是什么？需要什么因素或什么人对这些变量产生积极影响？

3）是否拥有或得到把握创业机会所必需的关键外部关系，如投资人、律师、银行家、顾客、供应商、管理机构等？是否需要这方面的帮助？

4）应该具有哪个方面的优势和竞争战略？什么样的人是推行这一战略或优势的必要人选？

3. 外部资源供给

通过获取外部资源来弥补企业的一些空白点，如董事会、会计师、律师、咨询顾问等。通常来说，税务和法律方面的专家在最初阶段最好以兼职的方式聘请。如果某些外部资源只需要一次或只在某个阶段有需求，或者这些需求对企业经营的关键任务、目标和活动来说并不重要，那么比较妥当的做法是聘请咨询顾问。

4. 机会成本

在进行创业之前，所有参与创业的成员都需要仔细考虑创业所要付出的机会成本。通过对机会成本的客观分析判断，才能得知创业机会对创业团队的吸引力程度。

5. 失败的底线

古人说："留得青山在，不怕没柴烧。"创业必然面对各种风险，因此创业者不必也不宜把个人资源、个人希望都投注在一次创业活动中。理性的创业者（团队）必须清楚承受失败的底线，以保留失败再来的能力与机会。因此，需要了解团队成员有关创业团队对失败底线的看法。

（二）甄选创业团队成员要考虑的因素

不管何种类型的创业团队，都必须在创业前慎重选择成员。在团队初始组成时，其选择创业团队成员要考虑的因素如下。

1. 团队成员加入的目的

根据马斯洛的需求层次理论，人的需求大体上可以分为5个层次：生理需要、安全需要、社交的需要、尊重的需要和自我实现的需要。团队成员基于哪个层次的需要而加入团队，对其在组织中的行为方式起着决定性作用。例如，对一个目前还缺乏基本生活保障的人来说，他更注重组织的获利能力，迫切地想赚钱，这就可能导致企业的逐利短期行为。而基于自我实现需要的成员，更注重企业的未来发展，想把事业做大，充分发挥自己的能力，企业成为实现抱负的最好舞台，因此，他更注重组织战略目标的确定和执行。

2. 团队成员的知识结构

一个创业团队中，成员的知识结构越合理，创业越可能成功：单一技术人员组成的公司容易形成技术为王、产品导向的情况，从而使产品的研发与市场脱节；全部由市场和销售人员组成的创业团队缺乏对技术的领悟力和敏感性，也容易迷失方向。因此，在创业团队的成员选择上，必须注意人员的知识结构，技术、管理、市场、销售缺一不可。

3. 团队成员的性格、个性、兴趣

创业团队成员的性格、个性、兴趣特征影响团队的稳定性。在创业初期，大家同甘苦、共患难，怀着满腔热情工作。在这种情况下，团队成员性格上的差异、个性上的差异、兴趣爱好上的差异和处理问题的不同态度就容易被掩盖，从而表现出不同的行为方式。而一旦企业发展到某个阶段的时候，个性冲突导致的矛盾就会激化，创业团队会出现裂痕，严重的还会导致团队分裂。

4. 团队成员的价值观念

一个创业团队中，成员的价值观念和道德品质决定了企业文化的形成。甚至可以说，企业文化的源头就是企业创始人自身价值观念和道德品质的体现。有的人诚信为本，有的人利益至上；有的人"天下兴亡，匹夫有责"，具有极强的社会责任感，有的人"事不关己，高高挂起"，只求独善其身。因此，在创业团队形成之前，必须通过深入的交流和充分的了解，将价值观念相近、素质较高的人组成团队，这样创业成功的可能性更大。

在团队成员确定以后，企业的组织结构就可以基本确定了。组织结构的设计归根结底是组织中个体层次需要与组织目标相协调的问题，是个体价值发挥与群体绩效达成的问题。为了避免创业团队在今后的组织行为中在利益分配、企业决策等方面产生分歧，在创业团队形成之初，必须通过公司章程或者协议的方式，确定公司发展目标、业务领域、出资及退股原则、利润分配方法、分歧解决原则等。尤为重要的是，创业团队要有好的分配制度，不仅充分照顾到现有团队成员的利益，还要考虑吸收新成员或者员工时的股份再分配问题。

三、管理创业团队

创业者可以从以下几个方面着手去管理创业团队。

（一）注重团队凝聚力

在创业过程中，团队所有成员都认同整个团队是一股密切联系且缺一不可的力量。团队的利益高于团队每一位成员的利益，如果团队成员能够为团队的利益而舍弃自己的小利时，团队的凝聚力就达到最大。虽然创业团队中，每位成员都可以独当一面，但是合作仍然是团队成员首先要掌握的。成功的创业公司中，团队的成功远远高于个人的成功，创业者与团队核心成员相互配合、共同激励。

（二）致力于价值创造

团队的每位成员都致力于价值的创造。一旦决策方案提出，每位成员都会尽力执行。在这一过程中，成员不但获得了丰厚的物质回报，还提升了个人的技能。

（三）分享成果

在新创企业中，一般的做法是将公司的股份预留 10%～20%作为吸引新的团队成员的股份。团队中不仅包括资金的分享，还包括理念、观点、解决方案的分享。

（四）重视绩效考核

绩效是指给评估者和被评估者提供所需要的评价标准，以便客观地讨论、监督、衡量绩效。绩效管理可以使团队成员明确自己的职、责、权与团队的目标和计划，明确自己的角色与承担的工作。事实上也可以根据自己的价值对薪资产生期待。

（五）充分发挥决策者的作用

决策者的角色一般由企业的拥有者承担，他们不但对问题进行决策，而且承担决策产生的后果。在公司做出每一项重要的决策时，决策者通常会在决策前召开团队成员讨论解决方案。团队中的决策者在大家的意见不一致时，应该重新分析方案的可行性，并对方案进行修改。决策的主要内容是公司发展的长期目标与一定阶段的计划，还有一些是与公司发展相关的重大决策。

（六）明确执行者的任务

执行者是根据公司制订的业务计划和目标，从职能领域安排自己的工作和计划，细化量化自己的工作，具体执行决策者的决策。

有时会遇到团队成员职、责、权混淆的情况，这时就需要制定规范化的企业制度以保证团队成员的工作，而且企业的拥有者也应该时刻记得自己的角色分配。需要明确的是，决策者的角色并不是一成不变的，决策者应首先从一个执行者要求自己，只有当自己完成方案时，才能将方案交给其他成员去执行。

第五节　撰写创业计划书

一、创业计划书概述

（一）编制创业计划书的概念和作用

创业计划书，是创业者在创业前需要准备的一份书面计划，是创业者创业的蓝图，也是筹措创业资金的重要依据。其作用主要体现在两个方面。

1. 帮助创业者理清思路，准确定位

著名投资家克雷那说：“如果你想踏踏实实地做一份工作的话，写一份创业计划，它能迫使你进行系统的思考。有些创意可能听起来很棒，但是当你把所有细节和数据写下来的时候，它自己就崩溃了。”许多创业者在开始一项事业中的时候凭借的仅仅是一腔的热情，然而真正着手去做一些事情的时候，才会发现需要考虑的何止是一处两处；

有的创业者只是在自己的脑海里形成一幅蓝图，但是如果未雨绸缪，就需要制订一份创业计划书。

在创业融资之前，创业计划书应该首先由创业者自己审阅。创业者应该以认真的态度对自己的资源、已知的市场情况和初步的竞争策略进行尽可能详尽的分析，并提出初步的行动计划，使自己心中有数。

另外，创业计划书是创业资金准备和风险分析的必要手段。对于初创的企业来说，创业计划书的作用尤为重要，一个酝酿中的项目往往很模糊，制订创业计划书，把正反理由都写下来，再逐步推敲，创业者就能对这一项目有更加清晰的认识。可以这样说，创业计划书首先是把计划中要创立的企业推销给创业者自己。

2. 帮助创业者获得创业融资

对于正在寻求资金的创业者来说，创业计划书的好坏往往决定了融资的成败。

除了使创业者更加了解自己要做的工作外，创业计划书更多的是给别人看的，尤其是给那些能给创业者提供一定资金帮助的人。创业计划书的另一个重要作用就是帮助创业者把计划中的企业推销给风险投资家。因此，创业计划书还要说明创办企业的目的、所需的资金，以及为什么投资人值得为此注入资金等。

此外，对于已成立的创业企业来说，创业计划书还可以为企业的发展制定比较具体的方向和重点，从而使员工了解企业的经营目标，并激励他们为共同的目标而努力。更重要的是，它可以使企业的出资者及供应商、销售商等了解企业的经营状况和经营目标，说服出资者（原有的或新来的）为企业进一步发展提供资金。

（二）创业计划书的基本格式

创业计划书通常包括封面（标题页）、保密要求、目录、摘要、正文（综述）、附录几个部分。

1. 封面（标题页）

封面（标题页）可以放置一张企业的项目或产品彩图，但需留出足够的版面排列以下内容：创业计划书编号、公司名称、项目名称、项目单位、地址、电话、传真、电子邮件、联系人、公司主页、日期等。

2. 保密要求

保密要求可放在标题页，也可放在次页，主要是要求投资方项目经理妥善保管创业计划书，未经融资企业同意，不得向第三方公开创业计划书涉及的商业秘密。

3. 目录

目录标明各部分内容及页码，要注意确认目录页码同内容的一致性。

4. 摘要

摘要是对整个创业计划书的概括，目的在于用简练的语言将计划书的核心、要点、特色展现出来，促使阅读者仔细读完全部文本，因而一定要简练，一般要求在两页纸内完成。摘要十分重要，它是出资者首先要看的内容，因而必须能让阅读者有兴趣并渴望得到更多的信息。计划摘要应从正文中摘录出投资者最关心的问题，包括对公司内部的基本情况，公司的能力以及局限性，公司的竞争对手、营销和财务战略，公司的管理队伍等情况的简明而生动的概括。如果公司是一本书，它就像是这本书的封面，做得好就可以把投资者吸引住。

5. 正文（综述）

正文（综述）是创业计划书的主体部分，要分别从公司基本情况、经营管理团队、产品/服务、技术研究与开发、行业及市场预测、营销策略、产品制造、经营管理、融资计划、财务预测、风险控制等方面对投资者关心的问题进行介绍，要求既有丰富的数据资料，使人信服，又要突出重点、实事求是。

6. 附录

附录是对正文中涉及的相关数据、资料的补充，用于备查。

二、创业计划书写作

创业计划书的内容与写作要点如下。

（一）摘要

摘要是为了吸引战略合伙人与风险投资人的注意而将创业计划书的核心提炼出来制作而成的，它是整个创业计划书的精华，涵盖计划书的要点。一般要在所有内容编制完毕后，再把主要结论性内容摘录于此，以求一目了然，在短时间内给阅读者留下深刻的印象。

摘要如同推销产品的广告，编制人要反复推敲，力求精益求精，形式完美，语句清晰流畅而富有感染力，以引起投资人对阅读创业计划书全文的兴趣。特别要详细说明自身企业的不同之处及企业获取成功的市场因素。

（二）企业介绍

企业介绍是向战略合伙人或者风险投资人介绍融资企业或项目的基本情况。具体而言，如果企业处于种子期或创建期且只有一个美妙的商业创意，那么，应重点介绍创业者的成长经历、求学过程，并突出其性格、兴趣爱好与特长，创业者的追求，独立创业的原因及创意如何产生。

如果企业处于成长期，应简明扼要地介绍公司过去的发展历史、现在的状况及未来的规划。具体包括：公司概述、公司名称、地址、联系方法；公司的业务状况；公司的发展经历；对公司未来发展的详尽规划；公司的竞争优势；公司的法律地位；公司的公共关系；公司的知识产权；公司的财务管理；公司的纳税情况；公司的涉诉情况等。在描述公司发展历史时，要涵盖正反的经验，特别对以往的失误，要对失误进行客观的描述，进行中肯的分析。

（三）管理团队介绍

管理团队是投资者非常看重的，这部分主要是向投资者展现企业管理团队的结构、管理水平和能力、职业道德与素质，使投资者了解管理团队的能力，增强投资信心。

这部分主要介绍管理团队、技术团队、营销团队的工作简历、取得的业绩，尤其是与目前从事工作有关的经历。另外，可以着重介绍企业目前的管理模式。如果无特色，也可以不介绍。

在编写过程中，首先必须对公司管理的主要情况进行全面介绍，包括公司的主要股东及股权结构、董事和其他高级职员、关键雇员及公司管理人员的职权分配和薪金情况，必要时，还要详细介绍他们的经历和个人背景。企业的管理人员应该是互补型的，而且要具有团队精神。一个企业必须要具备负责产品设计与开发、市场营销、生产作业管理、企业理财等方面的专门人才。

此外，在创业计划书中，还应对公司组织结构进行简要介绍，包括公司的组织结构图、各部门的功能与责任、各部门的负责人及主要成员、公司的薪酬体系等。

这部分内容应让投资者认识到，创业者具有与众不同的凝聚力和团结战斗精神，管理团队人才济济且结构合理，在产品设计与开发、财务管理、市场营销等各方面均具有独当一面的能力，足以满足公司以后成长发展的需要。

（四）技术产品（服务）介绍

在进行投资项目评估时，投资人最关心的问题之一就是，企业的产品、技术或服务能否以及在多大程度上解决现实生活中的问题，或者企业的产品（服务）能否帮助顾客节约开支，增加收入。这也是市场销售业绩的基础。

技术产品（服务）介绍一般包括以下内容：产品的名称、特性及性能用途；产品处

于生命周期的哪一阶段，市场竞争力如何；产品的研究和开发过程；产品的技术改进、更新换代或新产品研发计划及相应的成本；产品的市场前景预测；产品的品牌和专利。

在这一部分，企业家要对产品（服务）做出详细的说明，内容要准确、通俗易懂。产品介绍都要附上产品原型、照片或其他介绍。

此外，对于一些以技术研发为重点的高新技术企业来说，还要对相关技术及其企业研发情况进行分析，包括企业技术来源、技术原理、技术先进性、技术可靠性；公司的技术研发力量和未来的技术发展趋势，公司研究开发新产品的成本预算及时间进度，技术的专利申请、权属及保护情况、技术发展后劲和技术储备等，以使投资者对公司的技术研发队伍的实力，以及公司未来竞争发展对技术研发的需要有所了解。

产品（服务）介绍的内容比较具体，因而写起来相对容易。应该注意的是，企业家和投资家建立的是一种长期合作的伙伴关系。如果企业不能兑现承诺，不能偿还债务，企业的信誉必然要受到极大的损害。

（五）行业、市场分析预测

行业与市场分析主要对企业所在行业基本情况、企业的产品或服务的现有市场情况、未来市场前景进行分析，使投资者对产品或服务的市场销售状况有所了解。这是投资者关注的重点问题之一。

行业分析主要介绍行业发展趋势、行业发展中存在的问题、国家有关政策、市场容量、市场竞争情况、行业主要盈利模式、市场策略等。

（六）市场营销策略

企业的盈利和发展最终都要由市场来检验，营销成败直接决定了企业的生存命运。

在介绍市场营销策略时，创业者要讨论不同营销渠道的利弊，要明确哪些企业主管专门负责销售、主要适用哪些促销工具，以及促销目标的实现和具体经费的支出等。

一般来说，企业可选择的市场营销策略有以下几种。

1）集中性营销策略，即企业只为单一的、特别的细分市场提供一种类型的产品（如制造汽车配件）。这种方法尤其适用于那些财力有限的小公司，或者是为某种特殊类型的顾客提供服务方面确有一技之长的组织。

2）差异性营销策略，即为不同的市场设计和提供不同类型的产品。这种战略大多为实力雄厚的大公司所采用。

3）无差异性营销策略，即只向市场提供单一品种的产品，希望它能引起整体市场上全部顾客的兴趣。当人们的需求比较简单，或者并不被人们认为很重要时，该策略较为适用。

（七）生产计划

生产制造计划旨在使投资者了解产品的生产经营状况。这一部分应尽可能把新产品的生产制造及经营过程展示给投资者。主要的内容如下。

1）公司现有的生产技术能力，企业生产制造所需的厂房、设备情况。

2）质量控制和改进能力。

3）新产品的生产经营计划，改进或将要购置的生产设备及其成本。

4）现有的生产工艺流程，生产周期标准的制定及生产作业计划的编制。

5）物资需求计划及其保证措施，供货者的前置期和资源的需求量。

6）劳动力和雇员的有关情况。

此外，为了增加企业的评估价值，企业家应尽量使生产制造计划更加详细、可靠。

（八）财务分析与预测

财务分析与预测包括公司过去若干年的财务状况分析和今后 3 年的发展预测，以及详细的投资计划，旨在使投资者据此判断企业未来经营的财务状况，进而判断其投资能否获得理想的回报。它是决定投资决策的关键因素之一。

财务预测的依据、前提假设是投资者判断企业财务预测准确性和财务管理水平的标尺，也是投资者关注的焦点。由于财务分析预测在公司经营管理中的重要地位，企业需要花费较多的精力进行具体分析，必要时最好与专家顾问进行商讨。

对于中小企业来说，财务预测既要为投资者描绘美好的合作前景，又要使这种前景建立于坚实的基础之上，否则会令投资者怀疑企业管理者的诚信或财务分析、预测及管理能力。

（九）融资计划

融资计划主要根据企业的经营计划提出企业资金需求数量、融资的方式、工具，投资者的权益、财务收益及其资金安全保证，投资退出方式等，它是资金供求双方共同合作前景的计划分析。

融资计划的主要内容如下。

1）融资数额是多少？已经获得了哪些投资？希望向战略合伙人或风险投资人融资多少？计划采取哪种融资工具，是以贷款、出售债券，还是以出售普通股、优先股的形式筹集？

2）公司未来的资本结构如何安排？公司的全部债务情况如何？

3）公司融资所提供的抵押、担保文件，包括以什么物品进行抵押或者质押，什么人或者机构提供担保？

4）投资收益和未来再投资的安排如何？

5）如果以股权形式投资，双方对公司股权、控制权、所有权比例如何安排？

6）投资者介入公司后，公司的经营管理体制如何设定？

7）投资资金如何运作？投资的预期回报？投资者如何监督、控制企业运作等？

8）对于吸引风险投资的，风险投资的退出途径和方式是什么，是企业回购、股份转让还是企业上市？

这部分是融资协议的主要内容，企业既要对融资需求、用途提出令人信服的理由，又要有令人心动的投资回报和投资条件，还要注意维护企业自身的利益。其基础是企业的财务分析与预测。

由于与资金供给方合作的模式有多种，因此还需要设计几种备选方案，给出不同盈利模式下的资金需要量及资金投向。

（十）风险分析

风险分析主要是向投资者分析企业可能面临的各种风险隐患、风险的大小，以及融资者将采取何种措施来降低或防范风险、增加收益等。主要内容如下。

1）企业自身各方面的限制，如资源限制、管理经验的限制和生产条件的限制等。

2）创业者自身的不足，包括技术上的、经验上的或者管理能力上的欠缺等。

3）市场的不确定性。

4）技术产品开发的不确定性。

5）财务收益的不确定性。

6）针对企业存在的每一种风险，企业进行风险控制与防范的对策或措施。

对于企业可能面临的各种风险，融资者最好采取客观、实事求是的态度，不能因为其产生的可能性小而忽略不计，也不能为了增加获得投资的机会而故意缩小、隐瞒风险因素，应该对企业所面临的各种风险认真进行分析，并针对每种可能发生的风险做出相应的防范措施，这样才能取得投资者的信任，也有利于引入投资后双方的合作。

（十一）附件和备查资料

附件主要是对创业计划书中涉及的一些问题的细节和相关的证书、图表进行描述或证明，如企业的营业执照、公司章程、验资审计报告、税务登记证、高新技术企业（项目）证书、专利证书、鉴定报告、市场调查数据、主要供货商及经销商名单、主要客户名单、场地租用证明、公司及其产品的介绍、宣传等资料、工艺流程图、各种财务报表及财务预估表、专业术语说明等。它与创业计划书主体部分一起装订成册。备查资料只需列出清单，待资金供给方有投资意向时查询。

◈ 实践拓展

反思创业体验活动

请同学们回忆自己参与体验的某个真实或模拟的创业活动。运用以下问题激发自己在体验中和体验后对自身的表现、感受及想法进行反思。

1）自己在这次创业活动中的表现如何？哪些方面表现特别突出？哪些方面不如期望的好？个人认为在哪些方面可以做一些改进？

2）在参与活动期间，自己与其他人有过哪些互动？意图是什么？自己的沟通与参与对这次活动或他人产生了哪些影响？

3）在活动期间或活动后，从他人那里得到了哪些反馈？

4）在这次活动体验中，主要有哪些收获？

5）从这次反思中，自己学到了什么？

6）现在，关于自己或创业还有哪些问题没有得到解决？

同学们可以用任何自己喜欢的形式自由地写下反思，不必局限于下列问题，可以发表更多见解。

专家视角

知名人士的投资命门

1．雷军：三条投资原则

在同行眼中，雷军有两个特点，一是偏喜欢有在大公司工作经历且有管理经验的人；二是通过熟悉他的人来做介绍人。

对于项目，雷军不是特别关注商业模式，而关注市场规模。雷军更偏爱平均 35 岁的创业者。雷军总结自己的 3 个投资原则：一是人要靠谱、不熟不投；二是大方向没问题；三是小方向被验证。

2．徐小平：投资如看人

在徐小平看来，天使投资最核心的哲学，就是坚定不移地判断人，而不是判断模式。徐小平认为，天使投资人应该有一颗天使的心，即对创业者有无条件的爱和关怀。

如何判断人，徐小平有以下 4 个角度。

1）学习力，包括过去、现在和未来的学习能力。

2）工作力，包括工作经验、技能和资源等。

3）影响力，也叫个人魅力，就是感染他人的能力。

4）坚持力，能够克服困难走过去。

另外，徐小平会从以下 3 个角度来判断团队。

1）团队吸引力。团队成员之间是否有互相仰慕的情感。

2）团队互补力。团队成员间互补，不单纯指能力，也包括性格。

3）团队协调力。团队成员一起做事，一定会有冲突，团队从冲突走到妥协的能力非常重要。

3．蔡文胜：喜欢草根和千万用户

天使投资人蔡文胜在寻找和挑选创业者时注重以下3点：从用户角度看产品价值；观察用户规模，规模越大，赚钱就容易；考察团队。

1）用户角度。“你做的这个事情，未来可发展的用户空间有多大。比如，你做的产品是基于PC（个人计算机）方面的项目，我就没有多大兴趣。因为在我看来PC已经开始没落，这个趋势很清楚。”

2）用户规模。“产品初期，比如小游戏项目，一天100万的流量是没有意义的，因为赚不到多少钱。但如果对于某些行业，比如钢铁，虽然网站一天的访问量有3万，但它是有价值的，因为中国钢铁厂也就几百家，它的访问量足够，这个行业的价值太大了，你要赚它的钱就容易。”

3）团队。“今天，大家每天都在想做什么公司赚钱，包括大公司也虎视眈眈，很少有那种让你有3年的时间慢慢来的机会，所以我们需要有一个团队，能够很快地把事情做起来，包括找到一些互补。”

4．熊晓鸽：只琢磨3件事

在熊晓鸽看来，风投就像漂流，一定要选对河流，选对河流往前划就行了，只要不被淹死，总能游到目的地，到早一点儿赚钱就多一点儿，到晚一点儿赚得就少一点儿。

“我做投资，只琢磨3件事：一是市场，二是产品，三是管理团队。实际上，最根本的是琢磨人，琢磨一个项目进入的时机，还要观察团队对资本的复杂态度。”

熊晓鸽认为，选对了河流（项目），团队就是划船的舵手，本事好一点儿就不会翻船，能很快到达终点；本事差一点儿就可能翻船，所以团队是最重要的。

专家视角9

第十章　认清就业形势

本章导图

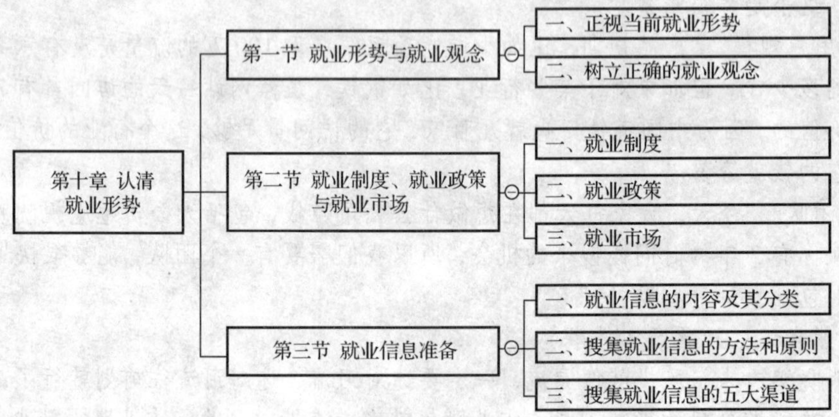

导入活动

你了解最新的就业政策吗

你对国家公务员的制度有多少了解？

你知道与用人单位签订劳动合同的时候要注意什么吗？

国家在就业准入和人事代理上有什么规定？

学校针对毕业生就业提出了什么方针和政策？

第一节　就业形势与就业观念

一、正视当前就业形势

（一）我国的就业形势

就业是民生之本，特别是在当前我国经济结构优化调整、动力加快转换的关键时期，就业的“稳定器”作用显得更加重要。我国整体就业形势延续稳定向好势头。但也应注

意到，就业领域存在的一些区域性、结构性和体制性问题仍比较突出，对实现高质量就业将产生不利影响。我国就业形势的基本特征如下。

1. 就业整体形势延续稳定向好

2018 年以来，尽管面临来自中美贸易摩擦不断升级的外部竞争压力和国内经济结构调整、环保要求趋严和金融市场波动加大等内部环境压力，我国就业形势整体仍呈现稳定向好的态势。

2. 服务业吸纳就业能力不断增强

服务业的平稳发展对保持就业稳定发挥了重要作用。测算表明，服务业增加值每增长 1 个百分点带动的就业人数大约比第二产业多 20%。从服务业内部来看，信息传输软件和信息技术服务业，水利环境和公共设施管理业，教育、卫生和社会工作，文化体育和娱乐业等新兴服务业就业人员数量同比增速居前。随着网店、微商等新业态的不断涌现，服务业对就业的吸纳能力进一步增强。

3. 创业创新成为就业增长重要源泉

近年来，国务院和各级地方政府积极推进“大众创业、万众创新”，努力搭建创业创新平台，不断完善创业创新支持政策，持续做好创业创新公共服务，催生出一大批新的市场主体，日益成为我国创新发展和扩大就业的重要支撑。数据显示，平均每个创业企业或者项目的从业人员为 8.44 人，创业对于就业的拉动作用明显，已经成为稳定就业的“蓄水池”。同时，创业创新带来新业态和新动能的成长发展，也对促进就业起到了积极作用。

4. 高技能人才短缺的结构性矛盾突出

当前，我国就业市场劳动力总体呈现供不应求的状态。一方面，我国产业结构向服务业转型，新经济业态的不断出现增加了就业机会和岗位；另一方面，近几年适龄劳动人口持续减少，缓解了就业市场上的供应过剩矛盾。然而，我国技能人才特别是高技能人才短缺的问题十分突出。随着技术革命和产业变革对劳动力素质提出更高要求，未来高技能人才不足的结构性矛盾将进一步凸显。据测算，到 2025 年，我国新一代信息技术等十大制造业重点领域人才缺口将超过 2900 万人。

5. 就业梯度转移带来新“招工难”问题

从就业区域结构看，随着经济发展水平提高和产业梯度转移，中西部地区的本地企业用工需求上升，中西部地区逐渐成为拉动新增就业的主力。但就业的梯度转移也带来了东部部分省份普通工人的新“招工难”问题，出现了企业用工成本上升快、人员流动性大的现象。

6. 淘汰落后产能地区和沿海外贸省份失业风险较大

随着钢铁、煤炭等行业“去产能”工作实质性启动，这些行业的隐性失业逐渐显性化，就业压力显著增加。对于沿海外贸省份而言，对企业发展影响最大的就是中美贸易摩擦的不断升级。虽然由于 2019 年出口订单提前锁定和前期出口“抢跑”的原因，贸易摩擦对企业的影响还不大。但随着贸易摩擦的深入，企业新订单量减少，随之而来的企业开工率不足、利润下滑甚至出现裁员等现象，将给这些地区的人员就业带来较大压力。

7. 居民收入增长乏力可能引发新失业问题

消费是收入的函数，扩大消费的关键是要稳定就业、增加收入，才能为经济增长提供稳定支撑。目前我国最终消费支出对经济增长的贡献率已经达到 78%，消费增长的乏力势必拖累未来经济增长，进而引发新失业问题。

（二）当前大学生的就业形势

1. 总量继续攀升

自 2001 年起，伴随我国高等教育招生规模的连续扩大，毕业生的人数平均以 20%～30%的幅度逐年递增（2001～2019 年全国高校毕业生人数见图 10-1）。经教育部统计，2019 年高校毕业生规模约为 834 万人，求职人数创下历史新高。在目前的经济形势下，大学生就业形势持续严峻。

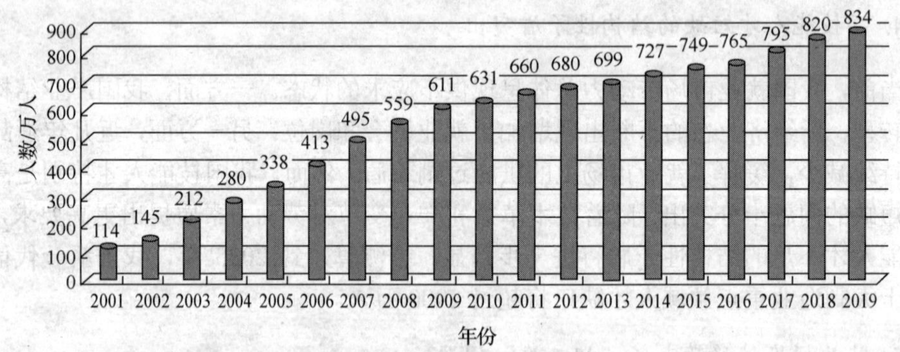

图 10-1　2001～2019 年全国高校毕业生人数

2. 就业结构性失衡现象明显

1）学科专业之间。随着高新技术产业的迅猛发展和国家对基础设施投资的加大，

计算机、通信、电子、土建、机械、自动化、医药、师范等学科的大学毕业生需求旺盛，而哲学、社会学、经济学、法学、农学等学科的社会需求时有波动。

2）学历之间。社会对高层次的复合型、外向型和开拓型的人才需求日益迫切。在毕业生就业中，形成了研究生需求旺盛，本科生供需基本持平，而专业对口的专科生、高职生需求旺盛的局面。

3）地区之间。东部沿海经济发达地区和中心城市对毕业生的社会需求比较旺盛，呈现出供需平衡或供不应求的局面。随着西部大开发战略的实施，中西部地区的需求也有所回升。而一些边远省区及经济欠发达的地区需求明显不足。

4）院校之间。重点大学、名牌院校、名牌专业的“名牌”效应呈现出优势，社会对其需求增长，就业率也较高；而一般院校、一般专业的需求相对较少。

5）用人单位之间。作为传统毕业生就业主渠道的国有大中型企业，引进毕业生的比例在逐年下降。政府机关及事业单位，用人指标有限，难以接受大量毕业生。而三资企业、民营企业及高新技术企业的需求数量却连年增加。

3. 就业渠道向非公有制单位转变

目前，中小企业已经成为吸纳大学生就业的主体。传统的大学生就业渠道已经发生了变化，实现了由原来的国企和政府部门就业向非公有制企业就业的转变。

二、树立正确的就业观念

就业观念是影响大学生就业的重要因素之一。部分大学生还存在“等、靠、要”等不良就业观念，直接影响了其顺利就业。认清形势，转变观念，放眼未来，是大学生实现顺利就业的重要前提。

（一）明确就业的目的和意义

简单来说，就业就是找到工作，获得报酬，满足自身需要。而工作是人们从事劳动生产，创造价值，推动社会发展的活动。人们的生活只有在社会正常运行下才能实现，同时要求社会成员参与社会分工——工作。因此，就业本质上是人们为了生存和发展而进行的社会劳动生产活动。

对于个人来说，就业是其参与各自社会分工的具体方式。不仅解决了个人的生存问题，还使个人融入社会、紧跟社会和时代发展步伐，是体现个人价值和实现未来理想的最基础平台。因此，如果一个人对就业本质认识不清，不工作或者不勤奋工作，不但会缺乏经济来源，而且必然落伍于时代。

（二）树立正确的价值观和择业观

大学生是国家宝贵的人才资源，是社会主义经济建设的重要力量。因此，大学生无论在求学还是求职的过程中，首先要把自己的需要和国家、社会的需要结合起来，把社会的进步、国家的发展与个人的前途命运有机地结合起来，在服务社会、奉献社会的过程中，实现自己的人生价值。其次，要树立风险观念，在市场经济条件下，单位的生存和发展充满竞争和风险，个人的就业也有竞争和风险，因此，要转变“一份职业定终身”的思想，树立“合理就业、科学择业、积极创业”的观念。通过工作实践，丰富阅历，积累经验，增强各方面的能力，更好地提升自己的职业发展竞争力。

（三）树立长远的发展观和基层成才观

高等教育已从“精英教育”转变为“大众教育”，就业格局呈现出新特点：服务业成为吸纳就业的主体；民营经济成为创造新增就业岗位的主力；小企业就业增长快于大中型企业；中西部地区对就业增长的贡献率提高。清醒认识当前就业形势，正确评价自我，做好自我的合理定位。大城市、经济发达地区机会多，但竞争激烈，人才需求趋向饱和；中西部地区、基层单位条件相对差一些，但机会更多，发展空间更大，为青年人建功立业提供了广阔舞台。因此，树立长远的发展观和基层成才观，对毕业生的长远发展和个人价值的实现是十分必要的。

（四）正确认识自己，把握择业良机

（1）面对现实，务实择业

大学生社会阅历不足，学历、专业、能力水平也不尽相同。因此，在择业前，每位大学生都应对自己各方面的情况从客观实际出发进行分析，实事求是地评价自我、认识自我和社会，多务实、少幻想，不可好高骛远。要仔细权衡，找准自己与社会的最佳结合点，以积极进取的心态迎接社会的选择。

（2）增强就业意识，全面提高自身素质，为就业做好充分准备

具有就业意识是顺利就业的前提，是毕业生对就业的基本态度。部分大学生找不到工作，一个重要原因是缺乏正确的就业意识。求职是一个全面展示自己的过程，必须努力完善自己，提高自身素质。真正影响就业过程和结果的是自己，自身素质在求职过程中起决定作用。大学生要建立不断学习、终身学习的观念，培养独立获取知识、发展自己的能力。要正确对待自己，对待他人，对待社会，提高自己的表达、交流和组织能力，提高自己的综合素质，以使自己在择业的竞争中保持良好的状态，自如地应对所遇到的各种问题。

（3）增强竞争意识，正确把握择业期望和机遇

每个人都有争强好胜之心。从这个意义上讲，竞争是人的一种本能。首先，要认识到培养竞争意识是自身发展和社会发展的需要；其次，竞争是实力的展示。竞争是对人才的考验，因此每个大学生都要培养竞争意识。

一些学生为自己制订了较高的职业标准，如收入高、工作稳定、工作环境优越、单

位福利好等。但用人单位很少能给没有任何工作经验的大学毕业生提供如此优越的待遇。因此，大学毕业生在就业之初，不可盲目“攀高”。

不同层次、不同专业的大学毕业生在社会需求中有客观的定位。如果自我定位准确，要求的条件符合客观情况，那么求职将容易成功；反之，条件越多、要求越高，成功概率越低。每个人的一生都在不断地调整，终身从事一种职业是可能的，但终身在同一个岗位上的可能性在现代社会已经越来越小了。

总之，大学生应该正确认识自己，实事求是地评价自己。大学生的择业期望必须恰当地定位，突出重点、扬长避短，选择能使自己发挥才能和施展抱负的职业。不要因为一味追求物质待遇和地域条件而贻误时机；应根据自己的兴趣、爱好、能力和社会需求把握就业机会，力争在择业过程中处于主动地位。

第二节　就业制度、就业政策与就业市场

一、就业制度

目前，我国已建立起“双向选择、自主择业”的大学生就业模式。现行的就业制度主要内容包括毕业生就业的主要政策、不同类型毕业生的特殊就业政策及毕业生就业的有关具体规定。

（一）人才聘用制度

人才聘用制度是我国企事业单位人员选拔任用、聘任聘用的一系列规章制度的总称。其核心内容是以公平、平等、竞争、择优为导向，建立有利于优秀人才脱颖而出、充分施展才能的选人用人机制。

我国目前实行的是企业与专业技术人员和管理人员双向选择的人才聘用制度。除应由出资人管理和应由法定程序产生或更换的企业管理人员和专业技术人员外，企业可以在全国范围内招聘各类人才。凡聘用人员，都要签订劳动合同。

（二）人事代理制度

人事代理制度是指政府人事部门所属的人才交流服务机构，依据国家有关规定，接受用人单位或个人的委托，对其人事业务事宜实行集中、规范、统一的社会化管理和服务的一种人事管理方式。此项制度的实施为毕业生到非公有制企业就业解决了后顾之忧。

人事代理的范围是企事业单位和各类流动人员，尤其是尚未落实接收单位的大中专毕业生和自费出国留学人员。

人事代理服务为毕业生提供的主要服务内容如下。

1）为大学毕业生管理人事档案，办理专业技术人员任职资格的申报，办理大中专

毕业生见习期满后的转正定级手续，调整档案工资，出具报考研究生、婚姻登记、办理独生子女手续、留学、出国等有关人事档案的证明材料。

2）为国家承认学历的大中专毕业生提供人事代理服务。从签订人事代理合同之日起，按照有关规定承认身份、申报职称、计算工龄、确定档案工资、办理流动手续等。

3）为大学毕业生转接党团组织关系，建立流动人员党团组织，开展党团组织活动。

4）为大学毕业生代办失业、养老等社会保险业务。

（三）就业准入制度

就业准入制度是根据我国职业资格证书制度的要求，依据《中华人民共和国职业教育法》和《中华人民共和国劳动法》（以下简称《劳动法》）规定，对从事技术复杂、通用性广，涉及国家财产、人民生命安全和消费者利益的职业（工种）的劳动者，必须经过专项的职业教育和培训，并取得相应职业资格证书后方可就业上岗的管理制度。目前，我国已经对一部分职业实施了就业准入制度。

随着社会经济的发展，社会对大学毕业生不再仅仅要求具备一定的基础理论知识和专业知识，还要求具备一定水平的实际动手操作能力。可以说，只有文凭并不一定能够胜任岗位工作。因此，大学生应该在学好基础知识、获得学历的同时，参加相关的职业/岗位培训，考取相关的职业资格证书（或培训证书）/岗位合格证书。

（四）社会保险制度

1. 住房公积金制度

住房公积金是职工及其所在单位按规定缴存的具有保障性、互助性、长期性的属职工个人所有的住房储金。我国住房公积金制度是 1991 年由上海市率先建立的。1994 年 11 月 23 日，财政部、国务院住房制度改革领导小组、中国人民银行联合下发了《建立住房公积金制度的暂行规定》，标志着我国住房公积金制度的建立。

职工个人缴存的住房公积金和职工所在单位为职工缴存的住房公积金，属于职工个人所有。住房公积金应当用于职工购买、建造、翻建、大修自住住房，任何单位和个人不得挪作他用。职工住房公积金的月缴存额为职工本人上一年度月平均工资乘以职工住房公积金缴存比例。单位为职工缴存的住房公积金的月缴存额为职工本人上一年度月平均工资乘以单位住房公积金缴存比例。一般情况下，缴存比例根据经济发展状况和职工生活水平确定和调整。

2. 养老保险制度

基本养老保险亦称国家基本养老保险，它是按国家统一政策规定强制实施的，为保障广大离退休人员基本生活需要的一种养老保险制度。在我国，20 世纪 90 年代之前，

企业职工实行的是单一的养老保险制度。

基本养老保险制度实行社会统筹与个人账户相结合的模式。基本养老保险覆盖城镇各类企业的职工；城镇所有企业及其职工必须履行缴纳基本养老保险费的义务。城镇职工缴纳的基本养老保险费，由所在企业从其本人工资中代扣代缴。企业以货币形式全额缴纳基本养老保险费。个体工商户和灵活就业人员按照规定确定的缴费基数和缴费比例按月缴纳。

城镇职工以本人上一年度月平均工资为缴费工资基数，按照 8%的比例缴纳基本养老保险费，全额计入个人账户。企业以全部城镇职工缴费工资基数之和作为企业缴费工资基数，按照 20%的比例缴纳基本养老保险费（各地缴费比例不同）。企业缴纳的基本养老保险费在税前列支。城镇个体工商户和灵活就业人员以本市上一年度职工月平均工资作为缴费基数，按照 20%的比例缴纳基本养老保险费，其中 8%计入个人账户。

个人账户储存额只能用于被保险人养老，不得提前支取。基本养老金由社会保险经办机构负责发放。2006 年 1 月 1 日以后达到退休年龄但个人累计缴费年限不满 15 年的被保险人，不发给基础养老金，个人账户储存额一次性支付给本人，同时发给一次性养老补偿金，终止基本养老保险关系。

3. 医疗保险制度

基本医疗保障制度是社会保障体系的重要组成部分，是由用人单位和职工共同参加的一种社会保险。基本医疗保险实行个人账户与统筹基金相结合，保障广大参保人的基本医疗需求，主要用于支付一般的门诊、急诊、住院等费用。

基本医疗保险使参保人员能够自己做主选择定点医院或社区医疗机构就医，选择范围广，尊重参保人在就医时的自主权和选择权。

基本医疗保险费由用人单位和职工共同缴纳。用人单位缴费率应控制在职工工资总额的 6%左右，职工缴费率一般为本人工资收入的 2%。随着经济发展，用人单位和职工缴费率可做相应调整。

基本医疗保险基金由统筹基金和个人账户构成。职工个人缴纳的基本医疗保险费，全部计入个人账户。用人单位缴纳的基本医疗保险费分为两部分，一部分用于建立统筹基金，一部分划入个人账户。划入个人账户的比例一般为用人单位缴费的 30%左右，具体比例由统筹地区根据个人账户的支付范围和职工年龄等因素确定。

4. 工伤保险

工伤保险，是指劳动者在工作中或在规定的特殊情况下，遭受意外伤害或患职业病导致暂时或永久丧失劳动能力及死亡时，劳动者或其遗属从国家和社会获得物质帮助的一种社会保险制度。工伤保险作为社会保险制度的组成部分，是国家通过立法强制实施的，是国家对职工履行的社会责任，也是职工应该享有的基本权利。

工伤保险对象范围是在生产劳动过程中的劳动者。由于职业危害无所不在、无时不在，任何人都无法完全避免职业伤害。因此工伤保险作为抗御职业危害的保险制度适用于所有职工，任何职工发生工伤事故或遭受职业疾病，都应毫无例外地获得工伤保险待遇。

5．失业保险

失业保险是指国家通过立法强制实行的，由社会集中建立基金，对因失业而暂时中断生活来源的劳动者提供物质帮助的制度。它是社会保障体系的重要组成部分，是社会保险的主要项目之一。失业保险是指劳动者由于非本人原因暂时失去工作，工资收入中断而失去维持生计来源，并在重新寻找新的就业机会时，从国家或社会获得物质帮助以保障其基本生活的一种社会保险制度。

6．生育保险

生育保险是国家通过立法，在怀孕和分娩的妇女劳动者暂时中断劳动时，由国家和社会提供医疗服务、生育津贴和产假的一种社会保险制度，国家或社会对生育的职工给予必要的经济补偿和医疗保健的社会保险制度。

生育保险是国家通过社会保险立法，对生育职工给予经济、物质等方面帮助的一项社会政策。其宗旨在于通过向生育女职工提供生育津贴、产假及医疗服务等方面的待遇，保障她们因生育而暂时丧失劳动能力时的基本经济收入和医疗保健，帮助生育女职工恢复劳动能力，重返工作岗位，从而体现国家和社会对妇女在这一特殊时期给予的支持和爱护。

二、就业政策

近年来，中央各有关部门出台了多项引导和促进高校毕业生就业的专项政策，包括："大学生志愿服务西部计划"、"三支一扶"（支教、支农、支医和扶贫）计划、"选聘高校毕业生到村任职工作"计划；国务院办公厅发布的《关于加强普通高等学校毕业生就业工作的通知》；科技部、教育部、人力资源和社会保障部、公安部等分别出台的《关于鼓励科研项目单位吸纳和稳定高校毕业生就业的若干意见》《关于继续组织实施"农村义务教育阶段学校教师特设岗位计划"的通知》《关于普通高等学校毕业生应征入伍服义务兵役办理就业手续有关问题的通知》等，提出了不少引导和促进毕业生就业的优惠政策。

（一）鼓励高校毕业生到基层、到中西部地区就业

1）对到农村基层和城市社区公益性岗位就业的，给予社会保险补贴和公益性岗位补贴；对到农村基层和城市社区其他社会管理和公共服务岗位就业的，给予薪酬或生活

补贴。

2）对到中西部地区和艰苦边远地区县以下农村基层单位就业并履行一定服务期限的，由政府补偿学费，代偿助学贷款。

3）对有基层工作经历的，在研究生招录和事业单位选聘时优先录取。

4）对参加“选聘高校毕业生到村任职”、“三支一扶”（支教、支农、支医和扶贫）、“大学生志愿服务西部计划”、“农村义务教育阶段学校教师特设岗位计划”等项目的，给予生活补贴，按规定参加社会保险；项目服务期满并考核合格的，报考硕士研究生初试总分加 10 分，高职（高专）学生可免试入读成人本科；今后相应的自然减员空岗全部聘用参加项目服务期满的高校毕业生。

（二）鼓励高校毕业生应征入伍服义务兵役

1）由政府补偿学费，代偿助学贷款。

2）在选取士官、考军校、安排到技术岗位等方面优先。

3）退役后参加政法院校为基层公检法定向岗位招生考试时，优先录取。

4）具有高职（高专）学历的，退役后免试入读成人本科；或经过一定考核，入读普通本科。

5）退役后报考硕士研究生初试总分加 10 分；荣立二等功及以上的，退役后免试推荐入读硕士研究生。

（三）积极聘用优秀高校毕业生参与国家和地方重大科研项目

高校毕业生在参与项目研究期间，享受劳务性费用和有关社会保险补助，户口、档案可存放在项目单位所在地或入学前家庭所在地人才交流中心。聘用期满，根据需要可以续聘或到其他岗位就业，就业后工龄与参与项目研究期间的工作时间合并计算，社会保险缴费年限连续计算。

（四）鼓励和支持高校毕业生到中小企业就业和自主创业

1）对企业招用非本地户籍的普通高校专科以上毕业生，各地城市应取消落户限制（直辖市按有关规定执行）。

2）为到中小企业就业的高校毕业生提供档案管理、人事代理、社会保险办理和接续等方面的服务。

3）从事个体经营符合条件的，免收行政事业性收费并享受国家相关扶持政策。

4）登记失业并自主创业的，如自筹资金不足，可申请 5 万元小额担保贷款；对合伙经营和组织起来就业的，可按规定适当提高贷款额度。

5）参加创业培训的，按规定给予职业培训补贴。

6）灵活就业并符合规定的，可享受社会保险补贴政策。

（五）强化对困难家庭高校毕业生的就业援助

1）就业困难和零就业家庭的高校毕业生，享受公益性岗位安置、社会保险补贴、公益性岗位补贴等就业援助政策。

2）机关、事业单位免收招聘报名费和体检费。

3）高校可根据实际情况给予适当的求职补贴。

4）对离校后未就业回到原籍的高校毕业生，由各地公共就业服务机构免费提供就业服务并组织就业见习和职业技能培训。

三、就业市场

大学生就业市场是人才资源市场的一种，它是毕业生与用人单位进行双向选择的重要场所，也是引导毕业生调整择业期望值，合理优化社会人才配置，实行公开、公正竞争、优胜劣汰的场所。它的工作职责和主要任务是为高校毕业生举办各种类型的双向选择会、洽谈会，开展就业咨询和为用人单位提供相应的招聘服务等，通过一系列的就业活动最终为高校毕业生寻找合适的工作岗位，满足高校毕业生对就业的需求和用人单位招收大学生人才的需求。

大学生就业市场可分为有形市场和无形市场两大类。

1. *有形市场*

有形市场是指有其固定场所、地点、举办时间及特定对象参加的，在某一时间内把用人单位与毕业生组织在某一场所，为双方进行交流和双向选择提供的就业平台。目前大学生就业有形市场大体有以下几种。

1）以学校为主体单独举办的毕业生就业招聘活动。

2）学校联办的毕业生就业招聘活动。

3）地区性、区域性的就业市场。

4）企业的专场招聘会。

2. *无形市场*

无形市场已经不是简单地通过电话、邮件、报刊和计算机网络及其他通信和传播手段来完成双方的交流和联系，而是借助信息技术的高技术手段，利用互联网技术建立起各类就业网站、求职网站，为大学生就业市场提供更宽阔的发展领域。凭借信息快速、便捷和灵活的特点，用人单位和毕业生之间打破时间、区域、场所的限制，提高就业工作效率。

大学生就业市场的对比分析如表 10-1 所示。

表 10-1　大学生就业市场对比分析

就业市场类别	优势	劣势
国家及各级政府举办的大学生就业市场	组织市场容易 可信度高 组织保障有力	针对性不强，市场效率低 建设力度不够，运行成本高 地区间发展不平衡
高校举办的大学生就业市场	针对性强，签约率高 可信度高，权威性高 方便，学生求职成本低	邀请单位和组织市场难 成本高，加重学校负担
人才中介机构举办的就业市场	经验丰富 可投入精力多 市场基础好	针对性差，有效率低 监管力度差，可信度低
网络举办的大学生就业市场	方便、快捷、灵活 不受时空限制 信息量大 资源易共享	信息化建设投入大， 网上信息可信度低

第三节　就业信息准备

一、就业信息的内容及其分类

就业信息是指通过各种媒介传递的，与就业有关的消息和情况。信息包括就业政策、就业机构、人事制度、国家发展规划、经济发展形势与趋势、劳动力供求状况、劳动用工制度、就业方法和招聘信息等。就业信息的价值具有“会用则有，不会用则无”的特性。

就业信息可以帮助毕业生：了解政策、掌握和运用好政策；了解市场、了解需求、了解自我；增加就业机会，提升就业成功率。

就业信息分为宏观信息和微观信息两大类。宏观信息包括毕业生就业的总体形势、社会对人才的需求趋势、就业政策、就业活动等信息。微观信息是指具体用人信息，即用人单位需要什么样的毕业生。例如，需求单位的性质、企业文化、专业要求、行业现状及发展前景、岗位描述，计算机、外语水平、生源地、性别要求，用人单位提供的用人条件、工作性质、晋升机会、工资福利待遇、空缺岗位等。

具体的就业信息包括以下主要内容：单位全称、企业性质、隶属关系、地理位置（交通状况）、职位名称、招聘人数、职责范围、职位要求、薪酬福利体系、组织结构、用人理念、文化氛围、单位发展前景、详细地址、联系方法等。

二、搜集就业信息的方法和原则

（一）搜集就业信息的3种方法

（1）全方位搜集法

把与毕业生所学专业相关联的就业信息统统搜集起来，再按一定的标准进行整理和筛选，以备使用。这种方法获取的就业信息广泛，选择的余地大，但较浪费时间和精力。

（2）定方向搜集法

根据毕业生选定的职业方向和求职的行业范围来搜集相关的信息。这种方法以个人的专业方向、能力倾向和兴趣特长为依据，便于找到更适合自己特点、更能发挥作用的职业和单位。需要注意的是，当选定的职业方向和求职范围过于狭窄时，有可能大大缩小选择余地，特别是所选定的职业范围是竞争激烈的“热门”工作时，很可能给你下一步的择业带来较大困难。

（3）定区域搜集法

根据个人对某个或某几个地区的偏好来搜集信息，而对职业方向和行业范围较少关注和选择，易把注意力集中在所定区域的报纸杂志上。这是一种重地区、轻专业方向的信息搜集法，按这种方法搜集信息和选择职业，也可能由于所面向地区的狭小和“地区过热”（即有较多择业者涌向该地区）而造成择业困难。

（二）搜集就业信息的4项原则

一般而言，要搜集到适合自己、高质量的就业信息，在实际操作中必须把握以下4项原则。

（1）准确性、真实性

近年来，社会上出现了各种各样以营利为目的的中介——职业介绍机构。确有个别中介用一些过时的或虚假的信息欺骗学生，致使毕业生为此徒劳奔波。对此应当加强警惕，尤其应当防止“陷阱”性信息导致毕业生误入传销圈套之类的恶性事件的发生。搜集信息过程中，一定要了解清楚信息来源的准确性、真实性。

（2）实用性、针对性

首先要充分认识自己，然后根据专业、特长、能力、性格等方面的综合因素搜集信息，避免范围过大且有过多无效信息。

（3）系统性、连续性

将各种相关的信息积累起来，然后分析、加工、整理与分类，形成一种能客观、系统地反映当前就业市场、就业政策、就业动向的有效就业信息，为择业提供可靠

的依据。

（4）计划性、条理性

首先要明确搜集信息的目的；其次应明确自己所需就业信息的范围，做到有的放矢。一言概之，搜集就业信息要力求做到“早”“广”“实”“准”。所谓“早”，就是搜集信息要及时，要早做准备。所谓“广”，就是信息面不能太窄，要广泛搜集各个方面、不同层次的就业信息。除了关注自己预先设定的目标搜集有关地区、行业和单位的就业信息外，还应搜集“后备信息”，以免在求职受挫时感到无所适从，造成被动。所谓“实”，就是搜集的信息要具体，如用人单位的地点、环境、人员构成、生活待遇、发展前途，对新进人员的基本要求、联系电话等各方面信息。所谓“准”，就是要做到搜集信息准确无误。

三、搜集就业信息的五大渠道

（1）从本校毕业生就业指导机构获得信息

学校每年都向用人单位输送毕业生，与社会各有关单位保持着广泛而密切的联系，并在与用人单位长期合作中，建立了稳定的工作关系。从学校就业部门获取的需求信息针对性强、可信度高，是大中专毕业生获取就业信息的主要渠道。

（2）通过各级毕业生就业主管部门、人才服务机构及其组织的活动获取信息

各级毕业生就业主管部门和人才服务机构，是沟通用人单位和大中专毕业生的桥梁和纽带，是为毕业生提供就业服务的专业机构。毕业生可通过参加他们组织的定期或不定期的人才交流洽谈会、毕业生供需见面会等活动获取需求信息，这也是获取信息的重要渠道。

（3）通过各种传播媒介获取信息

一些用人单位常常通过网络、报纸、杂志、广播、电视等大众传媒介绍本单位的现状、发展前景和人才需求信息。需要特别注意的是，这种信息传播面广，时效快，其内容往往比较笼统，如果选用还应作进一步的了解。

（4）利用家庭和各种社会关系获取信息

从父母、亲友及他们的社会关系中也可以获得需求信息。这种信息针对性更强，通常具有毕业生所希望的行业或地区的定向性，对用人单位可以进行更具体的了解，易于双向沟通，因而就业成功率较高。

（5）主动与用人单位联系或通过社会实践获得信息

毕业生本人通过电话咨询、登门求访、信函询问等方式，或者在毕业实习、参加社会活动等实践中，对相关单位的人才需求情况进行了解，也可以获取所需要的就业信息。

要想使择业决策更具有科学性，毕业生必须要有就业信息量上的保证。比如，国家的就业方针、各地方及行业的就业政策、所属院校的就业细则、有关的就业机构、具体

职责等。更为重要的是，用人单位的需求信息。在这些信息的搜集量上若有不足，进行取舍决策的科学性、准确性就会大打折扣。

◈ 实践拓展

走访人才市场

亲身走访一次人才市场，并写一篇市场调查报告。

建议大纲如下：

1）走访人才市场的感受。

2）目标岗位的人才需求状况。

3）目标岗位的招聘要求。

4）根据市场状况，设计自己的求职策略。

报告不少于800字。

专家视角

就业选择大公司还是小公司

1．大公司有利于新人成长

新人在大公司接受严格、规范和科学的管理，对自己的个人成长是很有益处的。

在大公司里，企业的分工很细，每个人都在相应岗位履行着相应的职责。大公司运作大项目的机会较多，大项目一般需要不同部门不同岗位的人员共同合作。参与大项目的运作管理，有助于快速培养新人的团队精神和沟通技能。

大型企业的工作经历有助于养成良好的工作习惯、培养专业化的岗位技能、养成职业化的职场心态和拓宽个人视野。

2．做主角要去中小企业

大学生在求职择业时，不要只瞄准大公司、大企业，有些中小企业的发展机会可能更有助于实现自己的梦想。事实上，公司的规模与个人的发展机会并不总成正比。有些优秀的中小企业更有助于经验积累和技能锻炼，为日后的发展打下坚实的基础。

一般来说，中小企业的制度不够规范、细致。因此，每个岗位所承担的职责较多，也相对笼统。中小企业往往要求员工成为全才、多面手、身兼数职。对员工来说，这样必然会促进个人的多方面经验成长和能力提升，获得更多实操技能。中小企业在日常管理方面不够完善，因此对员工的管理和限制也较小，企业为员工提供独立实践的机会较多。通常，在小企业里，每个人都是主角。

经过中小企业历练后，员工往往会成长为最受企业欢迎的复合型人才。有中小企业

工作经历的人自主创业，相对那些在大公司只从事单一岗位的专项人才来说，创业成功概率较高。企业的好坏、强弱与公司的大小没有直接的关系。对于大学毕业生而言，重要的是在这份工作中，自己可以获得什么、贡献什么和学到什么。

一个人的职业选择，受多种主客观因素的影响。一个人的职业发展的好坏，并不取决于所选择的单位的规模大小。无论在什么样的企业和环境里，只要勤奋努力、积极学习，就能获得良好的职业生涯发展。对于自己的个性具有挑战性、有强烈的全方位学习意愿的人，选择中小企业会获得较好的“人—企”匹配，实践不同岗位的机会相对较多，可能会得到多方面的锻炼。而个性较为沉稳、保守的，也许大公司的稳定完善，会是比较明智、适合的职业选择。

专家视角 10

第十一章　实施求职行动

本章导图

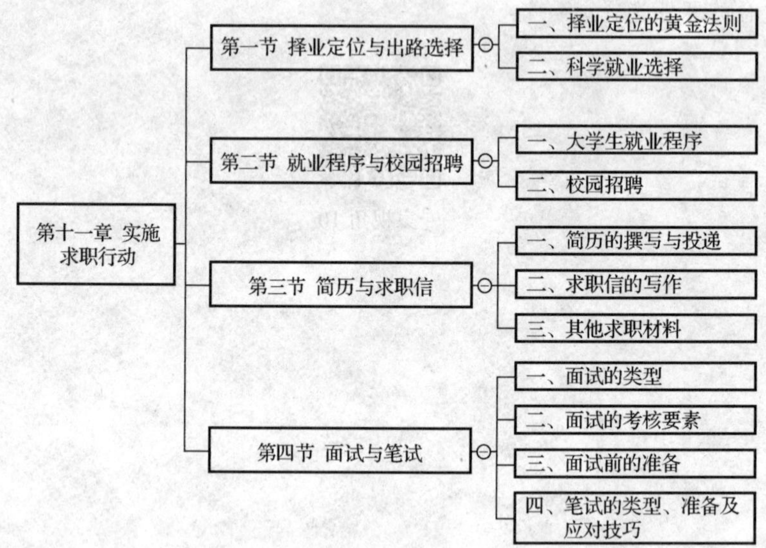

导入活动

了解好工作的标准

1. 组织办法

学生自由分组，根据自己的理解，回答以下问题：①热门的工作就是“好工作”吗？②别人说“好”的工作就是“好工作”吗？③薪水高的工作就是好工作吗？

2. 活动分享

各小组派出代表阐述好工作的标准。

分析：

选择职业不仅要考虑薪水的高低，还要考虑这份工作对自己的长远发展是否有利。

第一是所学即所做，知识与工作的持续性。一个好工作一定是使自己能够充分利用

自己所学的知识的。

第二是所做即所乐，工作与兴趣的趋同性。一个好工作一定是结合了自身最大兴趣在里面的。上面的所学即所做已经在知识层面把兴趣融合在里面。兴趣才是最大的老师，兴趣才可以产生不竭的动力和激情。因此，找到一个和自己的兴趣趋同的工作才是好工作。

第三是所做即所能，能力对工作的胜任。一个好工作一定是在自己能力和潜力范围内可以胜任的。

第四是所做即所愿，工作与理想的一致性。一个好工作一定是和自己的职业理想一致的。好工作是可以为实现职业理想做出奠基的，是职业理想要求下的一个晋阶手段。我们所做工作的最终目的是实现内心的价值追求——理想的达成。所以，不要为了做工作而做工作，而要为了实现理想去做工作、去选择工作。

第五是所现即所求，通路对目标的支持性。一个好工作一定是使自己在这个既定通路上可以越来越接近职业理想的。每个工作都有着客观的、既定的职业晋升发展通路，所以当自己选择了一份工作，不仅要看这个工作本身是否和职业理想一致，还要看这个工作的晋升通路是否对职业理想有帮助。

好工作的标准其实就是为了满足自身的最大成就感，最大化地支持内在价值追求——职业理想的实现，从而达到自我实现的至高精神境界。

第一节　择业定位与出路选择

一、择业定位的黄金法则

择业定位应把握 4 条法则：择己所爱、择己所能、择世所需、择己所利，并在保证了前 3 条法则的基础上，追求发展和收益最大化——择己所利。

（一）择己所爱

择业定位首先要想到自己喜欢哪种职业或者对哪种职业比较感兴趣。研究表明，一个对所从事职业感兴趣的人，能够发挥其才能的 80%～90%，且能保持长时间的高效率；而对所从事职业不感兴趣的人，则只能发挥其才能的 20%～30%，且容易精疲力竭。一般来说，只有从事自己喜爱的、感兴趣的工作，工作本身才能给自己一种满足感，自己的职业生涯才会变得妙趣横生。因此，择己所爱是大学生做好未来择业定位的首要原则。

（二）择己所能

在人才市场的就业竞争中，大学生必须善于从与竞争者的比较中来认清自己的优势和劣势。然后，在此基础上按照择己所长、扬长避短的原则进行具体的择业定位。大学生应特别注意要尽可能学以致用，发挥自己的专业特长，把择业定位在与自己所学有较密切联系的行业领域。

（三）择世所需

任何职业的兴起、发展、衰落及消亡均是由社会需要的变化引起的。因此，大学生在进行择业定位时，不仅要了解当前的社会职业需求状况，还要善于预测职业随社会需要而变化的未来走向，以便能使自己的择业定位富有一定的远见。否则，一味盯在眼前热门的职业上，可能不利于长远发展。

（四）择己所利

职业是个人谋生的手段，其目的在于追求个人价值。大学生在择业时，要考虑职业带来的收益，尽可能使个人价值最大化。这里所指的收益，不是单纯的薪酬待遇等，而是要综合权衡多方面的因素，充分考虑国家和社会的需要，综合自己的爱好、特长和个人需要，进而得出合理的结论。明智的职业选择是在由收入、社会地位、成就感和工作付出等变量组成的函数中找出一个最大值，这就是择业定位的收益最大化原则。

二、科学就业选择

大学生的就业意向主要呈现出以下几个特点。

（一）就业单位选择

基于当前的就业形势和我国的社会经济发展，大学生在就业单位的选择上呈现多元化。这种现象产生的原因在于大学生的人才特点和竞争优势，以及社会人才的多元化需求。大学生一般不再注重就业单位的性质，只要有发展潜力，国家机关、事业单位、外资企业、民营企业、自由职业等，都会去尝试和争取。

（二）就业行业选择

目前，地方高校所设置的专业大部分都是符合区域经济发展需求，具有一定操作性的应用型专业。就业选择时，大部分同学可以选择从事与本专业对口的工作，通过自己的专业技能，获得适合自己的岗位。而对口的用人单位也喜欢招收应用型院校的大学生，因为这些学生只需通过简单培训，即可胜任岗位工作。

虽然如此，我们也要摒除专业与岗位“绝对匹配”的择业观念，因为专业对口只是充分条件，而不是必要条件。在大学学习的是知识和方法，只要能发挥自己的聪明才智，有发展空间，不一定要从事专业严格对口的工作。

（三）就业区域选择

部分大学生在选择就业区域的时候，存在着“唯东部、沿海、发达地区不可”的倾向，都喜欢选择大、中城市，而忽略了西部或者农村地区。其实在欠发达的中西部地区，发展潜力和发挥空间更大，同时这些地区对人才的需求也更加旺盛。

基层是大学生建功立业的大好舞台，国家也制定了一系列的引导基层就业的优惠政策，如“三支一扶”计划、大学生到村任职、大学生志愿服务西部计划等。大学生应该积极响应国家的号召，去基层就业，实现自己的职业生涯目标。

（四）薪酬待遇选择

薪酬待遇方面，大学生的期望值整体上符合社会的实际情况。但仍有部分同学就业期望值过高，目标放在大企业及薪酬福利好的行业、职业，却往往忽略了自身实力和自身适合的择业定位，从而导致择业失败。正确的选择是先走上适合自己发展的工作岗位，通过自己的拼搏和努力获得较高的薪资和待遇。

（五）就业岗位选择

大学生就业时选择何种岗位，主要取决于自身愿望、资源条件和岗位胜任素质与能力要求。这就要求毕业生对自我的素质和能力有清晰的认识，对具体岗位的职责、任职条件和要求、职业发展路径等有深入的了解。

第二节　就业程序与校园招聘

一、大学生就业程序

全国普通高校毕业生就业工作程序和时间安排由教育部统一部署。中央各有关部委和各省、自治区、直辖市按照教育部的统一部署指导和管理所属高校毕业生的就业工作。

（一）学校就业主管部门的一般工作程序

高校毕业生就业指导中心根据上级主管部门统一部署的就业工作程序和时间，制订计划，统一安排和指导各院系部的毕业生就业工作。一般而言，毕业生就业工作程序包括：①进行毕业生资格审查；②收集整理发布毕业生供需信息；③就业指导和就业教育；④供需见面及双向选择；⑤编制建议性就业方案，办理毕业生就业手续；⑥按下达的就业方案办理毕业生就业手续；⑦毕业生文明离校教育；⑧调整改派及遗留问题处理。

表 11-1 记录了毕业生就业年的关键节点。

表 11-1 毕业生就业年的关键节点

时间	择业阶段	所做工作（内容）
7～8 月	基础准备	择业中所有个人佐证材料的整理与收集（如获奖证书、发表论文或作品、参加各种重要活动的照片等）
9 月	择业前准备	就业技巧的培训与提高；个人自荐材料的准备；面试的物质准备（如服饰和资金等）；信息表格的填写；了解就业政策；分析各种就业形势；锁定就业意向
10～12 月	第一择业高峰	应用获得的就业信息，开始有针对性地择业应聘
次年 1～2 月	调整	总结和反思择业中的得失，调整择业心态和目标，力争择业能力的再提高
次年 3～5 月	第二择业高峰	再次为择业成功而努力。同时，这一阶段也是考研失利的同学择业的最佳时期
次年 6 月	岗前准备	根据已确定的职业角色要求，做好岗前准备，办理毕业离校手续

（二）大学生就业步骤

在就业前，除了要了解主管部门与学校的就业工作程序外，毕业生还应对自己如何走好就业之路做到胸有成竹。

1. 了解有关的就业政策

认真分析就业形势，了解必要的就业政策，特别是拟就业地区和本校的就业形势与相关就业政策，这直接关系到毕业生择业的成败。

2. 收集和处理就业信息

就业信息是毕业生求职择业的前提和必备条件。毕业生应当及时、全面地掌握有关就业方面的各种信息，并认真地对这些信息进行分析、筛选、整理，最终做出正确判断，明确求职择业的目标与方向。

3. 做好择业的思想准备和心理准备

要做好求职择业的思想准备，首先要解放思想，转变观念。目前，中小城市、乡镇基层单位、非国有企业已成为接收毕业生的广阔渠道。因此，大学生应该更新就业观念，做好思想准备，以适应新的就业形势。同时，面对众多的竞争对手，也要做好心理准备，调整好面对激烈竞争的心态。

4. 准备自荐材料

根据自己的求职意向，要准备好求职信、简历，以及各种证明自己学历、能力的自荐材料。

5. 参加各类招聘会

供需见面、双向选择是高等学校和用人单位协商落实毕业生就业计划而进行的一系列相互沟通的活动，是毕业生就业的重要手段。同学们要积极参加各类招聘会，了解人才市场需求和用人单位情况，以筛选适合自己的就业目标。

6. 投递简历

根据自己的求职目标和用人单位的招聘信息，可以选择在招聘会现场或网上投递自己的求职简历。投递简历的数量比较多时，要做好投递记录，管理好自己的求职过程。

7. 参加面试和笔试

用人单位都需要通过一轮或几轮面试，来做出最终选择。面试在整个求职过程中是最为关键的一个环节，毕业生要充分重视并做好充足的准备。有的用人单位为测试求职者的知识和综合素质，除面试外还要加以笔试来筛选适合本单位的人才。

8. 签订协议

毕业生与用人单位达成就业意向后，签订全国普通高等学校毕业生就业协议书，经学校毕业生就业工作管理机构审核后，列入就业方案。

9. 报到

根据协议约定，毕业生领取报到证、毕业证后，按时到就业单位报到，开始自己的第一份工作。

二、校园招聘

校园招聘是用人单位的一种外部招聘途径，是指招聘组织（企业等）直接从学校招聘各类、各层次应届毕业生。校园招聘具有集中、快捷、高效、针对性强等特点，毕业生应给予足够的重视，并做好充足的准备，把校园招聘作为求职的首选渠道，提高求职效率。通过校园招聘的渠道找工作，一般要经过以下几个步骤。

1. 广泛收集招聘信息，积极参加校园招聘活动

积极参加各类校园招聘活动，获取最新招聘信息。

2. 递交应聘资料

应聘资料包括个人详细简历、学校成绩单、高校毕业生就业推荐表、个人近照、各类证书复印件等。根据用人单位的要求，可以通过以下方式提交：

1）将应聘资料发送至招聘信箱。主题的格式为：学校—专业—姓名，如“××××大学—艺术系—张××”，详细简历可通过邮件正文和附件同时发送。

2）登录企业网上应聘报名网站，注册提交电子简历。

3）提交纸质的应聘资料。

3. 进入初试

（1）初次面试

请携带好以下物品参加初次面试：①个人详细简历；②学校成绩单（最好盖有学校公章）；③取得的相关证书；④足以说明自己能力的其他材料。

（2）笔试

笔试主要考察对专业知识的理解、对接收新知识的能力、心理个性特征、综合知识的广度等。通常招聘单位会根据岗位需要有选择地进行笔试。

4. 进入复试

通过初试者，招聘单位会通过电子邮件或电话等方式通知其参加复试，届时双方将会有更加深入的了解和沟通。

5. 签订就业协议

如果通过了简历筛选、初试、复试等环节，顺利签订就业协议后，毕业生便可以开启自己的职业生涯了。

第三节　简历与求职信

一、简历的撰写与投递

一份优秀的简历有助于我们求职成功。那么，如何准备一份优秀的简历呢？

（一）简历的写作原则

1. 真实

真实是简历最基本的要求，诚实的记录和描述能够使招聘单位产生信任感。一些毕业生为了达到较好的包装效果，故意遗漏某一段经历造成履历不连贯或对经历（如教育背景、社会实践等）夸大其词、弄虚作假，这很容易被阅历丰富的人事主管识破。

2. 完整

完整不是面面俱到，不分主次。在制作简历时，毕业生要根据企业和职位的要求，完整、巧妙地突出自己的优势，给招聘单位留下鲜明、深刻的印象。

3. 简洁

应届毕业生在撰写简历前，应根据不同的单位、职位和要求进行必要的分析，突出重点、有针对性地设计简历，力求达到简洁、清晰的效果。

4. 规范

作为实用型文体，简历的文风要平实、稳重，以叙述、说明为主，不可动辄引经据典、抒情议论。在撰写简历时，不要使用拗口的语句和生僻的字词，更不要有病句、错别字。撰写英文简历时，应特别注意不要出现拼写和语法错误。

5. 美观

令人赏心悦目的版面设计是简历的加分项。美观的基本要求是条理清晰、标识明显、段落不要过长、字体大小适中，排版端庄美观、疏密得当。在设计简历时，不要为了节省纸张而排得密集局促，令人看得吃力；也不要出现某一页纸上只有几行字，留下大片空白的情况。另外，还要注意版面不要太花哨。

6. 诚恳

在撰写简历时，要遵循诚恳、谦虚、自信、礼貌的原则。既不妄自尊大，也不妄自菲薄，要客观评价自己的优势，避免夸夸其谈，这样反而更能赢得招聘单位好感。

（二）简历的完整结构

一份完整的简历，通常包含基本信息、求职意向、教育背景和培训经历、工作和实践经历。另外，也可以加上获奖情况、个人特长、自我评价，并附上相关的证书、作品。

1. 基本信息

基本信息涉及的内容包括姓名、年龄、性别、籍贯、常住地地址、民族、政治面貌、学历、专业、身高、体重、手机号码、电子信箱、照片等。

2. 求职意向

毕业生在求职时，要有明确的求职意向，有的放矢。在简历中，一定要在介绍完自己的基本信息之后，醒目、清楚地写明求职意向。

3. 教育背景和培训经历

教育背景包括学校的名称、学习的时间、所学专业和主要课程、取得的学历和学位等。撰写培训经历时，应按时间倒序来写，写出参加过哪些培训，培训内容最好和所应聘的职业有关。

4. 工作和实践经历

在撰写工作和实践经历时，应写出在校期间参加的各种实践活动，如在校期间担任过哪些职务、是否参加过志愿者工作、从事过哪些兼职等。这些经历能很好地说明自己具备相关的工作能力。

5. 获奖情况

在撰写获奖情况时，可以把在校期间获得的荣誉及获得奖学金的情况进行列举。另外，还可以列明除学历证书和学位证书之外的证书，如大学英语等级证书、计算机等级证书、从业资格证书等。

6. 个人特长

在介绍个人特长时，不要泛泛而谈，要与求职行业或公司的要求相一致，体现出自己的优势领域、个性特征、生活状态。

7. 自我评价

建议将“自我评价”放在简历的后面。自我评价要符合职位要求，不要套话连篇。

（三）简历的有效投递

是否能获得面试机会，除了简历内容是否对招聘单位产生吸引力外，简历投递的方式方法也会对求职成功与否产生不小的影响。毕业生投递简历的途径主要有现场投递和网络投递。

1. 现场投递

最常见的现场投递简历的场合就是人才招聘会。投递简历前要仔细检查各项信息的完整性，不要忘记贴照片、附上相关证明资料等。

现场投递简历时，还应注意不要盲目乱投。正确的做法是，投递简历之后争取和现场招聘人员进行简单的交流，留下一个好的印象，这样才有可能争取到面试的机会。

2. 网络投递

网络投递也是目前常见的投递简历的方法。求职者可以从知名的大型招聘网站上投递，也可以通过专场网络招聘会或直接向招聘单位的邮箱投递。网络投递简历时要注意以下几点。

1）要有的放矢。首先仔细浏览招聘单位的简介、招聘职位的要求、信息发布的时间、有效期等。掌握了这些真实的情况后，再结合自己的实际情况决定是否投递简历。

2）不要向同一家招聘单位申请多个职位。人事主管会认为这样的求职者没有目标，只是盲目地乱投简历。

3）按招聘单位的要求投递简历。有的招聘单位对简历格式、附件等做了特别的要求，如果没有按招聘单位的要求去做，简历再精彩也会被直接删除而错过机会。

4）电子邮件的主题要醒目。如果招聘单位没有特殊要求，一般情况下可写“×××应聘××××岗位”。

5）把简历存放在各大招聘网站上。使用网络招聘的单位，大多会主动到网站上搜索所需的人才。当求职者同他们所需的人才条件相匹配时，他们就会根据求职者简历上的联系方式主动与其联系。

6）做好投递记录。很多求职者盲目投递简历，当招聘单位与其联系时，却一头雾水。这会让招聘单位觉得该求职者不重视这个机会，对其印象也会大打折扣。因此，建议求职者在投递简历时做好投递信息的记录，以免张冠李戴。

二、求职信的写作

一封优秀的求职信可以吸引人事主管的目光，帮助求职者提高求职的成功率。

（一）求职信的内容

1. 自我介绍和写求职信的理由

求职信的首段要抓住人事主管的注意力，应说明从何处得悉招聘信息，开门见山地表明自己对公司的兴趣并想担任他们空缺的职位。

2. 自我推荐

求职信的第二部分要简短叙述自己的才能，说明自己的竞争力，以及可以胜任这份工作的原因。需要注意的是，求职信应该跟简历中的内容相呼应。

3. 制订计划

求职信的结尾要表明自己的下一步计划，明确表示自己希望获得面谈的机会，以及希望获得某项工作或职务的强烈愿望。另外，留下自己的联系方式，以便招聘单位随时和自己联系。

（二）撰写求职信的注意事项

1）加强针对性，内容紧扣所应聘职位和自己的核心优势。

2）与简历形成互补，补充一些简历中不便详细展开介绍的内容，如自己的思想政治表现、学校表现等。

3）求职信要精雕细琢，忌有文字、语法的错误。

4）撰写求职信时要谦虚、谨慎，忌过分吹嘘。例如，有人在求职信中把自己喻为千里马，更有甚者把求职信的标题写成“千里马的告白”“通缉伯乐”，这会给招聘单位留下狂妄自大的印象。

三、其他求职材料

所有的求职材料应从多角度展现求职者的立体形象。因此，在制作求职材料时，要进行一番精心的策划和构思。除了简历和求职信之外，还包括以下求职材料。

1. 毕业生就业推荐表

毕业生就业推荐表是组织对毕业生的全面评价。一般由毕业生所在院系填写推荐意见。

2. 学习成绩单

学习成绩单是毕业生大学学习成绩的证明，成绩单要由学校或学生所在系（部）的学生成绩管理部门统一填写，并加盖公章。

3. 各种证书

各种获奖证书、荣誉证书、资格证书、等级证书等是毕业生在大学期间表现的集中反映。毕业生在准备求职材料时要有选择性地编排，针对用人单位对职位的要求提供。

4. 参加社会实践、毕业实习的鉴定材料

在校期间参加的各种社会实践及履历证明、实习单位的实习鉴定等材料。

5. 成果证明材料

如获得的发明专利证书或正在申请的专利材料，在报刊上发表的文章、论文，出版的专著或读物，有一定价值的调查报告，以及参与并完成教师科研工作的证明材料等。

第四节　面试与笔试

一、面试的类型

在校园招聘中，企业采用的面试形式越来越丰富，面试流程也越来越复杂，其目的是提高面试筛选的准确度和效率，降低招聘成本等。对于应届毕业生来说，有必要了解企业招聘的面试形式和面试流程，结合自身的实际情况做好面试准备，以便在面试中灵活应对，表现出良好的状态，博得招聘单位的青睐。

按照面试的开展形式及手段、面试的内容、面试考核的重点等，企业在校园招聘中采用的常见面试方式如下。

（一）电话面试

在进行电话面试时，面试人员会首先确认求职简历的真实性。此时，求职者必须冷静快速地回答问题。因此，最好将简历放在手边，可以看着内容回答面试人员的提问。其次，面试人员会针对应聘岗位询问求职者关于专业技术方面的问题，如专业技能、对应聘职位的看法等。对于这些问题，求职者要抓住问题要点，尽量用简短的专业术语表达清楚，突出重点，不要含糊不清。

在进行电话面试时，最好在手边放一些纸和一支笔，记录面试人员的问题要点，以便于回答。在电话面试过程中，不要机械地背诵准备的材料。回答问题时语速不必太快，发音吐字要清晰，表述要简洁、直截了当、充满热情，使谈话有趣而易于进行。如果没有听清楚问题，要有礼貌地请面试人员重述一次，不要不懂装懂，答非所问。

（二）视频面试

求职者要在招聘单位安排的面试时间前，安装好摄像头和耳麦等相关设备，并检查电脑、网络、摄像头、耳麦、灯光等设备的使用情况，以保证视频面试能够正常进行。

视频面试更多通过语音聊天来展示自己，因此要特别注意语言的表达，要注意口齿清晰，表达有条理。在进行视频面试的过程中，很有可能出现没有听清楚或者视频突然断掉的情况。若遇到此类问题，要有礼貌地向面试人员解释清楚，或许此时你的反应就会成为面试人员判断的标准。

（三）结构化面试

结构化面试又称标准化面试，是面试人员通过设计面试所涉及的内容、试题、评分标准、评分方法、分数等对求职者进行系统的结构化的面试。其主要目的是评估求职者工作能力的高低及是否能胜任该岗位工作。招聘单位会根据自身的特点确定面试的具体内容模块、测评流程、安排和要求等。目前，国家机关和外资企业多使用此类面试方式。

（四）无领导小组面试

无领导小组面试是一种集体面试的测评技术，它通过给一组求职者一个与工作相关的问题，让其进行一定时间的讨论，来检测求职者的组织协调、口头表达、辩论、说服、情绪稳定性、处理人际关系的技巧等方面的能力和素质是否达到拟任岗位的要求。

（五）情景模拟面试

情景模拟面试是设置一定的模拟场景，要求求职者扮演某一角色并进入角色情景中，去处理各种事务。面试人员通过对求职者在情景中所表现出来的行为，进行观察和记录，以测评其素质潜能是否能适应或胜任岗位的要求。

二、面试的考核要素

了解面试人员的测试目的，求职者可以有意识地提前做好相关准备。面试的考核要素一般有以下几项。

（一）具备的基本素质

1. 仪表风度

仪表风度指求职者的衣着举止、精神状态、风度气质等。研究表明，仪表端庄、衣着整洁、举止文明的人，一般做事有规律，注意自我约束，责任心强。因此，求职者应该着装得体，举止文雅，回答问题要认真、诚实。

2. 道德品行

道德品行主要是考察求职者的责任感是否强烈、能否按时完成工作；考虑问题是否偏激；情绪是否稳定；对于要求较高的业务能否适应。求职者回答时应该突出自己的自信心，以及坚强的意志和强烈的责任感。责任心强烈的人，大多有明确的奋斗目标，并为之而积极努力，且不安于现状，工作中常有创新。

3. 自我控制能力与情绪稳定性

自我控制能力与情绪稳定性在工作中尤为重要：一方面，在遇到上级批评指责、工作有压力或是个人利益受到冲击时，能够克制、容忍、理智地对待，不致因情绪波动而影响工作；另一方面，工作要有耐心和韧劲。

4. 工作态度

面试人员考察求职者的工作态度原因有两点：一是了解求职者对过去学习、工作的态度；二是了解其对应聘职位的态度。态度不认真的人，在新的工作岗位也很难，认真负责。

（二）具备的相关能力

1. 口头表达能力

面试人员一般观察求职者能否将要表达的内容有条理地、完整地、准确地转达给对方；引例、用语是否确切；发音是否准确，语气是否柔和；说话时的姿势、表情是否得体。

2. 综合分析能力

面试人员主要考察求职者是否能在面试中对面试人员提出的问题，通过分析抓住本质，并且说理透彻、分析全面、条理清晰。

3. 思考判断能力

面试人员一般观察求职者能否准确、迅速地判断面临的状况，能否恰当地处理突发事件；能否简练、贴切地迅速地回答对方的问题。

4. 反应能力与应变能力

面试人员主要看求职者是否准确地理解所提出的问题，以及回答的迅速性、准确性等。另外，还考查求职者对于突发问题的反应是否机智敏捷、回答恰当；对于意外事情的处理是否妥当等。

5. 学习能力

学习能力是指理解并接受新事物、新观念的能力。担任任何职位都必须具有良好的学习能力，因为世界每时每刻都在发生变化，不断有大量的新事物、新观念涌现出来，而要使自己跟上时代发展的步伐，必须及时地接受并理解与自己所任职务有关的新事物和新观念，只有这样才能不断提高自己的工作水平，有创造性地解决工作中的问题。

面试人员应首先看求职者是否具有掌握和学习新知识、新技能的强烈愿望和兴趣；其次要看求职者是否掌握了基本的学习技能和方法。

6. 人际沟通能力

在面试中，面试人员通过询问求职者经常参与哪些社团活动、喜欢同哪种类型的人打交道，以及在各种社交场合所扮演的角色。通过询问这些信息，面试人员可以了解求职者的人际交往倾向和与人相处的技巧。

7. 实践操作能力

面试人员在面试时，除了看重求职者的学习能力外，也非常重视其工作实践经验。特别是招聘技术型和技能型人才时，主要考察特定岗位的专业技能和实践操作能力。在校期间，除了重视专业实习外，大学生还要多利用课余的时间通过兼职、假期实习的方式多培养一些实践操作的能力，丰富社会阅历，提升求职面试的成功率。

8. 职位需要的特殊能力

不同的行业、职位对求职者有不同的特殊能力要求。例如，招聘新闻记者时，会考查求职者以下几个方面的特殊能力：①下笔迅速而清楚；②须能在嘈杂场所而不乱文思；③须善于记述问答式的文字；④有推定力，能迅速推定新闻的真相。

（三）与应聘职位的匹配度

1. 个性特征

了解求职者的兴趣、爱好等个性特征，有利于录用后的工作安排。

2. 专业知识

了解求职者掌握专业知识的深度和广度，有利于考察其专业知识更新是否符合所要录用职位的要求。

3. 工作实践经验

面试人员一般会查阅求职者的个人简历或求职登记表，并询问其有关背景及过去的工作情况，以补充、证实其所具有的实践经验。通过了解求职者的工作经历与实践经验，面试人员还可以考察其责任感、主动性、思维力、口头表达能力等。

三、面试前的准备

“台上三分钟，台下十年功”，求职者要以最好的状态，用最好的形式做好充分准备。

面试准备包括信息准备、形象准备、状态准备和问题答案准备。所有的准备都为了一个目标——以最好的表现给招聘单位留下最好的印象，从而赢得工作机会。

（一）信息准备

面试前，求职者可通过公司网站、行业网站、招聘宣讲会、经验交流、实地参观等各种方式，搜集尽可能多的有关单位的信息，包括单位的名称、性质、业务、规模、主导产品和服务、地位和经营状况、理念和文化风格、目标和发展方向、竞争对手和竞争优势、面临的主要挑战和问题等。

针对单位信息、职位信息、预期问题，求职者可准备好对应的简历、求职信等必备材料。

（二）形象准备

在初次见面的几分钟内，面试人员就会对求职者产生第一印象。

具体的形象要求，在不同的行业、职业和企业文化下，是不一样的。在面试前，求职者应该及早了解招聘单位的形象标准，以便有充分的时间进行准备。形象准备的要点包括：一是打扮合乎主流；二是打扮应该干净整齐、得体大方；三是如果不能断定企业文化倾向，男生应着深色西装，女生应穿正式套装，但衣饰不可过于严肃、艳丽或奢华；四是打扮反映出的精神面貌应该是干练、稳重、活跃，举止姿态要显得沉稳、自信、从容、礼貌。

（三）状态准备

求职面试难免让人心潮起伏、紧张不安。面试前应克服一些不良心态，做到以下几点。

1. 不要自卑

一些求职者感到自卑，并罗列出一大堆不利于自己的理由：学校不好、学历低、专业不对口、成绩不够好、没有干部经历、社会实践少、没有本地户口等。其实，自己的评价标准、社会普遍的评价标准和招聘单位对求职者的评价标准差别往往是很大的。对于自卑的求职者而言，其实际情况往往要比他自己感觉到的要好得多，是一种自我否定的力量抑制了个人良好状态的正常发挥。

2. 不要自傲

有些求职者自我感觉良好，或者对面试单位不太满意，因而犹豫不决；或者觉得自己优势突出，因而疏忽大意。以这样的心态参加招聘面试，求职者定会漫不经心。

3. 不要紧张

解决紧张的主要办法有：一是事前进行模拟面试，让紧张提前产生和释放；二是回想让自己感到轻松愉快、信心十足的事情，有利于消除面试中的紧张情绪。

（四）问题答案准备

万变不离其宗，面试中的大部分问题，实际上求职者都是可以提前好好准备的。例如，“为什么要选择我们单位？”“自己竞争该职位有何优势和劣势？”，等等。面试前对此类常见问题进行过深入思考，做到心中有数，并有意识地进行模拟演练，在面试时就不会不知所措、心慌意乱。

四、笔试的类型、准备及应对技巧

和面试相比，笔试是一种相对初级的甄选方式，也是一种常用的考核办法，主要是用以考核求职者特定的知识、专业技术要求或需要重点考核求职者对文字的运用能力，以及基本素质的一种书面考试形式，它是用人单位对求职者所掌握的基本知识、专业知识、文化素养和心理健康等综合素质进行的考察和评估。笔试对求职者来说是相对公平的一种测试方式，也很适用于应聘人数较多、需要考核的知识面较广或需要重点考核文字能力的情况，因而大企业、大单位大批量用人，国家机关选聘公务员等，往往都会采用这种考核形式。

（一）笔试的类型

笔试的类型多种多样，招聘单位可根据自己的需要设置不同类型、不同风格的笔试题目，以达到选人用人的目的。根据试题内容，常见的笔试的类型可分为专业考试、智商测试、心理测试和综合能力测试等，如表 11-2 所示。

表 11-2　笔试的类型

笔试类型	考察目的和形式	常用单位
专业考试	检验求职者的专业知识水平和相关的实际能力。专业考试主要针对研发型和技术类职位，笔试题目主要涉及工作需要的技术性问题，专业性比较强	外资企业、外贸企业、科研机构、国家机关
智商测试	考察求职者是否具有不断接收新知识的能力。智商测试的题目形式包括图形识别、算术题等	跨国公司
心理测试	根据完成的数量和质量来判定其心理水平或个性差异的方法。有效的心理测试可以用来判定求职者的个性、态度、兴趣、动机、智力、意志等心理素质。通过心理测试，用人单位可以大致了解求职者的基本心理素质和心理倾向，进而确定求职者是否符合岗位的要求	跨国公司、外资企业
综合能力测试	综合能力测试兼有智商测试的要求，难度大，一般是各种能力的综合考察，主要包括以下内容：①简单的数理分析能力；②对于知识域的考查，主要包括一些常识性的问题和时事方面的内容；③语言理解和表达能力	外资企业、科研机构、国家机关、跨国公司

（二）笔试的准备

要想在笔试中取得好成绩，平时就要多学习、多练习。然而，相对于学校的专业考试，招聘单位的笔试都有自己的特点，因此准备方式也要有差异。

1. 重在基础

笔试的重点是常用的基础知识，要把基础知识掌握好。

2. 重在运用

笔试测试的重点是知识的实际运用，要在实际运用上下功夫。

3. 把面放宽

不要只钻研专业知识和技术，招聘单位的需求形形色色，在准备专业知识的同时，应该把面放宽，同时要准备能力测试、智商测试、情商测试方面的内容。

4. 提高修养

情商测试不是考察求职者的情商知识。因此，平时应该多提高自身修养，多参加团体活动。

5. 多实践，多总结

能力测试考察的是求职者的实际工作能力和知识运用能力，平时应该多参加各种社会实践，多总结经验。

6. 笔试前进行简单的复习

复习已学过的知识是笔试准备的重要方式。一般说来笔试都有大概的范围，可围绕这个范围翻阅一些有关的图书资料。有些课程内容，因学过时间已久，可能淡忘，经过简单复习，有助于恢复记忆。

7. 保持良好的身心状态

临考前，一要适当减轻思想负担；二要保证充足的睡眠；三要适当参加一些文体活动，从而使高度紧张的大脑得到放松休息，以充沛的精力和良好的竞技状态去参加考试。

（三）笔试的技巧

在充分准备的基础上，还要注意笔试的技巧，以提高答题效率。笔试的技巧主要包括以下几个方面。

1. 科学答题

拿到试卷后，首先应通览一遍，了解题目的数量和难易程度，以便掌握答题顺序。先易后难，这样就不会浪费太多时间。其次，遇到综合题或论述题，则应先列出提纲，再逐条撰写。最后，要留出时间对容易出错的地方进行复查，特别注意不要漏题，更不能跑题或出现错别字、语法不通、言不达意等错误。

2. 卷面整洁

应当注意卷面字迹要清晰。书写过于潦草、字迹难以辨认也会影响考试成绩，因为求职笔试不同于其他专业考试，有时招聘单位并不特别在意求职者分数的高低，认真的态度、严谨的作风，会大大提高被录用的可能性。

3. 合理分配时间

有时笔试出题量较大，其用意一方面是考察求职者对知识掌握的程度，另一方面是考察应试能力。因此，求职者在浏览完试卷后，要迅速回答较容易的题目，剩余时间再认真推敲其他题目。对于多模块测试，要注意时间的分配，保证各个模块都有合理的时间进行作答。

◈ 实践拓展

组织并实施模拟面试

以班级为单位自发组织模拟面试，邀请教师担任面试人员，体验面试的氛围。通过模拟面试，掌握简历制作技巧、面试流程、面试礼仪等，以最佳的状态面对求职面试。

组织形式：可以在教室里模拟企业招聘全过程。

准备事项：桌子和椅子、简历、着装、面试问题、其他道具。

活动内容：邀请教师担任面试人员，小组同学事先准备好自己的简历，依次应聘。面试过程中回答面试人员提出的各种问题，结束后由面试人员点评，其他同学也可以参与评议。

专家视角

面试官常设的六大招聘陷阱

面试其实就是一场战斗，为了赢得这场战斗，面试官与求职者斗智斗勇，同时这也是招聘单位和求职者考察双方真实能力的过程，为了招聘到合适的人才，面试人员难免会设下“招聘陷阱”来考察求职者。面试人员常设的六大招聘陷阱如下。

1．压力陷阱

通常面试人员会正话反说，以测试求职者在压力下的本能反应。例如“我们单位工作竞争压力大，你能否适应”，求职者若结结巴巴，无言以对或怒形于色，便掉进了面试人员所设的圈套中。碰到此种情况，要保持头脑冷静，明白面试人员的真实意图，坦然应对。

2．误导陷阱

面试人员对所对询问的问题早有答案，却故意说出相反的回答，若求职者一味讨好面试人员，顺着其错误答案进行阐述，便会被认为是缺乏创新精神，自然属于淘汰之列。

3．薪酬陷阱

面对招聘单位提出的薪酬期望值问题，正确的回答是“我想公司会根据我的业绩给予合理报酬，以体现多劳多得的原则”等。

4．保密陷阱

求职者不要在面试中泄露自己的创意和设计，或滔滔不绝地轻易泄露原公司机密。

5．经历陷阱

求职者不要因自己富有工作经历而得意忘形，经历不在多而在于是否有效，自己有真才实学，自然会受到公司的器重。

6．事故陷阱

意外发生的事件，常常是检验求职者的试金石。

专家视角 11

第十二章　维护就业权益

本章导图

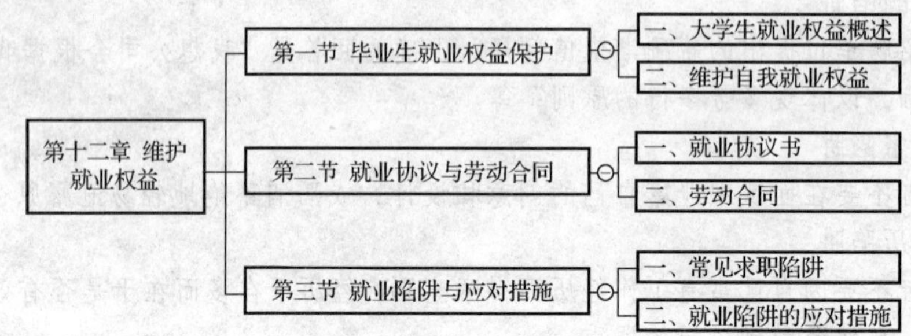

导入活动

身边的求职陷阱

学生自由分组，结合所学内容，通过搜集相关信息，模拟各种求职陷阱。针对各小组的表演的内容，组织学生进行讨论和分享。

分析：

企业在面试中对求职者权益的典型侵害主要有以下几种。

1. 歧视行为

一些企业在招聘中不招收女性或提高同一岗位对女性的学历、技能等方面的要求，变相对女性设置就业障碍。此外，还有形象歧视、身高歧视等。

2. 虚假广告

一些企业在招聘会上为了招到优秀毕业生，会夸大或隐瞒自己的某些情况。如果在这类企业上浪费了时间，可能会错失良机，错过真正适合自己的岗位。

3. 侵害求职者的知情权

面试时面试人员会向求职者提出各种问题了解其情况，而当求职者提出问题询问企业情况时，面试人员就会回避问题甚至迁怒于求职者。

4. 侵犯求职者的隐私权

少数企业会在面试时向求职者询问隐私问题。面对这样的问题，求职者有权拒绝回

答，甚至向司法部门举报。

5. 企业招聘的霸王条款

在人才市场供大于求的环境下，许多招聘霸王条款让毕业生敢怒而不敢言。

第一节 毕业生就业权益保护

一、大学生就业权益概述

在大学生就业制度走向市场化、法治化的今天，大学生在整个求职择业过程中应该增强法律意识，自觉遵守市场规则，并用法律武器保护自己的合法权益。要保护好自己的合法权益，大学生必须首先全面了解自己、用人单位、学校等签约各方在就业过程中享有的权利和义务，了解与就业有关的法律法规。

（一）劳动者的一般权益

1. 劳动报酬权

劳动报酬权是指劳动者依照劳动法律关系，履行劳动义务，由用人单位根据按劳分配的原则及劳动力价值支付报酬的权利。《劳动合同法》规定了试用期最低工资标准，保障了毕业生初次就业时在试用期的劳动报酬权；《工资支付暂行规定》第十六条规定："因劳动者本人原因给用人单位造成经济损失的，用人单位可按照劳动合同的约定要求其赔偿经济损失。经济损失的赔偿，可从劳动者本人的工资中扣除。但每月扣除的部分不得超过劳动者当月工资的20%。若扣除后的剩余工资部分低于当地月最低工资标准，则按最低工资标准支付。"这些法律规定保障了毕业生维持生存所必需的劳动报酬权。

2. 休息休假权

休息休假权是指劳动者在法律规定的工作时间以外进行休息和休养的权利。休息休假权保障了劳动者体力的恢复、保持身体健康和利用休息时间享受文化生活等需求。《劳动合同法》规定了用人单位不得强迫或变相强迫劳动者加班，《职工带薪年休假条例》规定符合条件的职工均可以享受带薪年休假，以保障劳动者的休息休假权。

3. 劳动保护权

劳动保护权，也称为职业安全卫生权，是指劳动者在劳动过程中的安全和健康应该得到用人单位的保障，以防止其伤亡事故和职业病的权利。例如，我国的《劳动法》《中华人民共和国妇女权益保障法》《中华人民共和国残疾人权益保障法》等法律法规规定用人单位有义务对与其建立劳动关系的劳动者，特别是女性、残疾人劳动者按照其身体、生理特点，采取有效的安全和健康保障措施。

（二）择业过程中享有的权利

除了上述作为普通劳动者所享有的一般权利外，大学生这个特殊群体在择业与就业过程中还享有许多权利。

1. 接受就业指导权

接受就业指导权是指大学毕业生有权从学校、社会、国家获得及时、有效的就业指导与就业信息服务。接受就业指导对大学生来说有重大意义，就业指导工作会直接影响其就业方向、就业意识、就业技巧等。

《中华人民共和国高等教育法》第五十九条规定："高等学校应当为毕业生、结业生提供就业指导和服务。国家鼓励高等学校毕业生到边远、艰苦地区工作。"高校除了应将就业指导纳入大学生课程体系外，还应当成立专门的就业服务机构，安排专业人员对毕业生进行就业指导，包括向毕业生宣传国家有关就业的政策方针，对毕业生进行择业技巧的指导，引导毕业生根据国家和社会需要，结合个人实际情况进行择业等，使毕业生通过接受就业指导，能准确定位，并合理择业。由此可以看出，接受就业指导和服务是大学毕业生的一项重要权益。

2. 就业信息知情权

就业信息知情权是指大学毕业生拥有及时全面地获取各种应该公开的就业信息的权利。从广义上说，就业信息既包括与毕业生求职择业相关的国家有关方针、政策与法规，也包括国家宏观经济发展状况和各个地区与行业的发展情况，还包括用人单位的规模、性质、产品、市场、企业文化、工作环境、学习培训、福利待遇等单位的总体情况，以及专业需求、上岗条件、未来发展前景等工作岗位的具体信息，是毕业生择业、就业的基础。

大学生的就业信息知情权包括3方面含义：一是信息公开，即就业信息对任何毕业生来说都应该是公开透明的，任何团体、组织和个人都不得隐瞒、截留用人信息或者公布虚假用人信息；二是信息及时，也就是毕业生获取的信息必须是及时、有效，而不能将过时无利用价值的信息传递给毕业生；三是信息全面，毕业生有权获得准确、完整、全面的就业信息，以便对单位、职位情况有更加深入全面的了解，进而根据自己的实际情况，做出恰当的职业选择。

3. 接受就业推荐权

接受就业推荐权就是指高校毕业生拥有被学校如实、公正、及时推荐到用人单位就业的权利。学校的推荐对毕业生的就业有着重大的影响。事实证明，学校的推荐往往在

很大程度上影响到用人单位对毕业生的态度。

毕业生享有被推荐权包含如下几个方面内容。

1）如实推荐，即高校在对毕业生进行推荐时，应实事求是，根据毕业生本人的实际情况向用人单位进行介绍、推荐，不能故意贬低或随意捧高该毕业生在校表现的评价。

2）公正推荐，学校对毕业生进行推荐应做到公平、公正，应给每一位毕业生以就业推荐的机会，不能厚此薄彼。

3）择优推荐，学校根据毕业生的在校表现，在公正、公开的基础上，还应择优推荐，用人单位在录用毕业生时也应坚持择优标准，真正做到优生优用、人尽其才。

4. 就业选择自主权

就业选择自主权是指在国家就业方针、政策指导下，高校毕业生有按照自己的意愿选择职业的权利，包括自由选择是否从事职业劳动，从事何种职业劳动，何时从事职业劳动，在哪一类或哪一个用人单位从事职业劳动等权利。毕业生的就业选择自主权，否定了行政安置和强制劳动，充分体现了毕业生在人才市场自主择业的权利。

5. 平等就业权

平等就业权是指根据国家相关法律法规及政策，高校毕业生在择业过程中享有的平等的权利，不因民族、种族、性别、信仰、身体条件、社会出身等原因，受到就业歧视或被排斥、取消、损害其就业机会。这种平等不仅体现在符合招聘条件的毕业生都可以平等地接受学校推荐，参加单位公开招聘，进行公正、平等竞争，并且要求用人单位在录用毕业生和确定福利待遇时要做到公平、公正、一视同仁。

6. 隐私保护权

毕业生在求职择业过程中，不可避免地要将自己的部分信息提供给用人单位，但是这些信息仅限于与应聘岗位招聘条件密切相关的范围之内。如果不经毕业生同意，任何单位或个人都不得将毕业生的个人信息随意发布和使用，用人单位更无权以招聘考核为名过问毕业生的各种隐私。

（三）就业过程中享有的权利

1. 过渡期保障权

过渡期保障权，是指毕业生在实习期、试用期、见习期所应当享有的保障个人各方面利益的权利。毕业生相对用人单位来说是处于弱势地位的，由于相关法律法规还不很健全，学生在从学校到职场的过渡期的许多权益往往会受到一些用人单位的侵害。《劳动合同法》首次规定了试用期期限的设定和试用期工资的最低水平，在一定程度上为劳动者试用期的各种权利提供了保障。

2. 就业签约权

毕业生与用人单位达成就业意向后，需要通过签订就业协议或劳动合同，将双方的劳动关系或已经达成的约定，以书面形式落实下来，并对双方的责任、权益进行明确的书面说明。不签订就业协议或劳动合同，或是协议、合同的内容和条款过于笼统甚至违法违规，都是对大学生就业权益的侵犯。法律更不允许单位或个人采取欺诈和胁迫的方式要求毕业生签订就业协议和劳动合同。

3. 违约求偿权

违约求偿权是指高校毕业生在与用人单位签订就业协议后，如果用人单位无故违约或解约，毕业生有权要求用人单位进行相应的赔偿。毕业生就业协议一经签订，毕业生、用人单位、学校三方都应严格履行，任何一方不得擅自毁约。如果用人单位无故要求解约，毕业生有权依照《合同法》要求对方严格履行就业协议，签订劳动合同，否则用人单位应对毕业生承担违约责任，支付违约金。

4. 户口档案保存权

户口档案保存权是指自毕业之日起两年内没能及时找到工作或没有到正规单位就业的毕业生，在择业期内将其档案、户口放在原学校保留两年的权利。根据国家政策规定，大学生自毕业之日起两年内，为大学生择业期；两年期满后，学校不再有对毕业生的户口档案保管义务。

二、维护自我就业权益

（一）增强自我保护意识

1. 法律意识

市场经济是法治经济，毕业生就业受到法律体系的保护。毕业生必须了解与就业相关的法律法规、政策制度，了解劳动用工的相关规定，并且在学习这些法律、政策、规定的过程中，逐步增强法律意识，学会使用法律武器维护自身权益。

2. 契约意识

契约意识包括两个方面的内容：一是通过就业协议来保护自己合法权益的意识；二是必须严格遵守就业协议的意识。毕业生要谨慎签约、积极履约。协议一旦订立，双方都必须遵守，任何一方未经对方同意都不得擅自毁约、违约等，否则将受到法律制裁。

3. 维权意识

由于大学生就业市场发育还不够成熟，法律制度尚不健全，损害大学生合法权益的现象时有发生。毕业生只有掌握法律政策、养成良好的法律意识和积极的维权意识，才能够平等地与用人单位进行对话，据理力争，保障自己的权益免遭侵害。

4. 证据意识

毕业生在求职就业过程中，应树立证据意识。一是收集证据的意识，在求职时要有意识地要求用人单位出示或提供相关资料，如要求用人单位出示营业执照、要求对方出示表明身份的证件等；二是保存证据的意识，要注意保存现有的证据，以便将来在仲裁法庭或进行诉讼时维护权益，如招聘海报，往来传真、邮件等；三是运用证据的意识，要有用证据证明事实的意识，知道什么样的事实需要什么样的证据，要明确举证责任是在对方还是己方。

5. 诚信意识

毕业生诚信意识的培养和权益的自我保护，主要包括两个方面：一是毕业生在求职过程中必须如实向用人单位介绍自己的情况，要实事求是，如果故意隐瞒自身情况、欺骗用人单位，可能导致就业协议无效，由此将会承担缔约过失责任；二是要能够意识到用人单位是否诚信。目前就业形势严峻，毕业生不敢向用人单位问太多的问题、提更多的要求，往往认为单位说的都是对的，单位要求的就应该去做，不知不觉中自己的权益已经遭受侵害。

（二）熟悉相关法律法规

1. 熟练掌握《就业促进法》中与就业权益保护相关的内容

《就业促进法》第二十五条规定："各级人民政府创造公平就业的环境，消除就业歧视，制定政策并采取措施对就业困难人员给予扶持和援助。"第二十六条规定："用人单位招用人员、职业中介机构从事职业中介活动，应当向劳动者提供平等的就业机会和公平的就业条件，不得实施就业歧视。"第二十七条规定："国家保障妇女享有与男子平等的劳动权利。用人单位招用人员，除国家规定的不适合妇女的工种或者岗位外，不得以性别为由拒绝录用妇女或者提高对妇女的录用标准。用人单位录用女职工，不得在劳动合同中规定限制女职工结婚、生育的内容。"第二十八条规定："各民族劳动者享有平等的劳动权利。用人单位招用人员，应当依法对少数民族劳动者给予适当照顾。"第二十九条规定："国家保障残疾人的劳动权利。各级人民政府应当对残疾人就业统筹规划，为残疾人创造就业条件。用人单位招用人员，不得歧视残疾人。"第三十条规定："用人单位招用人员，不得以是传染病病原携带者为由拒绝录用。但是，经医学鉴定传染病病原携带者在治愈前或者排除传染嫌疑前，不得从事法律、行政法规和国务院卫生行政部门规定禁止从事的易使传染病扩散的工作。”当前，我国的就业歧视现象依然存在，每个毕业生都应当了解这些法律法规，在择业就业过程中，用这些法律法规来维护自己平等就业的权利。

2. 熟练掌握民法中与就业权益保护相关的内容

毕业生要了解民法中关于主体平等、自愿和诚实信用等原则。在与用人单位签订就业协议和劳动合同时，毕业生们要不卑不亢，以平等的身份与之协商，并最终达成双赢的协议或合同。另外，毕业生在就业的过程中也要遵守诚信原则，在简历中实事求是地写明自己的情况。同时，毕业生也要注意考察用人单位的诚信状况，调查其是否有事先承诺优厚待遇，而事后不予兑现的现象，以免签约后权益受侵害。

毕业生要熟悉民法中关于用人单位主体资格的法律法规。签约前一定要行使自己的知情权，详细了解用人单位的情况，一般包括单位的规模、效益、管理制度及隶属单位，是否有人事接收权等。一般有合法主体资格、有信誉的单位会很配合毕业生对其的调查了解；反之，那些答应得痛快、工作条件诱人，却对正当咨询百般敷衍、拖延的单位，毕业生就要提高警惕。

3. 熟悉掌握《劳动法》和《劳动合同法》中与就业权益保护相关的内容

《劳动法》第三条规定：“劳动者享有平等就业和选择职业的权利、取得劳动报酬的权利、休息休假的权利、获得劳动安全卫生保护的权利、接受职业技能培训的权利、享受社会保险和福利的权利、提请劳动争议处理的权利以及法律规定的其他劳动权利。”

《劳动合同法》在以下几个方面的规定与大学毕业生的就业权益密切相关。

1）《劳动合同法》在劳动关系确立的标准上进行了规定：第七条、第十条明确规定用人单位自用工之日起即与劳动者建立劳动关系；建立劳动关系，应当订立书面劳动合同。这些法规告诉我们，判断劳动关系是否确立的标准就是看是否发生了用工行为。也就是说，无论书面劳动合同签订与否，只要存在实际的用工行为，那么劳动者与用人单位之间的劳动关系就算是建立了，劳动者就能享有与已签订劳动合同者相同的权益。

2）《劳动合同法》对在试用期和合同期限方面进行了具体规定。《劳动合同法》第十九条规定：“劳动合同期限三个月以上不满一年的，试用期不得超过一个月；劳动合同期限一年以上不满三年的，试用期不得超过二个月；三年以上固定期限和无固定期限的劳动合同，试用期不得超过六个月。同一用人单位与同一劳动者只能约定一次试用期。以完成一定工作任务为期限的劳动合同或者劳动合同期限不满三个月的，不得约定试用期。试用期包含在劳动合同期限内的。劳动合同仅约定试用期，试用期不成立，该期限为劳动合同期限。”第二十条规定：“劳动者在试用期的工资不得低于本单位相同岗位最低档工资标准或劳动合同约定工资的百分之八十，并不得低于用人单位所在地的最低工资标准。”

3）《劳动合同法》进一步强化了劳动者的知情权。《劳动合同法》第八条规定：“用人单位招用劳动者时，应当如实告知劳动者工作内容、工作条件、工作地点、职业危害、安全生产状况、劳动报酬，以及劳动者要求了解的其他情况；用人单位有权了解劳动者与劳动合同直接相关的基本情况，劳动者应当如实说明。”因此，毕业生在与用人单位签订就业协议和劳动合同时，应大胆向用人单位询问与自己权益相关的问题，如工作时间、休息休假、福利等。

4）《劳动合同法》为毕业生的自主择业权的行使提供了保障。《劳动合同法》第九条规定：“用人单位招用劳动者，不得扣押劳动者的居民身份证和其他证件，不得要求劳动者提供担保或者以其他名义向劳动者收取财物。”第八十四条规定：“用人单位违反本法规定，扣押劳动者居民身份证等证件的，由劳动行政部门责令限期退还劳动者本人，并依照有关法律规定给予处罚。用人单位违反本法规定，以担保或者其他名义向劳动者收取财物的，由劳动行政部门责令限期退还劳动者本人，并以每人五百元以上二千元以下的标准处以罚款；给劳动者造成损害的，应当承担赔偿责任。劳动者依法解除或者终止劳动合同，用人单位扣押劳动者档案或者其他物品的，依照前款规定处罚。”因此，毕业生在依法解除或者终止劳动合同时，如果用人单位若要扣押劳动者档案或者其他物品，毕业生可以寻求法律的帮助，对用人单位予以处罚。

5）《劳动合同法》为保障毕业生及时足额获得劳动报酬进行了具体规定。《劳动合同法》不仅明确了用人单位应当按照劳动合同约定和国家规定，向劳动者及时足额支付劳动报酬，还规定了用人单位拖欠或者未足额支付劳动报酬的，劳动者可以依法向当地人民法院申请支付令，人民法院应当依法发出支付令。此外，还规定了未按照劳动合同的约定或者国家规定及时足额支付劳动者劳动报酬的，由劳动行政部责令用人单位按应付金额百分之五十以上百分之一百以下的标准向劳动者加付赔偿金。

4. 熟练掌握《劳动争议调解仲裁法》中与就业权益保护相关的内容

1）应注意《劳动争议调解仲裁法》在仲裁前置方面有所改进。此法在保留劳动争议仲裁前置程序的前提下，规定部分劳动争议实行有条件的一裁终局；除这些劳动争议之外，劳动者对仲裁不服的，可以自收到仲裁裁决书之日起 15 日内向人民法院提起诉讼。也就是说毕业生如果对一裁终局不满的话，仍具有寻求诉讼的权利。

2）应注意《劳动争议调解仲裁法》把劳动争议申请仲裁的时效进行了改动。劳动争议申请仲裁的时效期限为一年，从当事人知道或者应当知道其权利被侵害之日起计算；劳动关系存续期间因拖欠劳动报酬发生争议的，劳动者申请仲裁不受一年仲裁时效的限制，但是，劳动关系终止的，申请仲裁应当自劳动关系终止之日起一年内提出。

3）应注意《劳动争议调解仲裁法》在强化劳动监察部门作用方面的规定，用人单位违反国家规定，拖欠或未足额支付劳动报酬，或者拖欠工伤医疗费、经济补偿或赔偿金的，劳动者可以向劳动行政部门投诉，劳动行政部门应当依法处理。因此，当毕业生遇到用人单位违反以上规定的情况时，一定要及时向劳动行政部门投诉，以便能够及时得到帮助。

4）要利用举证责任倒置进行维权。《劳动争议调解仲裁法》规定，发生劳动争议，当事人对自己提出的主张，有责任提供证据；劳动者无法提供由用人单位掌握管理的与仲裁请求有关的证据，仲裁庭可以要求用人单位在指定期限内提供，用人单位在指定期限内不提供的，应当自行承担后果。毕业生以后要注意分清哪些举证责任是自己的，哪些是用人单位的，以便发生争议时有效地维护自己的合法权益。

（三）熟悉维权求助的途径

毕业生在自身权益遭受侵犯时，寻求救助和维权途径有以下几种。

1. 与用人单位协商

对于用人单位一般的违规行为或争议不大的问题，毕业生可与用人单位自行协商，通过达成新的协议，或者有过错的一方改正错误来消除争议。

毕业生在遇到劳动合同纠纷问题时，还可以向学校的就业指导中心或相关部门寻求帮助。尤其是对于学校推荐就业的用人单位，毕业生在与用人单位发生纠纷需要协商时，可以请求学校出面调解，这样更有助于矛盾双方解决纠纷。

2. 向劳动监察部门举报投诉

《劳动法》第八十五条规定：“县级以上各级人民政府劳动行政部门依法对用人单位遵守劳动法律、法规的情况进行监督检查，对违反劳动法律、法规的行为有权制止，并责令改正。”第八十八条规定：“各级工会依法维护劳动者的合法权益，对用人单位遵守劳动法律、法规的情况进行监督。任何组织和个人对于违反劳动法律、法规的行为有权检举和控告。”据此，劳动者发现自己的劳动权益受到侵害时，应及时向单位所在区县的劳动保障监察部门举报。

因此，毕业生如发现所在单位有侵害劳动者权益的违法现象，可以向单位所在地的劳动监察部门举报，要求他们进行检查或处罚，维护自己的合法权益。

3. 劳动争议仲裁

如果无法通过与单位的协商来解决自己所遇到的问题，毕业生可以向单位所在地劳动争议仲裁委员会要求仲裁。仲裁是处理争议的必经程序。毕业生申请仲裁，应自争议发生之日起60日内向劳动争议仲裁委员会提出书面申请。

4. 劳动诉讼

争议当事人对仲裁裁决不服的，可在收到仲裁裁决书之日起 15 日内向人民法院起诉。但需注意，未经劳动争议仲裁委员会仲裁的劳动争议案件，法院不予受理。

5. 信访

毕业生在权益受到侵害时，还可以通过信访的方式，向各级工会、妇联及政府信访部门反映，利用这些组织维护自己的合法权益。

6. 借助新闻媒体

新闻媒体可以发挥很好的舆论监督作用。毕业生在碰到就业权益被侵犯时，如果采取相关措施仍然无法很好解决，可以向报纸、电视等新闻媒体反映，借助舆论力量解决问题。

如果毕业生在实际就业中遇到劳动保障方面的问题，还可以及时拨打全国统一的劳动保障公益服务专用电话 12333，咨询劳动保障的政策，获取有关的信息，更好地维护自己的合法权益。

第二节　就业协议与劳动合同

一、就业协议书

《全国普通高等学校毕业生就业协议书》是明确毕业生、用人单位和学校三者在毕业生就业工作中权利和义务的书面表现形式，又称三方协议。《全国普通高等学校毕业生就业协议书》一般由教育部或各省、自治区、直辖市就业主管部门统一编制。作为学校派遣计划依据的《全国普通高等学校毕业生就业协议书》，由学校发放，毕业生签字，用人单位盖章，毕业生本人保存一份作为办理报到、接转行政和户口关系的依据。

（一）就业协议书的内容

1. 毕业生基本情况及意见

毕业生基本情况及意见的主要内容包括姓名、性别、年龄、民族、政治面貌、培养方式、健康状况、专业、学制、学历、家庭住址、应聘意见等。

2. 用人单位基本情况及意见

用人单位基本情况及意见的主要内容包括单位名称、单位隶属、联系人、联系电话、邮政编码、通信地址、所有制性质、单位性质、档案转寄地址、用人单位意见、用人单位上级主管部门意见等。

3. 学校意见

学校意见的主要包括学校联系人、联系电话、邮政编码、学校通信地址、院系意见、学校毕业生就业部门意见等。

（二）就业协议书的签订

就业协议书的签订是在毕业生与用人单位供需见面、双向选择之后达成一致意见的结果。签订就业协议书的程序一般如下。

1）毕业生本人在协议书上以文字形式，明确表达自己同意到选定单位应聘工作的意愿，同时签署本人姓名。

2）用人单位人事部门负责人代表单位签署同意接受该毕业生的文字意见，并签字盖章。该单位没有人事决定权的，则还需要报送其上级主管部门签字盖章，予以批准认可。

3）毕业生所在院系和学校主管部门签署意见并签字盖章。

现行的就业协议书一式三份。协议签订后，一份由毕业生本人保存；一份交学校就业主管部门；一份交用人单位，作为接受毕业生就业的凭证，并以此做好相应的人事及其他安排。

（三）就业协议书的解除

就业协议书的解除分为单方解除和三方解除。

1. 单方解除

单方解除包括单方擅自解除和单方依法或依协议解除。单方擅自解除协议，属违约行为，解约方应对另外两方承担违约责任。单方依法或依协议解除是指一方解除就业协议有法律上或协议上的依据，如学生未取得毕业资格，用人单位有权单方解除就业协议，毕业生录取研究生后，可解除就业协议，或依协议规定，毕业生未通过用人单位所在地组织的公务员考试，用人单位有权解除协议，此类单方解除，解除方无须对另外两方承担法律责任。

2. 三方解除

三方解除是指毕业生、用人单位、学校三方经协商一致，取消已经订立的协议，使协议不再发生法律效力。此类解除因是三方当事人真实意思一致表示的体现，三方均不承担法律责任，三方解除应在就业计划上报主管部门之前进行，如就业派遣计划下达后三方解除，还须经主管部门批准办理调整改派。

（四）就业协议书的违约责任

就业协议书一经毕业生、用人单位、学校签署即具有法律效力，任何一方不得擅自

解除，否则违约方应向权利受损方支付协议条款所规定的违约金。

毕业生违约，除造成本人承担违约责任，支付违约金这一影响外，往往还会造成其他不良的后果，主要表现在以下几点。

1）就用人单位而言，用人单位往往为录用一毕业生做了大量的工作，有的甚至对毕业生将要从事的具体工作也有所安排。一旦毕业生因某种原因违约，势必使用人单位的录用工作付之东流，用人单位若重新着手选择其他毕业生，在时间上也不允许，从而给用人单位招聘工作造成被动。

2）就学校而言，用人单位往往将毕业生违约行为归为学校的责任，从而影响学校和用人单位的长远合作。用人单位因为毕业生的违约现象，而对学校的推荐工作表示怀疑。如此下去，必定影响学校以后的毕业生就业，同时影响学校就业计划方案的制定和上报，并使学校的正常派遣工作无法顺利开展。

3）就其他毕业生而言，用人单位到学校挑选毕业生的名额是有限的，一旦与某毕业生签订就业协议，其他学生便丧失了到此单位工作的机会。若日后签约的学生违约，有些当初希望到该用人单位工作的其他毕业生由于录用时间等原因，也无法补缺，造成就业信息的浪费，影响其他毕业生就业。

二、劳动合同

对于初涉职场的大学生来说，从业之前还有一个关键环节马虎不得，就是与用人单位签订劳动合同，它是劳动者合法权益的有力保障之一。

劳动合同是劳动者与用工单位之间确立劳动关系，明确双方权利和义务的协议。劳动合同按照不同的标准可划分为不同的种类。以合同的目的为标准，划分为聘用合同、录用合同、借调合同、停薪留职合同；以合同的有效期为标准，划分为有固定期限的合同、无固定期限的合同和以完成一定工作为期限的合同。《劳动法》规定，劳动合同应当以书面形式订立，即应采用书面协议。

（一）劳动合同应当具备的条款

1）用人单位的名称、住所和法定代表人或者主要负责人。

2）劳动者的姓名、住址和居民身份证或者其他有效身份证件号码。

3）劳动合同期限。

4）工作内容和工作地点。

5）工作时间和休息休假。

6）劳动报酬。

7）社会保险。

8）劳动保护、劳动条件和职业危害防护。

9）法律、法规规定应当纳入劳动合同的其他事项。

劳动合同除上述规定的必备条款外，用人单位与劳动者可以约定试用期、培训、保守秘密、补充保险和福利待遇等其他事项。

（二）劳动合同的履行、变更、解除与终止

1. 履行

劳动合同的履行是指劳动合同的双方当事人按照合同规定，履行各自义务的行为。依法订立的劳动合同具有法律约束力，当事人必须履行合同约定的义务，任何个人或第三方不得非法干涉劳动合同的履行。

2. 变更

劳动合同的变更是指双方当事人对尚未履行或尚未完全履行的合同，依照法律规定的条件和程序，对原劳动合同进行修改或增删的法律行为。劳动合同变更应遵循平等自愿、协商一致的原则，不得违反法律法规的规定。任何一方不得擅自变更劳动合同，否则要承担相应的法律责任。我国劳动法规定，提出变更劳动合同的一方，给对方造成经济损失的，应当承担赔偿责任。

3. 解除

劳动合同的解除是指劳动合同当事人在劳动合同期限届满之前依法提前终止劳动合同关系的法律行为。劳动合同的解除可分为协商解除、用人单位单方面解除、劳动者单方面解除以及自行解除等。

根据《劳动合同法》的规定，劳动合同解除分为如下几种。

1）协商解除劳动合同。用人单位与劳动者协商一致，可以解除劳动合同。

2）劳动者提前通知解除劳动合同。为了保障劳动者全面自由发展的权利，《劳动法》和《劳动合同法》均规定了劳动者的辞职权，即劳动者单方无条件提出辞职的权利，但为了达到用人单位与劳动者的利益平衡，法律规定，此种劳动合同解除条件只有在劳动者履行一定法定程序（应提前30日书面通知）后才能成就。

3）劳动者单方解除。在用人单位存在严重违反劳动合同的行为或者劳动者的人身受到威胁、迫害的情形下，劳动者有随时通知解除劳动合同的权利。

4）用人单位单方解除劳动合同（过失性辞退）。在劳动者存在严重违法用人单位规章制度，或存在其他严重损害用人单位合同利益的情形下，用人单位有权单方随时通知劳动者解除劳动合同。

5）无过失性辞退。存在非因用人单位与劳动者的主观原因，致使劳动合同无法继续履行的，用人单位提前30日通知劳动者或支付劳动者一个月工资的代通知金。

此外，用人单位在出现经营困难等情形，需要裁减人员，解除与劳动者劳动关系时，用人单位也需要提前30日通知全体劳动者或工会。

4. 终止

劳动合同的终止是指符合法律规定或当事人约定的情形的劳动合同的效力即行终止。《劳动法》第二十三条规定："劳动合同期满或者当事人约定的劳动合同终止条件出现，劳动合同即行终止。"

第三节　就业陷阱与应对措施

一、常见求职陷阱

（一）虚假招聘陷阱

一些用人单位在招聘会上为了招到条件较好的毕业生，便夸大或隐瞒自己的真实情况。例如，故意扩大用人单位规模和岗位数量，进行虚假宣传；把招聘职位写得冠冕堂皇。有一些用人单位为了造成轰动效应，在媒体上发布招聘消息，甚至大张旗鼓地举办招聘会，把招聘当成了形象宣传。甚至有一些用人单位借招聘之名，获取毕业生的联系方式进行诈骗活动。

（二）收费陷阱

在就业市场中，一些用人单位利用毕业生求职心切的心理，巧立名目向毕业生收取各种不合理费用，如风险抵押金、违约金、培训费、服装费等。一些用人单位开出了一些诱人的条件，如留在某大中城市工作能解决户口问题等。在双方面试的过程中，用人单位又表示，为了增加双方的信任，毕业生在工作之前必须交纳一定的押金。等毕业生交完押金，工作一段时间后，用人单位的有关人员就表示，聘用之初说定的工作岗位要进行调整，可能需要将毕业生派到偏僻地区或冷僻部门，如果毕业生不愿意去，用人单位便以其不服从安排为由不退其押金。

《劳动合同法》规定："用人单位招用劳动者，不得扣押劳动者的居民身份证和其他证件，不得要求劳动者提供担保或者以其他名义向劳动者收取财物。"

（三）试用期陷阱

劳动合同的试用期，是指用人单位和劳动者为了相互了解而选择、约定的考察期。在这段时间里，用人单位考察劳动者的工作能力，劳动者也考察用人单位的情况，是双方互相试用的过程。但是，一部分用人单位却利用试用期大做文章，主要表现为：试用期过长或与签订的劳动合同期限不符；要求毕业生在试用期内承担违约责任；在试用期内无正当理由辞退毕业生；以见习期代替试用期；续签劳动合同时重复约定试用期；将试用期从劳动合同期限中剥离；仅仅订立一份试用期合同；试用期工资低于当地的最低工资；试用期内单位不缴纳社会保险费等。

由于试用期的工资、福利待遇和正式录用后差异较大，而招聘的费用又微乎其微，一些用人单位抓住毕业生急于找工作的心理，堂而皇之地打出试用期的牌子，通过这种无休止的“试用”来获得毕业生廉价的劳动力。

（四）传销陷阱

传销指生产企业不通过店铺销售，而由传销员将本企业产品直接销售给消费者的经营方式，目前该经营方式受到国家的严令禁止。目前，传销者首选对象常常是急于找工作挣钱的打工者特别是刚刚毕业的大学生，先是以帮忙找工作为由，以高薪为诱饵，因人而异，投其所好，骗求职者去进行非法传销活动。求职者一旦进入陷阱，便限制其人身自由，被迫从事传销，并且购买传销产品作为入门条件。传销组织者还采取扣留居民身份证、控制通信工具、监视等手段不让受骗者离开，并强迫他们联系亲友前来。

（五）就业协议陷阱

就业协议是明确毕业生、用人单位在毕业生就业择业过程中权利和义务的书面协议。就业协议一经签订，对双方都具有约束力。按照有关规定，就业协议不能代替劳动合同或聘用合同，这样就可能在毕业生和用人单位之间产生纠纷。常见的毕业生签订就业协议过程中遇到的陷阱主要包括：用人单位不与毕业生签订就业协议书；用人单位不根据就业协议书的约定与毕业生签订书面劳动合同；用人单位不将就业协议中的承诺写入劳动合同；用人单位与毕业生签订“霸王合同”。

二、就业陷阱的应对措施

（一）仔细鉴别各类就业信息，有效识别就业陷阱

毕业生对来自不同渠道的招聘信息，要有一定的真伪辨别能力，有效地识别就业信息的陷阱。一般来自学校就业网站和校园招聘会的信息是最可信赖的，但学校就业部门

毕竟只能起一道“防火墙”的作用，要真正甄别真假，还要自己多了解；对信息量最大的网上招聘不能轻信；对社会上举办的招聘会应该有的放矢，否则会有让自己的简历落入非法中介机构的风险；在得到应聘机会时，要注意从多方面了解应聘单位是否合法规范，如可从国家市场监督管理总局注册管理网站上查找该单位的信息等。

（二）了解国家有关就业的政策和法律法规，切实提高自身法律意识

毕业生应了解目前国家关于毕业生就业的有关方针、政策和法律法规，以及它们之间的关系，熟悉毕业生在就业过程中的权利和义务。如果在就业过程中因为所谓的公司规定或部门规定与国家政策法规有抵触，侵犯了自己的权益，则可以依据法规办事，维护自己的合法权益。一般来说，《普通高等学校毕业生就业工作暂行规定》《劳动法》《劳动合同法》《中华人民共和国公务员法》及高校所在省（市）就业政策、地方法规等，毕业生都应该有所了解。

（三）端正就业态度，平等地与用人单位交往

尽管面临严峻的就业形势，但毕业生在求职过程中，决不能任人摆布，更不应怨天尤人、听天由命。毕业生应积极主动，有尊严、有信心地与招聘单位进行平等交往。求职与招聘是一个双向选择的过程，双方是平等的，在招聘过程中毕业生一定要尽可能地了解用人单位情况，特别是对自己所关心的薪酬标准、岗位安排、住房保险、试用期等具体问题，不清楚的地方一定要问明白。

（四）慎重签订就业协议书，注意约定条款的合理性

协议书是学校、学生、企业三方的协议书，应该是教育行政主管部门规定的统一格式的文本，属意向性协议。应该注意的是，协议虽然不是劳动合同，但也牵涉违约金的问题，所以签订协议之前也要三思而后行。在签协议前，毕业生除了要了解和掌握国家就业政策和规定、明确就业单位的具体工作部门和工作岗位、全面了解用人单位外，还应该进一步明确双方的权利和义务，注意约定条款的合理性。有些单位与毕业生签订就业协议书时会附加补充协议或增加某些条款，进一步明确用人单位与毕业生之间的权利和义务，毕业生在签订这些条款时，一定要仔细研究，力求了解条款的内容和含义，以免日后发生争议。

另外，毕业生签订协议书时，也要注意与劳动合同的衔接。毕业生在签订就业协议书时，应尽量将劳动合同的内容体现在就业协议书的约定条款中，并明确表示在今后订立劳动合同时予以确认。在无事先约定的情况下，毕业生对劳动合同的有关内容与用人单位达不成一致意见而不愿到该单位工作时，毕业生就要承担违约责任。

◈ 实践拓展

签订劳动合同注意事项

到人力资源和社会保障部门的网站上搜索劳动合同的范本，并仔细阅读，将签订劳动合同的注意事项记下来。

专家视角

网络求职需要注意的问题

1．选择可靠的网站

求职者应尽量选择大型、专业、知名的人才招聘网站进行浏览、注册。因为这些正规的网站对招聘单位都经过审核，信息可信度相对较高，而且会对个人简历的重要信息（如联系方式、家庭住址等）做一定程度的保密处理，只有向网站提供合法资质证明的招聘单位才能看到。

2．简历填写要注意

进行网上求职的求职者，应当按照该网站所提供的简历模板将个人详细情况填写在相应的位置。尤其，在填写简历时，不要忽略个人简历的公开程度，尽量不要使自己的个人简历处于无条件公开的状态，这样会给一些不法分子提供可乘之机。

3．真假信息的鉴别

有些公司会在网站、报纸、人才市场同时进行招聘，一般这类招聘的规模大，用于招聘的成本也比较高，是比较可信的。而虚假招聘信息一般有以下特点：招聘单位联系地址不详细；联系电话为手机号码，没有固定电话；对招聘条件的要求非常低，而工资待遇却异常高；以各种理由收取求职者费用；以公司手续正在办理中为由不出具相关资质证明等。

4．电话联络要慎重

接听陌生电话（包括通知面试的电话和其他陌生询问电话）时，不要回答太多个人问题，而要尽量了解该公司的相关信息；对于通知面试的电话，一定要对公司的地址及面试地址进行核实，以辨别是否是虚假的皮包公司。

5．面试的防御措施

首先，注意面试场地。正规招聘单位一般都有固定的办公场所。若招聘单位将面试地点选在宾馆等临时租借来的场地，求职者要高度注意，谨防上当受骗；若要求到外地或很偏远的地方面试，在对招聘单位没有详细了解的情况下，也不要贸然行动。

其次，注意面试时间。若是安排在晚上，为保证人身安全，要和招聘单位商量改到白天的工作时间，尽量不要晚上赴约，特别是女性求职者。

最后，在面试之前，应多方面、多渠道地了解公司情况及背景，看看公司是否正规，业务是否合法，单位是否拥有合法有效的营业执照和经营许可证，是否有不良记录等。并且,在出门前,一定要给家人或亲朋好友留下要去招聘单位的详细地址和联系电话(包括固定电话)，以备查用。

专家视角 12

参考文献

曹德欣，祝木伟，2013．创业学概论[M]．北京：中国矿业大学出版社．

陈励，黎虹，2012．高职大学生通向成功就业[M]．北京：现代教育出版社．

陈伟民，2011．职业生涯规划与管理[M]．北京：现代教育出版社．

迟永吉，欣荣，曹喜山，2009．大学生职业生涯规划与发展[M]．北京：高等教育出版社．

初宇平，姜鹤，孙云龙，2012．大学生职业生涯规划理论与实务[M]．北京：北京师范大学出版社．

杜汇良，刘宏，薛徽，2009．高校辅导员九项知能教程[M]．北京：高等教育出版社．

付宝森，赵乐发，沙金，2017．全国体育院校体验式生涯发展规划[M]．北京：现代教育出版社．

付冬娟，2015．大学生职业生涯规划能力手册[M]．大连：大连理工大学出版社．

高志刚，2016．大学生职业生涯规划与就业创业指导[M]．天津：南开大学出版社．

葛玉辉，2011．职业生涯规划管理实务[M]．北京：清华大学出版社．

蒋超五，2014．大学生职业生涯规划[M]．北京：中国人民大学出版社．

李时椿，常建坤，2013．创业基础[M]．北京：清华大学出版社．

李竹梅，2016．大学生职业生涯与发展规划[M]．北京：现代教育出版社．

刘九万，王志强，2017．大学生职业生涯规划与就业指导[M]．北京：高等教育出版社．

缪劲翔，2012．成长 DIY：大学生职业生涯规划自助手册[M]．北京：现代教育出版社．

史梅，孙洪涛，伊芃芃，2010．赢在起点：大学生职业生涯规划与职业素质拓展[M]．北京：高等教育出版社．

田一，2017．我的青春我做主[M]．北京：现代教育出版社．

王冀生，2005．大学文化的科学内涵[J]．高等教育研究（10）：5-10．

王丽，朱宝忠，2014．大学生职业生涯规划训练手册[M]．北京：北京理工大学出版社．

王佩国，2009．规划人生 构筑未来：就业与创业指导[M]．北京：高等教育出版社．

王艳，刘洁，2014．大学生职业生涯规划与就业指导[M]．天津：天津大学出版社．

吴昌政，2012．大学生职业发展与就业创业指导[M]．北京：现代教育出版社．

夏伯平，朱克勇，闫咏，2013．大学生职业发展与就业指导体验式课程教学手册[M]．北京：现代教育出版社．

肖俊涛，2014．大学生职业生涯规划[M]．天津：天津大学出版社．

谢峰，2017．大学生职业生涯规划与指导[M]．北京：高等教育出版社．

徐俊祥，兰华，2017．幸福密码：大学生学业与职涯发展导航[M]．北京：现代教育出版社．

杨安，夏伟，刘玉，2011．创业管理：大学生创新创业基础[M]．北京：清华大学出版．

杨军，王俊岭，2012．新编大学生职业发展与就业创业指导[M]．北京：现代教育出版社．

张静，2012．大学生创业实战指导[M]．北京：对外经济贸易大学出版社．

赵麟斌，2011．大学生职业生涯规划与就业指导[M]．2 版．北京：北京大学出版社．

钟谷兰，杨开，2018．大学生职业生涯发展与规划[M]．上海：华东师范大学出版社．

朱坚强，周静，2013．大学生职业生涯规划[M]．北京：现代教育出版社．

庄明科，谢伟，2016．大学生职业生涯规划[M]．北京：中国人民大学出版社．